Welschneureut Church Records

Welschneureut Germany

1700-1809

Cathryn S. Dippo

HERITAGE BOOKS
2018

HERITAGE BOOKS
AN IMPRINT OF HERITAGE BOOKS, INC.

Books, CDs, and more—Worldwide

For our listing of thousands of titles see our website
at
www.HeritageBooks.com

Published 2018 by
HERITAGE BOOKS, INC.
Publishing Division
5810 Ruatan Street
Berwyn Heights, Md. 20740

Heritage Books by the author:
Friedrichstal Church Records, 1698–1812
Welschneureut Church Records, Welschneureut, Germany, 1700–1809

International Standard Book Number
Paperbound: 978-0-7884-2447-2

Foreword

After completing *Friedrichstal Church Records 1698-1812* in 1999, I began to edit the information I had compiled into family groups for publication. As I neared the end of that process, I found that it was very difficult, if not impossible, to separate the edited information for Friedrichstal from the unedited data for Welschneureut, which I had also entered into my database. So, I turned my attention to completing and editing a transcription of the church records for Welschneureut from the microfilm at a nearby Family History Center[1].

This volume is designed as a companion to *Friedrichstal Church Records 1698-1812.* I used the same rules for transcription and indexing. My brief introductory notes are based primarily on the text which precedes and follows the birth, marriage, and death entries. For help in translating the material, I refer the reader to the translation aid included in the volume on Friedrichstal.

I encourage users of this volume to verify any facts gleaned from this material by consulting the original records. Reading someone else's handwriting, especially German script, is a process prone to error or alternative interpretations. I am not an expert in either German or French though I have studied them both. Thus, while I have performed numerous quality checks, the transcription probably contains some errors.

[1] Church of Latter Day Saints film number 1,272,814 was filmed at the Generallandesarchiv Karlsruhe.

Table of Contents

Historical Notes About Welschneureut

Today, Neureut is a part of the sprawling city of Karlsruhe. Although Neureut can trace its existence back to 1260, its location along the Rhein led to it being plundered and over-ridden by soldiers numerous times over the centuries. The 17th century was particularly devastating. First, the Thirty Years War (1618-1648) and then the War of Palatine Succession late in the century caused many to flee, and the village was essentially abandoned.

At the end of the 17th century, Markgraf Friedrich Magnus invited French-speaking Calvinists--Huguenots, Walloons, and Waldenser--to help repopulate the land. In 1699, 58 families arrived[2]. Their colony was referred to as Welschneureut to distinguish it from original, German-speaking village which became known as Teutschneureut. By the early 19th century, Welschneureut had 291 inhabitants and Teutschneureut 625.[3] The two municipalities were not incorporated into a single entity until 1935.

Between 1699 and 1809, the period covered by this church book, the evangelical reformed church at Welschneureut had 12 pastors, who stayed between 4 and 24 years. The first two were French, the next eight were Swiss, and the last two were from the Palatine (Pfälzer). On 17 February 1700, Daniel Lotier became the first pastor for the French-speaking immigrants. From the departure of Johann Jakob Wolf in February 1733 until the arrival of Benedict Rÿhiner in July 1738, Welschneureut did not have its own pastor. Rather, Johannes Stanz, the pastor in Friedrichstal, serviced the needs of Welschneureut.

According to the historical account which precedes the recording of births in this church book, the first church and parsonage were built before Lotier's death in 1712. However, another source[4] states that the first church in Welschneureut was erected in 1720. Under Rÿhiner (1738-1751), a new church was built. During Wolf's tenure (1727-1733), the church acquired two bells. The larger was replaced in 1782, and the smaller in 1792. An organ was purchased in 1804. The church also received a number of gifts over the years. Seven bequests, including several from a baron and his wife, are noted for the period when Rudolph Lichtenhan was pastor (1764-1777). His wife was the daughter of the court preacher in Karlsruhe.

The colonists created their own cemetery in 1724. From November 1699 to August 1700, their dead were buried in Mühlburg, and from 1770 to 1724 in Teutschneureut.

Welschneureut and Friedrichstal

The distance between the two churches is not very far. Baptisms and marriages for a family living in one village may be found in the church book for the other. In some cases, a child married someone from the other village and moved there. Thus, there are entries in the Welschneureut church book for many of the main families of Friedrichstal: Barié, Bonnet, Calmet, Crocol, Demarais, Giraud, Gorenflo, Herlan, Hornung, and Thibaut, to name a few. Similarly, there are entries in the Friedrichstal church book for the main families of Welschneureut: Buchleiter, Clour, Durand, Racine, Renaud, and Schemp, for example. The most prevalent names in the Welschneureut church book are: Durand, Crocol, Gros or Groos, Marche, Clour, Buchleiter, Renaud, Racine, and Müller or Meunier.

About This Transcription

I have tried to replicate the style and format of the original church book as much as possible, but compromises have to be made when going from handwriting made with quill pens to modern word processors. Moreover, the people who wrote in the book varied in the details they entered and had different handwriting and styles for organizing their entries. I have tried to indicate these differences as much as possible, but to get a good feel for what these differences might mean re the quality of the information, I encourage you to look at the microfilm.

---

[2] http://www2.karlsruhe.de/Neureut/inhalt/geschichte.php

[3] http://www.landratsamt-karlsruhe.de/kreisarchiv/archivbestaende/bezirksamt_karlsruhe/entstehnung_und_entwicklung_des_bezirksamts_landratsamts_karlsruhe/entstehung_u_entwicklung_des_bezirksamts_karlsruhe.htm

[4] http://www.karlsruhe.de/Historie/Chronik/neureut.htm

I have replicated the original page numbering and date indicators. To avoid confusion between page numbers in the original book and this one, the original page numbers are always preceded by "p." and positioned at the left margin above the entries copied from that page. I have not split entries from an original page onto more than one page. If I could fit the entries for two or three entire pages on a single page, I have done so. The material in the original book which precedes its title page is on unnumbered pages. I have not transcribed pages 557-694, since this material will be covered in a more usable form in my next publication. They include someone's, probably Pfarrer Hormuth's) effort at piecing the information together to create genealogies.

I have tried to be faithful to the original language and spelling as much as possible. To that end, I have retained the use of *ÿ* and *y* instead of *i* in a number of words and the use of numbers to indicate some of the months. As a result, some of the entries involve significant spelling and grammatical errors *vis a vis* modern French and German. Note that a numerical month indicator like *7bre* is read September (7 in French is *sept*).

On the other hand, I make no claims with respect to replicating the original punctuation. So, for example, if the majority of the date entries on a page had a period after the number, I more than likely put a period after them all. Periods are often difficult to distinguish from random spots on the microfilm, so I may have more or less than on the original records.

In modern French, the rules of capitalization are similar to those in English. That is, while proper names of people and places are capitalized, nouns in general are not. Nor are the months of the year capitalized in modern French. The same is not true in modern German. In German, all nouns are written with the initial letter capitalized. If these same rules were in use during the 18th century, they were not adhered to by those making the entries in this church book.

In many cases, I have added or modified verb and adjective suffixes to be consistent with modern grammar rules. This is particularly true if I thought the person making the entries exhibited some general consistency and the microfilm was of questionable quality.

There are a number of places where I could not decipher the handwriting sufficiently to understand what word was being written. These instances are indicated by a *?*. There are also places where a problem in the microfilming makes it impossible to read the text, and these are so noted by footnotes.

The Indexes

The index which I have created for this volume is quite lengthy since I have tried to index every person who is referenced by both a first and last name. For baptisms, this includes the child, father, mother (if a maiden name is given), and often numerous sponsors or godparents. For marriages, the names of fathers, mothers, and even previous spouses are usually given along with the names of the bride and groom. Death entries for children usually include the names of both parents, while the entries for a married woman usually contains the name of her spouse and sometimes her father.

To help distinguish among the various listings, the following indicators are used: (b) for a birth or baptism, (c) confirmation, (d) death, (m) a spousal relationship (usually marriage, but not always), (p) parent, and (s) sponsor. An (o) stands for other.

Pfarrer Hormuth created an index in 1814. He included only one name for each entry. It is most useful if you want to look up the birth, marriage or death record of a particular person. If you are trying to piece together relationships among a set of people, the longer index will be more helpful.

Livre Du

Venerable Consistoire

de Müllebourg

de Neureut

Pfarrei Welschneureuth

[11 unnumbered pages]

Schon im siebenzehnten Jahrhundert hatte deutsch Neureuth eigenem Pfarrer, von deren aber kein Nahme erhalten ist. Während des Orleansscher Kriegs war der Ort fast verlassen, so dass die Pfarreÿ von Eggenstein aus versehen wurde, und zwar von

1/ Herrn Wendel Schütz, der über 40 Jahre in Eggenstein stand. Zu der Zeit mussten die Neureuther nach Eggenstein in der Kirche gehen, weil ihre Kirche ruinirt war, bis 1714, in welschem Jahr die wieder hergestellt wurde. Von nun an wurde alle 14 Tage hier gegendigt bis 1731.

Im Jahr 1721 wurde zum Pfarrer von d. N. ernannt:

2/ Christian Halbusch, der, als Pfarrer von Mühlburg, zugleich die hiesige Pfarreÿ versahe. Von 1721 fängt das älteste Kirchenbuch an.

Bald erhielt die stärker anwachsende Gemeinde einen eigenen Geistlichen, u zwar in der Person des

3/ Zacharias Deubler, der von 1731 bis 36 hier stand u von hier nach Knielingen u. sodann nach Durlach versetzt wurde.

Seine Nachfolger waren:

4/ Joh. Jakob Dürr von 1736-39, kam nach Söllingen, Hassbach, Eimeldingen.

5/ Joh. Georg Ziegler von 1739–45, kam nach Obereggenheim.

6/ Christoph Friesenegger von 1745-48, kam nach Schopfheim u. von da nach Hauingen.

7/ Joh. David Fäckler von Karlsruhe, von 1748-53 kam als Archdiakon nach Pforzheim.

8/ Joh. Jakob Ritter von Durlach, von 1753-57 kam nach Graben. Unter ihm wurd a. 1755-56 das d. N. Pfarrhaus gebaut. Bisher hatten die Pfarrer auf ihm Rathaus gewohnt.

9/ Fried. Wilh. Wix von 1758-61, kam nach Karlsruhe aus Gymnasium.

10/ Göttlieb Fried. Roller von 1761-67, kam nach Obereggenheim.

11/ Joh. Georg Meschenmoser von 1767-76, kam nach Nöttingen.

12/ Christian Gottlieb Sachs, Sohn des Kirchenraths u. Rectors am Karlsruher Gymnasium. Sachs, von 1776-80, kam nach Blankenloch u. von da war Dürn beÿ Pforzheim, wo er jetzt noch /a. 1816/ steht.

13/ Christopf August Eisenlohr von 1780 bis 83 kam nach Eggenstein.

14/ Joh. Jakob Greiner von Lörrach von 1783-91.

15/ Georg Philip Bodemer von Durlach, von 1791-97, kam nach Denzlingen.

16/ Karl Wilhelm Amberger, von Niefern gebürtig, von 1797-1808, kam nach Nussbaum, wo er bald starb.

17/ Ernst Ludwig Bommer von Karlsruhe, von 1808 bis 1810. † 9 März 1810.

18/ Fried. Benjamin Stein von Durlach, von 1810 bis 1816, zog den 27 Feb. 1816 nach Menzingen.

19/ Christoph Bender von Eschelbach in der Pfalz, wurde präsentirt den 11ter Aug. 1816. Seine Frau ist die Tochter des 12ten hies. Pfarrers, Ch. G. Sachs, kam 1832 von Sexau.

20. Wilhelm Cuefelius v. Karlsruhe am 26 der 1832 präsentirt.

Verzeichniss der ref. Pfarrer von Welsch Neureuth

1/ Daniel Lotier. "Dieu nous a donné pour notre Pasteur Mr. D. L. le 17 Fev. 1700." pag. 3. In den Jahren 1703, 4 u. 5 ging er auf die Sÿnode der Ref., die anverschiedenen Orten gehalten wurden: im J. 1703 mit dem Ancien Jean Pierre Salées auf die Sÿnode nach Kentlingen/Knittlingen/, im J. 1704 mit die Ancien Pierre Maillet nach Pforzheim und im J. 1705 ebenfalls mit Maillet war Cogs/Gochsheim/. "Le 8 Sept. 1712 Mr. D. L. est decedé, ayant quitte ce monde pour s'aller mettre en possession de la couronne de vie, pour laquelle il a toujours combattu, et il a été ensevolli le 9 par un vendredi." p. 9. Unter ihm wurde das erste Kirchen, und Pfarrgebäude erbaut.

2/ Sebastien Louis Malherbe. Trat am 23ten Oct. 1712 der hiesigen Pfarrdienst an u. versah derselben bis 1721. "Der abgekommene Pf. L. M. ist nach an eingenommener Collectgelden im Rest verblieben, es war, nach seinem von hier genommen Abzug, wieder aus seiner hinterlassener Mobilien erhalten, 14f 28kr." v. Bürgermeisterahg von 1726.

Nun folgt eine Reihe von 8 Schweizern, die immer von dem Baseler Kirchenrath hierher vorgeschlagen wurden.

3/ Jonas Icker, vorher Pf. in Mutschelbach und Auerbach, zog im J. 1721 hier auf und blieb 5 J. Seine weitere Schicksale sind nicht bekannt. Seine Frau hiess Kath. Rÿhiner.

4/ Johann Jakob Wolf, gebürtig aus Zürich. "Er schaffte aus den Seinigen zweÿ Glocken an für 88 fl." Nachdem er 7 Jahre den hiesigen Dienst versehen hatten zog er am 18 Feb. 1733 weg. Seine Frau hiess Esther Alruh.

Im J. 1724 legten sich die Colonisten einen eigenen Kirchhof an. Vom Nov. 1699 bis Aug. 1700 wurden ihre Todten, während ihres Aufenthalts in Mühlburg, auf den dortigen Kirchhof beerdigt, von 1700 bis 1724 auf den d. Neureuther.

Nun folgt am Zeitraum vor 5 J., in welchem kein eigener Pfarrer hier angestellt war, sondern der Dienst von Friederichsthal aus versehen wurde, und zwar non dem dortigen Pf.

5/ Johannes Stanz aus Basel. Er besorgte alle kirchl. Angelegenheiten vom Nov. 1734 bis zum 12 Aug. 1738. p. 90

6/ M. Benedict Rÿhiner, auch aus Basel gebürtig, kam am 22ten Julÿ 1738 hier an. Unter ihm wurde die neue Kirche erbaut. Nach 9 J. am 29ten Julÿ 1751 zog er von hier ab. Seine Frau hiess Marie Magd. Mitz von Basel. Unter ihm stiftete Jean Jacq. Marot von hier 600 fl zum Kirchenbau.

7/ Johann Jakob Merian, kam an den 1ten Aug 1751 u. zog ab den 2ten Julÿ 1760. Unter ihm wurde einen Stiftung von 200 fl von Herrn Bosqué, Obrist Lieutenant unter dem Schwäb. Kreis-Regiment, errichtet.

8/ Samuel Wettstein, von 1760 bis 1764.

9/ M. Rudolph Lichtenhan, trat den Dienst an den 11ten Nov. 1764, stand 13 Jahren hier, wurde hierauf in Buse beÿ Basel angestellt u. starb daselbst.

Seine Frau hiess Eleonore Stickelberger, Tochter des ref. Hofprediger Stickelberger von Karlsruhe.

Unter ihm liess

1/ An 2 Maÿ 1769 Herr Oberhofmeister Baron Fried. Wilh. Ludwig von Knobelsdorf die Kanzel und den Altar mit blauem Tuch bekleiden.

2/ An eben diesem 2ten Maÿ, den eigentl. Jahrstag der Einweihung unserer Kirchen schenkte Fräulein von Saucé zweÿ Kelche, ein Platte und zweÿ damastene Servietten zum Gebrauch beÿ F. A.

3/ Herr Stallmeister Geney von Karlsruhe schenkte uns an eben diesem Tage ein schönes Tafeltuch und eine Serviette zum Geb. b. d. f. A.

4/ Den 6ten Nov. 1769 schenkte der genannte Baron von Knobelsdorf unserer Kirche eine französ. Bibel, und

5/ Frau von Knobelsdorf den 2ten Aug. 1772 eine Taufdecke und andere Taufschmucke so wie, auch einen Klingetbeutel.

6/ Den 16ten April 1769 erhielt unsere Kirche von Herrn Fried. Ferd. Louer von Karlsruhe die F. Taufgefässe, Becken und Kanne, zum Geschenk.

7/ Die verwittete Durand, die in diensten des Herrn Baron von Gemmiegen stand und den 6 Aug. 1764 in Heilbronn starb, stiftete ein Vermächtniss von 50 fl.

10/ Jakob Christoph von Gachnang, gebürtig aus Basel, zog hier auf den 13ten Julÿ 1777. Unter ihm wurde von Jahr 1782 statt der alten zersprungenen eine neue grössere Glocke in Heidelberg von Glockengiesser Spock gegossen für 74 fl. Im J. 1792 wurde die zweÿte kleine Glocke in Rastadt gegossen von Proschauer. Nachdem er 24 Jahre dieser Gemeinde vorgestanden war, starb er den 2ten Nov. 1801 und wurde hier beerdigt. Die Leichenpredigt hielt Herr Pf. Amberger von d. Neureuth. S. Frau hiess Anna Marie Gnöpf von Basel.

Denn fängt eine Reihe Pfälzer Pfarrer an, und das Präsentations-Recht ging auf den Landesherrn über, dagegen fiel die Schweizer Zulage hinweg. Der erste Pfälzer ist.

11/ Friederich Ludwig Rettig gebürtig von Monzingen jenseits des Rheins, wo er vorher auch als Pfarrer stand. Am 16ten Maÿ 1802 trat er hier sein Amt an, und am 30ten wurde er von dem Oberamtmann Herrn Geheimenrath Prinschen der Gemeinde vorgestellt.

Unter ihm vermachte Barb. Clur /† den 29 Jun. 1803/ der hies. Kirche 50 fl und ein Taufzeug. [Dieses Taufzeug ist den hiesigen luth. Einwohnern vermacht, u. wurd darum beÿ dem Bürgermeister Haus?[1] aufbewahrt.]

Im J. 1804 wurde die Orgel errichtet von den gew. Orgelmacher von Durlach Johann Volkmar Stoit -- für 500 fl.

Herr Pf. Rettig hielt am 20ten März 1808 seine Abschieds predigt u. bezog die Pfarreÿ Schwetzingen.

Seine Frau hiess Wilhelmine Nuding von Karlsruhe, verwittetete Brechtenbusch von Friedrichsthal.

12/ Johann Philipp Gaa, gebürtig von Plankstatt beÿ Schwetzingen. Er wurde den 10ten Julÿ 1808 der Gemeinde vergestellt u. zog, nach 5 Jahren, im April 1813 von hier ab auf die Pfarreÿ Rinklingen.

Seine Frau Friederika Louise Regine Sprinkhardt von frz. Vaihingen.

Vom April 1813 bis dahin 1814 blieb die Pfarreÿ unbesetzt. Bis Weihnacht 1813 wurde Sie von Pf. Stein von d. N., von da bis Ostern 1814 vom Pfarrvorsteher F. J. Züllich, der jetzt als Pfarrer in Heidelberg beÿ der St. Peter-Gemeinde stehten versehen.

Am 22ten April 1814 bezog der hiesigen Pfarrdienst

[1] This note was squeezed between the lines at a later date, some of it over and around other words.

13/ Johannes Baptistes Hormuth aus Heidelberg, wurde von Herrn Kirchenrath Knittel präsentirt den 15ten Maÿ, und zog nach 5 Jahren, im Anfang des Augusts 1819, als Pfarrer nach Sandhofen beÿ Mannheim.

Seine Frau, Wilhelmine geb. Zingler v. Merkesheim, wurde noch vor seinem Abzug von ihm geschieden.

14/ Friedrich Ludwig Grohe von Rinklingen beÿ Bretten, bezog der Pfarreÿ den 18ten August 1819 als Pharrverweser, wurde im November dem Pfarrer ernannt, und den 12ten Dec. von Dekan Reich präsentirt.

Er zog wegen des schlechten Zustandes des Pfarrhnusses auf die nicht viel bessern Pfarreÿ Rüppurr am Freÿtag nach Pfingsten den 8 Juni 1827 und wurde den 17ten von Hl. Dekan Sachs von Karlsruhe der Gemeinde präsentirt.

Seine Gattin ist Julie Hecker, aus Elberfeld in Scheinpreussen.

Die Vorsehung der Pfarreÿ wurde nur

dem dermaligen Pfr Bendor übertragen .. der auch am Trinitalis fast d. 10 Juni 1827 das erstemal dahier predigte.

15/ Philipp Egglÿ von Heidelberg zog am Merz 1829 als Pfarrer hier auf. Er war 6 J. lang Vikar in Gochsheim bei KR Scholl zuvor gewesen. Nach 5 Jahren wurde er von hier auf die Pfarrei Eggenstein befriedert, wo er am 23ten April 1834 aufzog. Seine Gattin war Wilhelmine Camerer aus Gochsheim. Nach eine vierteljahrigen Versehung der Pharrei, durch den damaligen Deutschneureuther Pfarrer Wilhelm Cuefelius zog.

16/ Peter Franz Friedrich Leuchsnuring, gebürtig aus Rheims in Frankreich, Sohn des presionirten Professors Leuchsnuring aus Karlsruher Lyreum, am 23. Juli 1834 als Pfarrer hier auf und wurde durch H. Dekan Sachs von Gem vorgestallt den 3. August d. J. Sein Gattin ist Louise Ernestine Grostner, Tochter den † Kirchenraths u. Professorr Jak. Friedrich Grostner aus Karlsruhe.

Livre Du

Venerable Consistoire de Müllebourg de Neureut

L'année 1702

[new page]
Das gegenwärtiges Neues Kirchenbuch nach den alten Documenten welche alte zerrissen und zerschlissen waren so viel als möglig Collationirt, getreülich abgeschrieben und ausgefertiget worden, bis den 22ten July 1751. Beschreib

W. Neret	Rÿhiner, welcher seit dem 22 July 1738 bis den 22 July 1751 Pfarrer dieser
den 22 July 1751	priestlichen Reformirten Kirchen und Gemeind zu Welsh-NeüReüth gewesen.

p. 1
Le 14e jour du mois d'avril 1713: François Durand Natif de Voiron en Dophiné & Refugié a Commencé la fonstion diacre & Regent d'Ecolle dans l'Eglise de Neureut et à eté receu par nôtre Ballif avec l'agréement de nôtre Souverain Prince le 23e dudit mois ----

---

Il est ainsi que le 8e jour du mois de Janvier Mess. du Venerable Consistoire ont remis à Mr Durand ancien de nôtre Consistoire les papier de Son Cousin François Maillet, et comme le plus proche Parent lesquels papier avoit ci devant en main le defunt Paul Gros, pour foy de Quoy je'me Suis Signé au nom du Venerable Corp

Louis Malherbe Pasteur

Les papier Sus dit ont Eté remis entre les mains de la Femme de Mr Pierson habitant a hamo pr?ater de Francois Maillet

Margerite Changron

p. 2
Memoire du jour que nous avons Commencée a faire L'exercise de la priere dans le Logis de Monsieur de Gagern Colonel et Conseiller de Guere de S.A.S. Monseigneur le Margraf de Baden Dourlach le 17e 7bre 1699.

p. 3

Notre Aide Soit au Nom de Dieu qui à Fait le Ciel et la Terre Amen

Dieu nous donnés pour nôtre Pasteur Monsieur Daniel Lotier le 17e fevrier 1700
Pour Mess. les Anciens Créés par la Commune pour le Venerable Consistoire le 3e Mars 1700

1. Sieur Pierre Caubet
2. S[r]. Daniel Peret Gentil et parti pour la Suisse le 17e Jeanv 1703
3. S[r]. Pierre Maillet
4. S[r]. Jean Martin
5. S[r]. David Armand on luy a Acordé Son depart le 13e X[bre] 1705
6. S[r]. Paul Gros
7. S[r]. Pierre Pensut de même
8. S[r]. Pierre Campredon
9. S[r]. Moÿse Bomiand et Sorti de la Collonie
10. S[r]. Jaque Caubet on lui a acordé Son depart
11. S[r]. Pierre Brun et Sortis de la Colonie
12. S[r]. Jean Piere Saleés et mort

p. 4

Le 18e Juin 1702

Messieurs du Venerable Consistoire estans asSemblés ont Créé pour leur Secretaire Sr. Pierre Mailliet. Le dit jour ont fait une ordonnance et ils ont defendu tous blasfemes et juremons Sous paine au Contrevenant pour la premiere fois Cinq bache, pour la seconde fois dix baches, pour la troisième fois un florin et plus outre suivant le Cas: de plus ont defendu toutes Calomnies medisances et faux raports Sous pene aux Contrevenant pour la premiere fois 3 baches pour la Seconde 5 baches et pour la troisieme un demyflorin, et les tiers des amandes Seront pour le axcuseur et les autres deux tiers aux benefice des pauvres.

Le 8e Juin 1702

Messieurs du venerable Consistoire etans asembles Antoine Olive et Comparu pour des Injures faites avec Calomnies le 11e Juin jour des Commuition Contre le Sieur Pierre Maillet et ayant examiné le tous et usé de misericorde l'ont Condanné le dit Anthoine Olive à luy faire reparation en Consistoire avec defence que Si retournoit en Semblables fautes on le feroit Sortir de la Colonie Cé qui a été exeCuté a l'égard de la reparation le dit jour

p. 5

Du 29e Juin 1702

Livré à Monsieur le Pasteur 4 florin pour Son Louage qui tient dé Mr. Peret plus Mr. Peret a receu huit florin qui font douzes florin en tout

du 17e Jeanvier 1703

Livré a Monsieur Peret pour Sonde dé Compte du louage qui Mr. Le Pasteur tenoit de luy dans Sa Maisson de Mulbourg Sept florin et demy de quoy le Bourquemaitre Sr. Pierre Campredon en a une Quitance.
Le Venerable Consistoire etant assemblé ont fait venir Jean Blanc et Marie aymar apres les avoir examines Ancien En Particulier et les avoir exortés les un et les autre à Consommer leur Mariage ils ont Convenu et Consenti tous deux de rompre leur Contract de Mariage et quil Seront Libres de Contracters mariage alleurs ayant reglé leur affaire et Contes il est trouvé que la ditte Marie aymar Sest trouvez redevable de la Somme de Cinq florin d'allemagne et trois baches quelle et obligé de Conter dans huit jour fait à Neret en Consistoire le 24e 7bre 1702

le 22e 8bre 1702

Marie Aymar a payé les Cinq flori et trois bache ordones par Messieur du Consistoire de quoy elle en à une quitance le dit jour

p. 6

Le 31e Julliet 1703

Monsr. Daniel Lotier nostre Pasteur et partir pour aller au Sinode a Kentlingue avec le Sieur Jean Pierre Saleés debuté par Mess du Venerable Consistoire et ils en Sont Revenu le 7e Aoust avec toute Sorte d'aprobation

du 20e Fevrier 1704

Messieurs du Consistoire estans asembles ont ont pasé par voix et deLiberation que Si quelqu'un des anciens et membres dudit Consistoire manque de S'aSembler Lorsqu'il en Sera requis et apres estre averti Sera a l'amande de 3 baches pour les pauvres a la reserve d'une excuse Legetime et d'une urgente nesecité ils ont ordonné quil Serra Leu le 24 dudit en Consistoire afin que personne ne pretènde Cause d'ignorance ce quia été excuté

du 20e Fevrier 1704

Les Messieurs du Venerable Consistoire estans asembles est Comparu par Citation Pierre Jean Et Jeane Pryeur Veufve de defunt nicolas roy pour des promese de Mariages par eux faites et par leur inContence, et ayant demandé a la ditte Jeane pourquoy ele Se voulait Marier Sitot apres le deces de Sr. Mari, Si cetoit

p. 7
pour amourettes ou pour pouvoir Elever Sa Famille plus facillement[.] elle a repondu que c'etoit par amitie qu'elle avoit promise le dit Pierre Jean, de plus on leur a demandé Sil avoit Couchoit Ensembles[.] ils ont témoignez que Oui par leur Silence[,] le dit Pierre Jean L'ayant deClaré a plusieurs Personne
auParevent. Les Messieurs du Consistoire ayant Examiné le tout ont juge de leur faire demender Pardon a Dieu de leur faute et que Monsieur le Pasteur leur feroit une exprese Censure en faiseant Reparation en Consistoire non dans L'eglise ayant esgard a Sa famille Ce qui à étté executé Se reserve que en cas quelle Se trouvoit enCeinte on Procederoit plus outres:

Le 2e X^{bre} 1704

Monsieur Daniel Lotier nostre pasteur et parti pour aller au Sinode a Pfortzheim acompagné de S^{r}. Pierre Maillet ancien debuté par Messieurs du Venerable Consistoire et ils en Sont Revenu le huit dudit avec abrobation

p. 8

Le 3e 9bre 1705

Monsieur Daniel Lotier Nostre Pasteur est parti pour aller au sinode à Cogs aCompagné de S^{r}. Pierre Maillet ancien debute par Messieurs du Venerable Consistoire et ils en Sont revenus le 11e dudit avec aprobation

le 29e 9bre 1705

Les Sieur André Curnex, Jean Coutty et Isaac Baraire ont été anoncés dans l'eglise pour estre au Nombre des Anciens du Venerable Consistoire par trois dimanche Consecutives, et ont ettés receu le 13e X^{bre} en face de touite l'Eglise par un dimanche --
Le Venerable Consistoire est composé pour Chef Monsieur Daniel Lotier Pasteur--
Les Anciens--
1. S^{r}. P^{re}. Cauvet
2. S^{r}. P^{re}. Maillet
3. S^{r}. Paul Gros
4. S^{r}. P^{re}. Campredon
5. André Curnex
6. Jean Coutty
7. Isaac Baraire

p. 9

Du 8e 7bre 1712

Monsieur Daniel Lotier nostre Pasteur et decèdé ayant quitté ce Monde pour S'aler metre en posesion de la Courone de vie pour Laquelle il a toujour Combatu et il à été enSevely le 9e par un Vendredy

du 7bre 1713

Le S^{r}. Abraham Guillon Et le Sieur François Durand ont eté establit Anciens de nôtre Consistoire apres La troisieme Proclamation dans L'Eglise

Le 19e Juin 1718

Le S^{r}. Jean Calmez et Claude aymar ont eté establit Anciens de nôtre Consistoire apres la troisiement Proclamation dans l'Eglise

Le 6e May 1725

Les S^{r}. Jean Calmez et François Louis Crocro et Jean Pierre Racine ayant eté Elus Ancien Jurent Comfirment le dit jour apres avoir été proclamé Sans Empéchement durant trois Dimanches Consecutive

du 23e Novembre 1711

p. 10 [Faded Document[2]]

du 23e 9bre 1711

Les Messieurs du Venerable Consistoire de ce lieu Estans assembles au Sujet de Jaques Durand et de Louise Couchin Sa femme et de Jaque Marot –
Le dit Jaque Durand cherchant Sa femme et allé entre ches Le S^{r}. Pierson et il a dit a Monsieur le Pasteur et accuse de la Maison S'il ne vit bien ? Sa femme[.] il S'est plaint que Sa femme[,] envoÿent Son fils ches Le S^{r}. Maillet pour demander un billet apartenant a Jaque Marot[,] que Son fils Luy avoit repondu qu'il vaut mieux que Jaque y alliè que moy[,] que il ne me voudra pas--donner Sa Mere[,] Luy a dit il le faut dire que Jaque à Mal a une Jambe Le fils repondit a Sa mere qu'il ne voulant point dire des Menteries, et Son pere luy dit Non ? veux pas qu'il dise des Menteries[.] Sa Mere Lui dit Bougre de chien Si tu ni vas pas je le Caserai la tette[,] qu'un bougre de chien d'homme ne veut pas que Mon enfant M'obeisse[.] L'ayant porte neuf Mois dans Mon. Vántre J'en Serai la Maitresse Ou je Luÿ Casserai La tete

p. 11
Elle Continua des imprecasions à Son Mari[:] je Voudrois que Dieu te Serve autant de Diables qui tes tiennent dans les Enfers que te Metent aussy menu que des Cendres
Elle Luy à enCor dit Je voudrois trouver un homme qu'il voulut Coucher avec Moy[.] je te ferai Cornard Bougre de chien tout a l'eure, et que riviere etait present Sil on me Voullait pus Croire
Le Mari a Encor dit que sa femme eù des Pois au lard le jour de la Pentecotte Et il avoit dit a Sa femme soupons de bonne heure pendant quil est jour[.] elle repondit je ne veux pas Souper[.] Luy Soupa et Sa femme S'ala Coucher, et que Jaques Maro et venu apres que nous eûre Soupez et parla a la femme du dit Durand[.] Louise avez vous Soupé elle repondit que non[.] Et bien venez vous Souper avec Moy[.] elle S'e[t]ait Lavee et elle a Soupé avec Jaque Maro et elle n'a pas voullu Souper avec moi[.] Le dit Jaque Durand a Encor dit vous esté quatre honette Personnes que diriez vous de Cette Conduitte Sa Si ma Langue pouvoit virer je diray bien davantage Ma langue ne peut pas se tourner

p. 12 [Faded Document]
Le dit Jaque Durand fesoit cette deClairation à M^{r}. Le Pasteur Aux presences de la Mere du Sieur Pierson et au S^{r}. Pierson fils et de Sa femme. Dominique Chevalier a declaré de Bonne fois que la Louise Luy avoit dit que M^{r}. Le Pasteur Luy avoit dit que M^{r}. Cabiné ne cherchoit que la detruction de plusieur du Village que depuis qu'il étoit bourgemaitre Principalement que quand il avroit de trent deux ou trois menages qu'il n'es pas Cabable de les Retablir apres qu'il les aura a detruites.
La Louise ayant ete ouÿe de La deClaration de dominique Chevalier et il a dit que M^{r}. le Pasteur ne Luy avoit pas dit cella que C'etoit elle Même
Paul Lesene a deClare qu'un Soir il vit La Louise recurrant aupres de la baraque de Maro dans la Nuit et ne avoyant Personne il entra dans la ditte Baraque[.] vendredy Dernier il entendit que Jaque Durand Se Mit a Crier qui pres de la ditte baraque[:] te veux tu pas retirer Vois que les Soldat Sont Couchez[.]

p. 13 [Smeared Ink]
Les Messieur du Venérable Consistoire ayant examine le tout ils ont Jugé que la ditte Louise Durand et condamné pour des imprecations dittes a Son Mari et pour eviter les bruits frequants quil sont dans leur Mariage a Quarante et Cinq Creitzer au Benifice La Moitie pour S. A. S^{me}. et L'autre Moitie au Benifice des Pauvres de la Colonie.
Et que Le dit Jaque Marot Doit Sortir d'avec le sus dit Durand dans deux jour et de Se retirer dela pour Eviter Lescandalle et Soubson qui donnent a parler dans La Colonie et dans tout le Voisinage et alieurs Et Elle Donnera de plus 2 baches a la femme de Berichon fait en Consistoire à Neüreüth le 23 9bre 1711

Du 8e. 8bre 1713

Messieurs du Venerable Consistoire Etant assembles ayant fait apeler M^{r}. CreveSac, pour luy remontrer Ses fautes touchant des filles Mal vivantes Et de Mauvaise Vie a ce qui l'on Croit quil tenoit Ches luy a Louage de Sa Maison[.] Le Venerable le remontran et Solicitant de la part de Dieu a Mettres les dites Malvivantes hors de Sa Maison afin de ne pas atirer Sur Luy, Et Sur toutte la Colonnie

---

[2] The microfilmer added the notes "Faded Document" and "Smeared Ink" to these pages. Thus, my transcription of them may be more conjecture and speculation than observation. I have also added some punctuation in order to make it more readable.

p. 14 [Faded Document]
La Malediction de Dieu, et La disgrace de Notre Souverain & tres Pieux Prince
Le dit S^r^. CreveSac à repondus Brusquement que le Consistoire n'avoit rien a luy Commender ny à voir touchant Cest afaire et qu'il les tiendroit & Garderoit ches Luy en debit de tous Et quelles Son de soiant en aller Mais à Cause qu'on luy disoit de les Congèdier, il feroit tout Son Possible pour les faire rester ches Luy, & ainsy a passé La Porté & S'en et alles S'en voulloir Escouter les Remontrances da Pasteur qui Precédoit En chef du dit Consistoire Et pour cette Cause a été à un florin d'amende La Moitie pour Son A. S. Et L'autre Pour le Pauvres de la Colonie.

du 21e Aoust 1713

Messieur du Venèrable Consistoire Etant assembles à Conparu La femme de Jaque Marot Laquelle Se pleigniet Contre Louise Couchin disant que la ditte Louise Lui avoit donné un Coup de pieds dans les costes du Coté Gauche qu'a peine avoit elle pu venir à l'Eglise pour Se plaindre, et quelle

p. 15
n'avoit peû venir pour participer ala table du Seigneur a cause des coups que la ditte Loüise Lui avoit d'donnée--
La ditte Louise Couchin a Conparu La quelle a réspondu que oui[,] en disant[:] Oüi Ma foy[,] je Lay batue & je la batrai encore toute Les fois quelle me dira que je guate Son Mari Et apres quelques exortation et Seneures Les Venerable Consistoire l'ont Congedié pour en faire de informations plus emples

du 6e. Juin 1714

Messieurs du Venerable Consistoire ayant fait apeler Louise Couchin femme de J. Durand, Lizabeau Surnomée Gatarre, Margerite Bontans, & Jeanne Marie Gaspard[,] nous les avons interoges S'il étoit vray quelles eussent joüee avec des Soldats Le dimanche Precedant[.] Lesquelle ont repondu que Oüi Mais quelles n'avoit point fait du Mal, Le Venerable Consistoire àpres Les avoir Censurée & remontrée d'avoir ainsi Profanée Le St. Jour du dimanche en les exortant de de plus retourner, nous Les avons Condanez p^r^ 15X a Chacunes au Profit des Pauvres.

p. 16 [faded document]

Du 14 feuvrier 1714

Les Venerablée assemblée a remis La Tuteelle de François Maillet, entre Les Mains de François Durand Comme etant le Plus Proche Parent du dit Maillet par une Sentence de nôtre Consistoire, comfirmé par notre Balif de Linkenheim le 24e. F^vr^. Et autorisé par nôtre Grand Ballif par ordre de nôtre Prince fait ce 4e. Mars 1714

J'ay retire 2 Cimbres de Leque? de Jean Coutty que j'ay vendu à 962X Laquelle Somme a étté Livré au Bourguemetre pour La Contribution de François Maillet

p. 17

L'an 1742 le 7e. Jeanvier

Ont été Etabli pupliquement et En presence de toute L'Eglises, aprés les trois proclamation ce fites pour ancien le S^r^. Abraham Barraire & Le S^r^. Pierre Gros tous deux Bourgeois de ce lieu, N il ont été present pupliquement avec un Sermon Sur leur devoir tireé De L'epitre des Pel 51:1:4. le Seigneur leur fasse La Grace de bien S'aquiter de leur charge

Amen

L'an 1752 le 2. May

Fut Créé ancien le S^r^. David Meunier au lieu du S^r^. Abraham Baraire qui est mort

Quelque Tems apres

Fut créé ancien Jean Pierre Durand au lieu du S^r^. Jaques Gulliaume Thierry qui est mort.

p. 18 [blank page]

p. 19

Enregistrement

De la Donation de 100 fl, dis cent florins, en dix Louis d'or neufs de France[,] chacune a dix florins faite a l'Eglise Reformée de Nereth par Monsieur Bosqe[3] Lieutenant Colonel du Regiment de Dürlach au Service du Cercle

le 12 Juin 1752

Nous soussignés attestons et faisons savoir par ces lignes Que l'Eglise Reformée de la Colonie Francoise de Neureuth dont nous sommes Membres et memes les Preposés ou les Anciens a recu le 12 de Juin par grace specielle et comme un Effet d'un Ouvre de Charité de Monsieur Bosqe[4] Lieutenant Colonel du Regiment de Durlach au Service du Cercle en beau Present d'une somme de 100 fl, dis cent Florins, en dix Louis d'or neufs de France chacun a dix florins. Sous condition selon ses propres termes.

Que cette Somme soit mise et etablie en Capital bien assuré et que l'interet en soit distribué tous les ans aux pauvres necessités surtout a de pauvres Veuves lorsqu'elles meritent et aux pauvres orfelins et cela a Rente annuelle et perpetuelle.

Ou quand il y aura l'occasion d'acheter un Bien de l'y emploier pour le meme but comme il paroit par ce qu'il nous ecrivoit en apres.

Quand.

p. 20

Quand a l'Etablissement de cette Somme je trouve la Proposition de vos anciens tres convenable et equitable attendu que par cette disposition ce Capital ne peut qu'etre le mieux assuré et la Rente annuellemt en graine en sera | s'il faut aussi dire mieux convenable aux pauvres designés qu'en argent content de sorte que Vous n'avez messieurs qu'a faire un achat le mieux que Vous le pourrez.

Et que cet etablissement soit bien reglé posé et ecrit dans nos livres de l'Eglises et fin que dans la Suite c'est qu'il desire expressement | nos successeurs ne puissent ou ne doivent y apporter aucun obstacle ou pour mieux dire en user d'aucune Fraude.

C'est que nous faisons par cet enregistrement et dont une copie est donnée au Donateur Soit pour Sa propre Satisfaction Soit pour le Present ou pour tout avenir et en foi de quoi nous l'avons Signe de nos Mains

Neureuth le 14 Juin
1752

Jean Jaques Merian
Pasteur
Daniel Marche Anwald
et diacre
David Munier ancien
Jean Pierre Gros ancien

p. 21

Enregistrement

de la Donation de 50fl, dis cinquant Florins en cinq Louis d'or neufs de France chacun à dix florins faite a l'Eglise Reformée de Neureuth par Monsieur Bosque Lieutenant Colonel du Regiment de Dürlach au Service du Cercle. le 9. Nov. 1753.

Nous soussignés attestons et faisons savoir par ces lignes que l'Eglise Reformée de la Colonie Francoise de Neureuth dont nous sommes membres et memes les Preposés ou les Anciens a reçu le 9e de Novembre par graces specielle et comme un effet d'un œuvre de Charité de Monsieur Bosque Lieutenant Colonel du Regiment de Durlach au Service du Cercle un beau Present d'une Somme de 50 fl. dis cinquant florins en cinq Louis d'or neufs de France chacun a dix Florins.

Sous Condition selon ses propres Lettres de la mettre en seureté et d'achetter des rentes annuelles qui en proviennent des Livres de Religion Savoir des nouveaux Testaments[,] des cantiques[,] des Catechismes ou d'autres Livres de devotion pour les distribuer parmis les jeunes gens selon leur Besoin et leur Capacité que le Pasteur ordinaire appercevra chez eux.

Et que cet etablissement soit bien reglé posé et ecrit dans nos Livres de L'Eglise afinque dans suite nos successeurs ne puissent ou ne doivent y apporter aucun obstacle ou pour mieux dire en usent d'aucune Fraude.

C'est que nous faisons par cet enregistrement et dont une copie est donnée au Donateur soit pour sa propre satisfaction soit pour le present ou pour tout

avenir

[3] Written over, making it impossible to know what was final spelling.

[4] Written over, making it impossible to know what was final spelling.

p. 22
avenir et en foi de quoi nous l'avons signé de nos Mains.

Neureuth
le 12 Nov.
1753

Jean Jaques Merian
Pasteur
Daniel Marche anwald
Jean Pierre Gros ancien
Jean Pierre Durand ancien
David Munier ancien

Les deux precedens Enregistremens furent envoïes en Son tems au Donateur Qu'il a renvoïés avec unè autre Somme de cinquants florins et une Lettre datée le 30 d'avril 1754 ou il demande un reçu general de la Somme entiere de deux cents florins portant que la dite Somme a été donnée uniquement et pour toujours autant que cette assemblée subsistera pour en tirer des Interets annuelles qui seront distribues tous les ans aux pauvres necessités surtout a de pauvres Veuves lorsqu'elles le meritent et aux pauvres orfelins egalement soit en habits, en livres de Religion en vivres ou en argent selon leur besoin, leur capacité et leur merité c'est qui a ete fait et Signé par les Preposés ou les anciens de cette Eglise. le 7e de May de la meme année dans les Termes suivans.

Enregistrement de la Donation gracieuse de 200 fl. dis deux cents Florin argent d'Empire faite aux Pauvres de l'Eglise Reformée de Neureuth par Monsieur Bosque Lieutenant Colonel du Regiment du Dürlach au Serivce du Cercle. Nous soussignér attestons et faisons savoir par ces Lignes Que nous les members et memes les Preposés ou les anciens de l'Eglise Reformée de Neureuth avons reçu de Monsieur Merian notre fidele Pasteur. Un beau Presént d'une Somme de Deux cents Florins comme un effet de la charité et d'une grace specielle de Monsieur Bosque Lieutenant Colonel du Regiment de Dürlach au service du Cercle, avec la Declaration et la

condition

p. 23
condition expresse que cette Somme est uniquement destinée pour les pauvres de notre chere Eglise. Que nous la disposions a cette Fin et que tout reste a cette Eglise en tout tems et que personne n'en puisse diminuer rien a jamais autant que notre Eglise Sera maintenue et qu'ensuite cette Somme en cas de rupture puisse passer a une autre Eglise dans le meme pais de Dürlach que L'interet en soit distribué tous les Ans aux pauvres necessités surtout á de pauvres veuves lors qu'elles le meritent et aux pauvres orfelins egalement soit en habits en livres de Religion en vivres ou en argent selon leur besoin leur Capacité et leur merite que le Pasteur ordinaire avec le Consistoire appercevra chez eux Et que cet Etablissement soit bien reglé et posé et ecrit dans nos livres de l'Eglise afin que dans la suite nos successeurs ne puissent ou ne doivent y apporter aucun obstacle ou pour mieux dire en user d'aucune fraude c'est ce que nous promettons et que nous faisons par cet Enrigistrement et en foi de quoi nous l'avons Signé par nos Mains.

Neureuth
le 7e de May
1754

p. 24
Elizabeth Jacob Fille de Feu Daniel Jacob de Friderichsthal apres avoir Rendu Raisson de leur Foy Pupliquement dans Nôtre Eglise de Neureüth à été admise ala Comunion le 6e. 7bre 1722.

Jean Gasman Fils du Wacher de Knielingue et Elizabeth Hübler Sa Belle Fille ayant été instruit suffisamant dans les principaux point de Nôtre Ste Religion ont été admis ala Communion le 16e. avrill 1730, par Jean Jaques Wölf Pasteur du Lieu.

p. 25
Registre des Enfans qui ont été admis a la Ste Communion apres avoir Rendu Raisson de Leu foÿ Pupliquement devant l'Eglises à Neret Le François par Monsr. Rÿhiner Nôtre Pasteur

Pour la Comunion de Pasques 1739 le Mar 26

den 1[tn] Abraham Crocol
den 2[tn] Frederic Durand
den 3[tn] Anne Marie Rothacker

Pour la Comunion de Pasques 1741: avrill 2[e]

Rachel Racine

Pour la Communion de Pâques 1742 Mars 25

1[tn] Isac Herman
2[tn] Susanne Herman sa soeur

Pour la Comunion de Pasques 1743

1[tn] Anne Marie Rÿhiner
2[tn] Charlotte Rothacker
3[tn] Anne Ester Crevesac
4[tn] Jean Solomon Durand
5[tn] Paul Renaud Fils

p. 26

Suitte du Registre pour les

Caticumaines--a la Communion de Pasques 1746
Jean Henry Crocol
George Rothacher
Garçon Nome N.N. du Canton de Schaffhausen
Jeanne Marie Thierry, Fille de S[r]. anwalt
Anne Rachel Rouvier
Marie Barbe Barraire

a la Communion de Pasques 1747

Marie Madelaine Rÿhiner fille du Pasteur

a la ditte 1747

Jean Jaques Crocol
Marie Catherine Durand

a la ditte 1748

Des Reformirte Sauhirten Tochter N. N. von Eckenstein

a la ditte 1749

George Thierry
Jean Daniel Marche
George Crocol
Marguerithe Rothacker
Marie Catherine Bonnet
Jeanne Marguerithe Paget

p. 27

Suitte a la Communion des Pasques 1751

Jean George Feürer
Marie Barbe Schantz

La meme année

Susanne Barbe Marche
Susanne Marie Crocol
Jeanne Susanne Thierry

A Paque 1752

Ester Galandre
Jean Daniel Gros
Daniel Crocol
Jean Zacharie Boeuf
Jeanne Susanne Caubet
Daniel Bourdailler
Jean Daniel Schanz
Anna Marie Schanz
Susanne Marguerithe Clour
Paul Samuel Schanz
Andreas Angelberger

A Paque 1766

Abraham Crocol
Christian Clour
Heinrich Feÿrer
Margaretha Durand

A Paque 1768

Henri Charles Renaud
Jean Christian Durand
Henri Charles Renaud [sic]
Jean Henri Clour
Henri George Durand
Jeane Marguerithe Crocol

A Paque 1769

Susanne Salome Armand
Marie Dorothée Buchleiter

a Paque 1770

Jean Pierre Durand
Jean Frederic Renaud
Jean Felix Crocol
Lucrece Armand

a Nöel 1770

David Christian Racine
Marie Susane Crocol

p. 28

1772

a Paques

Daniel Crocol
Michael Goulas
Jeane Marie Durand
Jeane Marguerithe Crocol

1774

a Paques

Jean Pierre Renaud
Jean Talmond de Serres en Wurtemberg
Elisabetha Bopp
Jeane Marie Racine
Katharina Barbara Crocol
Marie Lucrece Renaud

1775

a Paques

Joh. Jakob Crocol
Maria Katharina Bopp
Anna Maria Schnurlein

1776

a Paques

Fridrich Jakob Lipphart
Daniel Dunkin
Philipp Ichal
Leopold Giraud von Fridrichsthal

1777

a Paques

Henri Crocol fils de Jean Jaques
Henri Crocol fils de Henri
Maria Elisabetha Crocol
Maria Lucretia Ichal
Rachel Durand

p. 29

1778
auf Ostern
Andreas Dunkin
A. M. Rebeka Crocol
1780
Jean Pierre Gros fils de J. Pierre
Marie Rachel Buchleiter
1782
auf Ostern
Danj. Bourdaillez
Jean Pierre Gros fils de J. Jaques
Danjel Marche
Margretha Schempin
1784
auf Ostern
Maria Susanna Gros
Anna Maria Crocol
auf Pfingsten
Andreas Angelberger
Mar. Magd. Crocol
Christina Feiler
Mar. Susanna Buchleiter
1785
auf Ostern
J. Pierre Durand
Fred. Marche
auf die Herbst Com.
Heinrich Munier
1786
auf Ostern
J. J. Groos
Rebeque Durand
auf Pfingsten
Willhelm Gros
Jean Durand

Ao 1804 auf Ostern wurden folgende Kinder zum 1ten Mahl zum h. Abendmahl zugelassen:
Friedrich Renaud des Jean Pierre Renaud Sohn alt 14 Jahr
Heinrich Crocoll des Heinrich Crocoll jun. Sohn
Peter Groos, des Jean Pierre Groos Sohn
Philipp Crocoll, des Heinrich Crocoll, hln. Sohn
Katarina Gutknechtin, des weiland Michel Gutknecht T.

p. 30

Enfant Batizes du temps de Monsieur Lotier Pasteur

Rolle des Batèmes

Des Enfans qui ont estes Batises dans

l'Eglises Reformée de Muhlberg

et Neüreüth Teres de S.A.S[me].

Monseigneur le Margraf de

Baden Dourlach

1700

p. 31

La Mois Le jour	Nom des batisés	Nom des Pere & Mere	Nom des Parains & Maraines
1700 Jeanv. 10e. Claude J. Sagnes Mr. Le Coronel d'egagan et L'Enfant à étté Battises par pour Maraine Son Espouze un Pasteur Luterien dans la Maisson du dit Coronel.			
Née Jeanv. 11e. Batises Fev. 18e. par Monsieur Lotier	Madelaine	J. Martin Doratée Bataillar	Nicolas Patrons et pour Maraine Madelaine Finne Sa femme
Née avril Batises dit 7e. par Mr. Lotier	Anne Suzanne	J. Coutty Jeanne Balane	Jaques Caubet et Susane Sa Soeur qui ont tenis cest enfant au Nom du Sr. Nicolas Patrons et Madelaine Sa Femme
Batisés avril 15e. par Mr. Lotier Pasteur	Jeanne Marie	D. Maillet Dissabout Broc	Jeaque Caubet et Marie Cabot et Jeanne Martine
Batises avril 15e. par Mr. Lotier Pasteur	Anna Sara	J. Durand L. Couchin	Le Maitre Chaseur desguestin La femme du Sr. Louis LeSené
Bat Avril 18e. par Mr. Lotier Pasteur	Jean	F. Armand M. Tardit	David Armand et Madame Son Espouse
Née Julliet 12e. Batises Julliet 28e. par Mr.. Sandez Pasteur à Orbach	Marie Madelaine	Paul Gros Martha Alberge	Mr. Riboullet Pasteur de l'Eglise fran. a Basle et Madame Son Espouse Nicolas Patron Madelaine finne Jeanne Remond femme de David Aymar

p. 32

Mois Jour	Battisés	Peres & Meres	Parrains et Maraines
Née Xbre 29e. Batisés Jeanv. 9e. 1701 par M . Lotier Pasteur	Un Fils David	Bertrand dufour Susane Magnian	Sr. David Peret Gentil Rachel Erlan
Née avril 19e. Batises dit 22e. par Mr. Le Pasteur Lotier	Pierre Abraham	Moyze Huguenin Et Sa feme N. N.	Pierre Maillet et Sa feme et Abraham Droze et Sa feme
Née Mars 27e. Batises dit 27e. par Monsieur Lotier	Jaques Henry	Pierre Brun Marie Barrier	Henri Arnaud Et Jaque Meson Marguerite Resin Et Madelaine Maillet
Née Juillet 1e. Batises dit 10e. par Mr. Lotier Pasteur	un enfant N. N.	Robert orne Marguerite Leco	Abraham Erlan Madelaine Gourenflor
1700 Batises Juin N. à Knilingen par un Pasteur Lattrien	Une Fille Madelaine	Charle Lemblain Et Marie Perdris	Nicolas Patrons et Sa femme et Jean Pierre Racine
Née Xbre 13e. Batises dit 22e. par Mr. Lotier Pasteur	Susane	François Crevesac Rachel Colomb	David Descombels Susane Fortané Femme de Isac Casebon
1701 Batises Jeanv. 15e. Née dit 7e. par Mr. Lotier Pasteur	Anne Marie Madelaine	Anthonie Enpeytu Madelaine Lombard	Pierre Campredon et Samuel Marche & Marie Tardif femme de François Armand et Madelaine Maillet

p. 33

Les Mois Jour	Battisés	Peres & Meres	Parrains et Maraines
1701 Aoust 28e.[5]	Madelaine	J. Cotty Jeanne Balane	Marc Maillet et Sa femme Madelaine
1702 Batises Mars 9e.	Eberhartine Madelaine	D. Maillet J. Broc	Monsr. Devalbron Conseilier d'etat de S.A.S. MonSeigneur le Margraf de Baden Dourlach
Née Mars 6e. Bat. Mars 12e.	Marie Caterine	Paul Gros Marthe Alberge	Daniel Peret Gentil Marie Tardif femme de François Armand
Batises Juill 15e.	David	J. P. Saunier Isabau Mayason	David Loriol et Jean P. Salleés Olimpe Beau Femme de D. Loriol et Caterine Loriol Soeur
Bat. 8bre 29e.	Jeanne	Samuel Marche Anne Marion	Pierre Cauvet talieur de S.A. et pour luy Michel Riviere et Jeanne Faure
Bat. 9bre 12e.	Madelaine Marguerite	Jean Martin Dorotée Bataillar	Abraham Louis Morant orlogier Pierre Caubet Et la Femme du dit Sr. Abraham Susaneotte
Née Xbre 11e. Bat. Xbre 28e.	Jean Pierre	Jean Cotty et Jeanne Balan	pour Parian le Maitre Chase?[6] de Egenstein Et J. Pierre Sallez et Susane Fontané

p. 34

Les Mois Les Jour	Les Batises	Les Perre et Mere	Les Parans et Maraines
1703 Bat. Jean. pr	Abraham Nicolas	Isac Baraire Marguerite Resin	Abraham Louis Morant Et Sa Femme Et pour elle Jeanne Mermiliod femme du Sr. Pierre Maillet Et Nicolas Marindas Refugié a Meckenheim Et Susane Fontane femme de Isac Casabon
Bat. Jean. 7e.	Louise Marguerite	François Generoux Marie Chewendh	Mr. Louis Wolf et Marguerite Olive a ete Patises par un Dimanche
Bat. Janv. 14e.	Jean Michel Baltazar	Charles Lemblain et Marie Perdris	Mr. Baltazar Bech Balif de Mulleberg Et Sa femme Et Michel Naguel Schultz von Knilingen et Sa femme et Maguerite Furet
Bat Jan. 14e.	Jean Philipe	Jean Pierre Tibaut et Eve Colomt	Jean Chandion et pour Maraines Anne Marie Femme de Samuel Marche

p. 35

Le Mois Les Jour	Les Nom des Batises	Les Peres et Meres	Les Parans et Maraines
1703 Ba. FVr. 22e.	Isac Matieu	F. Groulie Judy dusel	Jean Pierre Salleés et Isac Bourgea et Maguerite Odier et Sa Femme du Sr. David Armand
Ba. Fevr. 25e.	Jean Daniel	Pierre Brun Marthe Barnier	Jean Philipe Maitre des Postes Schreck et Sa femme et Henry Arnaud et Daniel Maillet et Marguerite Chandron et Marie Cabot
Bat. Mars 3e.	Pierre	François Armand Marie Tardif	Pierre Campredon et Jeanne Faure
Née May 2e. Bat. le dit 7e.	Pierre	Abraham Dubois et Anne Caterine Peeré	Pierre Brun et Marthe Barnier Sa femme

[5] Beginning with this entry, "par Mr. Lotier Pasteur" is not shown unless or until there is a significant deviation.
[6] Extends off the edge of the crumbling page. Probably "Chaseur."

p. 36

Les mois Les jour	Les nom des batise	Les nom des Pere Et Mere	Les Nom des Parains Et Maraines
1703 Juin 11e. par Monsr. Daniel Lotier Pasteur de Neüreüth	Marie Caterine	Pierre Guy Isabeau Prieur	M^{r}. Jeaques Guy Capitaine lieutenant et Monsr. Jaques Philipe Guÿ aussy ofisier
Née Juillet 10e. Bat. dit 15e.	Pierre	François Crevesac et Rachel Colomb	S^{r}. Pierre Cauvet tailleur de S. A. Madame et Madame Sa feme
Bat. dit 15e.	Anne Marie	Jaques Durand et Louise Couchin	M^{r}. Enguilhart diener et Anne Marie Dienerin et Anne Caterine Nicolas
Bat. Aoust 8e.	Jean Pierre	Hectort Gontart et Sussane Aymarc	Jean Pierre Sallées et Susane Fortané feme du S^{r}. Isac Casobon
1704 Bat. Jen. 13e.	Nicolas	Bernard Lorie et Jeanne Marie Borel	Nicolas Gourenflo et pour Marene Jeanne Le Long

p. 37

Les mois Les jour	Les Nom des batises	Les Nom des Pere et Mere	Les Nom des Parains et Maraines
1704 Née Mars 8e. Bat. Mars 10e.	Jeane Susane	Paul Gros et Marthe Alberge	M^{r}. Pierre Duclos et David Armand et Susane Fortané femme du S^{r}. Isac Casabon et Jeanne Raimont femme du S^{r}. David Armand
Née Mars 11e. Bat. Mars 13e.	Marguerite	Jaques Marot Madelaine Maillet	S^{r}. René Maillet et Marguerite Chandion
Née avril 12e. Bat. avril 20e.	Rebeca	Jean Pierre Girod de Friderichtal et Susane Bonnet dudit	Jean Bastiste Desmarets et Rebeca Erlant aussi de Friderichstal
Née Juillet 23e. Bat. Juillet 27e.	Madelaine	Pierre Guis et Isabau Prieur	M^{r}. Daniel Lotier Pasteur et S^{r}. André Curnex et Mad^{me} Cabot, et Madelaine Pèrin feme de Louis le Sène
Née Juillet 25e. Bat. Juill. 28e.	Catarine	Jean Coutty et Jeane Balane	David Armand et Catarine Vernier femme du S^{r}. André Curnex

p. 38

Les mois Les jour	Les Nom des Batises	Les Nom des Pere & Mere	Les Nom des Parains et Maraines
1704 Née Aoust 7e. Bat le 17e.	Susane	Jeaques Simonet Marie Gorentflo	Jean Ulruc Seber de Graben & Susane Gorentflo
Née 7bre 30 Bat. 8bre 5e.	Samuel	Isac Baraire Marguerithe Raisin	Samuel Marche & Marie Cabot
Née 9bre 25e. Bat. Les 30e.	Pierre	Claude Aymarc Judith Blanc	Jean Pansut & Jeanne Faure
Née X^{bre} 29e. 1705 Bat. Jean^{v}. 4e.	Ettienne	Jean Pierre Saunier Isabeau Mayason	Paul Gros et Paul Mayason Susane Vidal Et Jeanne Mayason
1704 Née X^{bre} 30e. 1705 Bat. Jean. 4e.	Susanne	Samuel Marche Anne Marion	François Daudet et Susanne Fortané femme du S^{r}. Casabon

p. 39

Les Mois Les Jour	Les Nom des Batises	Les Nom des Peres et Mere	Les Nom des Parains et Maraines
1705 Née Mars 4e. Bat. Le 6e.	Marguerite	Jean Pierre Marechal Barbe de Meÿri	François Roquet et Marguerite Maillet
Née Mars 10e. Bat. Le 15e.	Jaques	Jaques Ruyere Marie Gueri	Jaques de Hardin et Rebeca Erlang
Née May 14e. Bat. Le 17e.	Isaac	François Crevesac Rachel Colomb	Isac Casobon et Jeanne Raymont femme de David Armant
Née Jui[7] 13e. Bat Juill^t n	Madelaine Jeanne	Jean Pierre Tibaut et de Eve Coulomb	Daniel Mailliet et André Curnex Marguerite Chandion femme de René Maillet et Marguerite Maillet
Née Aoust 31e. Bat. 7bre 14e.	Marguerithe	Jeaques Marot Madelaine Maillet	Marc Maillet et Marguerithe Chandion femme du S^r. René Maillet

p. 40

Les Mois Les Jours	Les Nom des Battises	Les Nom des Peres & Mere	Les Nom des Parains & Maraines
1705 Née 8bre 3e. Batis 8bre 12e.	Jeanne Marie	Hetort Gontart Susane Aymarc	Mathieu Coinau et Jeanne Darbres, femme, ….,
Née 9bre 2e. Bat. 9bre 3e.	Jeanne Marguerite	André Dubois Marie Fero	Salomon Olivier et Marguerithe Sa femme et David Armand et Jeanne Raymont Sa femme
Née 9bre 12e. Bat. 9bre 20e.	Isaac	Isaac Erlant Marie Jeanne LeLong	Daniel Bouquemon Rebeca Erlant
Née 9bre 22e. Bat. 9bre 29e.	Jean Louis	Jaques Durand Louise Cochin	Louis Kisling et Jean Martin Maintzer Anne Caterine Versminnin femme dudit Kisling et Anne Marguerithe femme du dit Maintzer

p. 41

Les Mois Les Jours	Les Nom des Battises	Les Nom des Peres & Mere	Les Nom des Parains & Maraines
1706 Née Fevrier 1e. Bat. Fevrier 5e.	Ellie	Leonard Bonnefort Judy Doussot	André Curnex et Margerithe Chandion femme du S^r. René Maillet
Née Fevrier nn Bat. nn	Louis	Abraham Dubois Anne Caterine Peere	Louis Le Sene Madelaine Perin femme dudit Le Séne
Née Avril 29e. Bat. nn	Marie	Claude Aymarc Judy Blan	Jaques Pansut et Malar femme du S^r. Pierre Campredon
Née Juillet 25e. Batise à Friderichsthall par S^r. Lotier nôtre Pasteur	Françoise	Abraham Dereu Judy Geuri	Jean Batiste Demary et Françoise Sa femme
Née Aoust 11e. Bat. par un dimanche	Pierre	Jacob Chauve Anne Greue	Pierre Gorentflo Françoise Mase

[7] Month is written over day making it difficult to read.

p. 42

Les Mois Les Jours	Les Nom des Batis	Noms des Peres & Meres	Noms des Parains & Maraines
Née 7bre 10e. Ba. 7bre 19e.	Jean Daniel	Jean Pierre Tibaut Eve Colomb	Daniel Maillet et Sa femme, Et Jean Coutty Et Caterine Vernier femme de M^{r}. Curnex
Née nn nn Bat. 9bre 14e.	Rachel	Gaspard Cherer Marguerite Torcheré	Jacob Erlang et Rachel Gerardin tous de Friderich
Née 9bre 25e.	Rebeca	Daniel Boutemont & Rebeca Erlang	Pierre Erlang et Caterine Sa feme
Née X^{bre} 27e. 1707 Bat. Jean^{v}. 2e.	Friderich Philipe	Jaques Maraut Madelaine Maillet	Friderich Philipe téssin et pour luy S^{r}. Isaac Marin et S^{r}. Pierre Caubet et Sa femmes
[no dates]	Anne Marie	François Bouyer Marie Juliane	Philipe Louis Cech Anne Marie Nil

p. 43

Les Mois Les Jours	Les Nom des Batises	Noms des Peres & Meres	Noms des Parains & Maraines
1707 Née Jean^{v}. 22e. Bat. le 30e.	Jean Michel	Isaac Baraire Marguerithe Resin	Juste Weydot et Michel Riviere et Marie Cabot et Rosine Calmet
Née Jeanv 27e. Bat. Fev^{r}. 6e.	Pierre Alexandre	François Generoux Marie Chewendh	Alixander Rifiert choutty à Orbach, Et Pierre Jolly, Sussane Chaffart et Victoire Bonnet
Bat. 7bre 9e. a Dourlach par un Pasteur Luterien par un Vendredy	Jean Cristian	Jean Pierre Saunier Isabeau Mayason	Jean Frederich Kepler Cristian Herhoy et Sa femme et Agnes Gebher
Née 7bre 19e. Bat. Le 20e.	André	[blank]	André Curnex et Jeanne Balane femme de Jean Coutty
Bat. 8bre 18e.	Jean	Claude Aymarc Judhy Blanc	Jean Coutty et Caterine Vernier femme de S^{r}. André Curnex

p. 44

Les Mois Les Jour	Les Nom des Battises	Les Nom des Peres & Meres	Les Nom des Parains & Maraines
1707 Née 8bre 12e.	Michel	François Crevesac Rachel Colomb	Michel Riviere et Caterine Vernier feme du S^{r}. André Curnex
Née 9bre 11e. à Friderichthal Bat. Le 20e.	Jean	Jean Pierre Giraud Susane Bonnet	Jean Borell Marie Levant
Née 9bre 19e. Bat. Le 23e.	Jeaques	Jean Pierre Voiron Barbe Meÿri	Jeaques Maraut et Anne Marion femme de Samuel Marche
Bat. 9bre 27e.	Marie Madelaine	Nicolas Gorentflor Marie Heraucour	Abraham Erlang et Madelaine Gorentflor Habitans à Fridrichthal
Née X^{bre} 7e. Bat. Le 11e.	Bernard	Jeaques Marau Madelaine Maillet	Bernard N. N. Anwalt du Knilingen et Madame Sa femme
Née X^{bre} 18e.	Jeaques	Daniel Loizau Jeanne Gautier Habitans à Fridrichstahl	Jeaques Tesin et Marie Demarais Sa femme

p. 45

Les Mois Les Jour	Les Nom des Batti	Les Noms des Peres & Meres	Les Noms des Parains & Maraines
1708 Née fevrier 4e. Bat. Le 12e.	Caterine Marguerite	Jeaques Durand Louyse Cochin	Monsieur Daniel Lotier Pasteur et Mr. André Curnex et Caterine Vernier femme du dit Sr. Curnex et Marguerite Racine
Née 7bre 3e. Bat. le 8e.	Simonne Marie Caterine	Mr. André Curnex Caterine Vernier	Heister Balif de Dourlach Et Monsieur Auguste Freder[8] Daler Le Pere de ce ditte Daller La tenus pour Son Fils, Et Madame Caubet Et Madame Seicsling femme de Mr. L'oberjägner, Et Madame La Balif de Dourlach Elle La tenus à la place de Madame Marie Ellisabeth Saur de Manheim
1709 Bat. fevri 3e.	Pierre	Isaac HErlang Et Marie Jeanne Le'Loup: Bourgois de Fridrichthal	Pierre h'Erlang et Caterine Fines Femme dudit Erlang

p. 46

Les Mois Les Jour	Les Nom des Bati	Les Noms des Peres & Meres	Les Nom des Parains & Maraines
1709 Née fevrier 8e. Bat. Le 10e.	Daniel	Samuel Marche Anne Marion	Daniel Lotier Le Pasteur et Jost Weydot et pour Maraines Marions Coutty Rosine Callmest femme dudit Weydot
Bat. Mars 27e.	Pierre	Jeaques Constantin Marie Balce	Jean Bounin et Jeann Balce tous Habitans de Mouchelbach
Née Jeanv. 15e. Bat. Jeanv. 17e.	Jean Pierre	Paul Gros Marthe Alberge Cest enfant et née à Offenbach pres de Francfort	Jean Calandre La tenus pour Pierre Campredon Et Marguerite Amalas
Née Juin 20e. Bat. Le 29e.	Marie Madelaine	Jeaques Simonet Marie Gorenflor Cest Enfant et née à Friderichthal	Pierre Gorentflo et Marie Recour femme du Sr. Nicolas Gorentflo

p. 47

Les Mois Les Jour	Les Nom des Bati	Les Noms des Peres & Meres	Les Noms des Parains & Maraines
1709 Née à Neret & Batise Maÿ 5e.	Jeaques Dominique	Fraçois[sic] Crevesac Rachel Colom	Jeaques Clement et Mr. Dominique Debari et Mad. Anne Anri femme dudit Clement
Née à Neret Bat. Maÿ 26e.	Marguerithe Marie	Claude Aymarc Judit Blanc	Pierre Campredon et Marguerite Chandion femme du feu René Maillet
Née 8bre 29e. à Neret Bat. 9bre 1e.	Daniel & David Frere Jumeaux	Jean Calmé et Susane Jacob	Monsr. Daniel Lotier Pasteur et Sr. David Arman Et Marguerite Chandion femme du Sr. René Maillet & Susanne Fortané femme du Sr. Casabon
Née à Neret Batis 9bre 21e.	Marguerite Targe	Les Nom du Pere & Mere ny sont pas	Sr. Jeaques Maro Madelaine Maillet

[8] At edge of book, so could be shortened Frederich.

p. 48

Les Mois Les Jour	Les Nom des Batises	Les Nom des Peres & Meres	Les Nom des Parains & Maraines
1709 Née 9bre 20 à Neret	Susanne Elisabeht	Matias Gage Anne Offemon	Jean Caubet & Jean Baptiste Griffin & Susane Fortané femme du S^r. Isaac Casabon et Elisabeth Orrcé
Née X^bre 15e. à Neret Bat. Les 20e.	Jeanne Marie	Isaac Baraire Marguerite Raisin	Jean Caubet & Jean Jaque Fabre & Jeanne Maria Coucha et Jeanne Fabre
1710 Née à Neret Batisé Mars 5e.	Marie Eléne	Pierre Bouyer Marie Juliane	Le Prince Cristofle Et Monsr. Le Baron de St André, Et Jean Caubet La tenus pour eux Et S.A.S.^me Madame La Princese de Dourlach Et Madame St André Femme de Monsr. Le Baron Et Mad^lles Sophie Auguste Fille de Chambre de Madame La Grande Balive La tenus pour eux

p. 49

Les Mois Les Jour	Les Noms des Baptises	Les Noms des Peres & Meres	Les Noms des Parains & Maraines
1710 Née à Mouchelbach Batisés Juin 8e. à Neret	Estiene	Michel Raviol Jeanne Piton	S^r. Marc Montous et Mad^me Jourdan
Née à Mouchelbach Batisés Juin 8e. à Neret	Jean	Jean Bertolot Marie Griot	S^r. Marc Montous et Susane Jourdan
Née Aoust 2e. à Neret	Jeanne Marie	Jeaques Beau Marguerite Martinet	Noé Pansut Et Jeanne Marie Coucha
Née Aoust 3e. à Neret Batisées Le 10e.	Marie	Claude Aymar Judi Blanc	S^r. Bartholomé Philip Et Marie Sa Fille
1711 Née Mars 13e. à Neret Batisé le 15e.	Jean	Anthonie Bezar Claudine Pécou	Jean Caubet et Marie Coutty

p. 50

Les Mois Les Jour	Les Nom des Batisés	Les Noms des Peres & Meres	Les Noms des Parains & Maraines
1711 Née Mars 26e. à Neret Batisés avril 5e.	Louis François	David Bellet Anne Marie Loubri	Louis Jacob Hirchfeld Et Pierre Boyer Et Marie Juliane femme dudit Boyer Et Anne Hélene femme dudit Hirsfeld
Née Juillet 11e. Batisés Le 19e.	Susanne Jacobine	Jean Calmé Susane Jacob	Jacob Kesling metr[9] Chaveur de S.A.S. & Demeurant à Egenstein et Madame Sa Femme et a Sa Place Marguerite Chandion femme de S^r. Jean Pierson
Née Septem. 2e. à Neret Batisés Les 6e.	Abraham	Jeaques Beuf Marguerite Martinet	M^r. Abraham Guillot ApotiCaire

[9] At edge of page

p. 51

Les Mois Les Jour	Les Noms des Batise	Les Noms des Peres & Meres	Les Noms des Parains & Maraines
1711 Née à Neret Septemb 15e. Batisées le 20e.	Charles Louis	Pierre Caubet Maitre Taillieur de S.A.S. Madame La Princesses de Dourlach Et Simonne Audin	Par Son Altesse Sme. Monseigneur Le Margraf de Baden Dourlach et Monsieur Le Baron de Mesingue et a Leur Place Monsr. Clygler homme de Chambre de S.A.S. Le Margraf Et pour Maraines S. A. Madame La Duciarre Princesse de Dourlach, Et Madame Juliane Louÿse Madme de Wangen et Madame La Baronne de St André et pour eux Madame Clÿcler et Madame Arnauld femme du Cusinnier de Madame de Wangen.

p. 52

Les Mois Les Jour	Les Nom des Batise	Les Noms des Peres & Meres	Les Noms des Parains & Maraines
1711 Née à Neret Batisés Novem. 29e.	Jean Henry & Marie Barbe deux Jumeaux	Stollmeÿer Soldat Sopie Bouc	Jean Henry Decker Marie Deckertin
Née Decemb. 7e. à Neret Batisés Le dit jour	Marie Judy	Jean Munier Anne Weil	George Pielemont Corporal
Née Xbre 30e. à Neret 1712 Batis Jeanv. 2e.	Pierre Phillip	Philipe Boutron Anne Cristine Vehen	Pierre Biner Anne Marie Einfeld tous Etrangé
Née fevrier 13e. à Neret Batisés Le 15e.	Daniel	Jean Pierre Voiron Barbe de Meyri	Daniel Lotier Pasteur Et David Armand Et Susane Jacob femme du Sr. Calmé Bourguemaitre et En Sa place Marthe Alberge femme de Paul Gros

p. 53

Les Mois Les Jour	Les Nom des Batiz	Les Nom des Peres & Mere	Les Noms des Parains & Maraines
1712 Née à Neret Batisées Fevrier 18e.	Louyse Marie	Jean Venin Marie Charlote Conin	Jeaques Maro Et Pierre DuCont Et Louÿse Cochin femme de Jeaques Durand Et Marie Guillot
Née Juillet 8e. à Neret Batisées Le 10 par Monsieur Daniel Lotier Notre Pasteur	Marie Madelaine	Jean Stoler Barbe Cherÿe	Michel Rivieré et Marie Madelaine Kimpler
Née 8bre 21e. à Neret Batisés Les 27e. par Monsr. Icker Pasteur à Orbach	Jeanne Marie	Jean Pierre Racine Jeanne Marie Coucha	Jean Simback Et Barbara Sa Femmes Et Jeanne Marie Dickmanin Fille de Monsr. Dickman Major Et Madame Sa femme qui Sapellée Anne Chàtie
1713 Née Jeanvr. 8e. à Neret Bastisés Le dit Jour par Mr. Payot Pasteur à Friderichsthal	Louis Isaac	Isaac Baraire Marguerithe Raisin	Mr. Louis Affel et Mr. Isaac Casabon Et Mad. Susanne Fortané femme du dit Casabon demeurants ?[10]

[10] At edge of page

p. 54

Suit
La Liste des Enfans qui ont été Batises
Par Monsieur le Pasteur
Louis Malherbe
Pendant le temps de Son Ministère dans cette
Colonie
Comencée l'année 1712

p. 55

Les Mois Les Jour	Les Noms des Batisés	Les Noms des Peres & Meres	Les Noms des Parains & Maraines
1713 Née Jeanv. 29e. à Neret Batisés le n.n. aux dits Endroit par Monsr. Malherbe Pasteur[11]	Jean & Jean Nicolas deux Jumeaux	Pierre Boyer Marie Juliane	Jean Calmé Et Jean Philipe Affel Et Susanne Caubet femme du Michel Riviere Et Marguerithe Maillet femme de François Durand
Née Maÿ 25e. à Neret	Barbe	Claude Aymar Judy Blanc	Jean Jaques Rapp Barbe Wilchin
1714 Née Avril 4e. à Neret	Marguerithe Salomée	François Durand Maguerithe Maillet	Mr. Abraham Guillot Et Mademoiselle Salomeé Seiche Filles du Maitre de Poste de Schreck
1715 Née Fevrier 28e. à Neret Batisés Le Vendredy Suivant	Louyse	Jean Pierre Voiron Barbe de Meÿri	Paul Le Senne Et Louyse Olive

p. 56

Les Mois Les Jour	Les Noms des Batisés	Les Noms des Peres & Meres	Les Noms des Parains & Maraines
1715 Née Juillet 12e. à Neret Battise le Dimanche Suivant	Isaac	Isaac Cazabon Marguerithe Vieux	François Durand Et Marguerithe Maillet Sa Femmes
Née Juin 4e. à Neret Battises le Dimanche Suivant	Susanne Charlotte	Jean Calmez Susanne Jacob	Abraham Guillot Et Madme. Charlotte femme du Mr. Clement
Née Juin 15e. à Neret Battisé le Dimanche Suivant	Louis François	Isaac Barairre Marguerithe Raisin	Sr. Louis Malherbe Pasteur Et François Durand Et Marguerithe Maillet Sa Femmes
Née 9bre 19e. à Neret Batisés Le Dimanche Suivant	Anne	Nicolas Clour Susanne Tibaut	N.N. N.N.

[11] After this entry, "aux dit Endroit par Monsr. Lous Malherbe Pasteur" is not shown unless or until there is a significant change.

p. 57

Les Mois Les Jour	Les Noms des Battisés	Les Noms des Peres & Meres	Les Noms des Parains & Maraines
1716 Née Mars 13e. à Neret Batisés le Mecredy Suivant	Jean	Jean Pierre Racine Jeanne Marie Coucha	Simbach Le Fils Et Jeanne Marie Dickmann Fille du Major Dickmann
Née Mars 15e. à Neret Batisés le Dimanche Suivant	François	François Durand Maguerithe Maillet	Isaac Cazabon Et Maguerithe Vieux Sa Femmes
Née Fevrier 2e. à Neret Batisés le 7e.	Anne Marie	Anthoine Bezar Claudine Pecou	N. N. N. N.
Née Juin 27e. à Neret Battisés le Dimanche Suivant	Anne	Jean Coutty Marthe Alberge	Daniel Crocro Anne Calmez
1717 Née Mars	Anne	Nicolas Clour Susanne Tibaud	

p. 58

Les Mois Les Jour	Les Noms des Batisés	Les Noms des Peres & Meres	Les Noms des Parains & Maraines
1716 Née Xbre 15e. à Neret	Jeaques	François Louis Crocro Marguerithe Pensu	Jeaques Pansu & Jeanne Chaillet Meres dudit Jaques
Battisés le 25e. par Monsr. Sallaire Pasteur à Friderichthal			
1717 Née Fevrier 12e. à Neret Battisés le Dimanche Suivant	Pierre	Isaac Casabon Marguerithe Vieux	Mr. Pierre Caubet Et Madame Sa Femme
1718 Née Fevrier 13e. à Neret	François Louis	Isaac Baraire Marguerithe Raisin	François Louis CroCroz Et Marguerithe Pansu
Née 8bre 6e. à Neret Batisés le 18e.	Louis	Jean Pierre Racine Jeanne Marie Coucha	Sr. Jacob Herlant, Louis Genoux tous deux de Fridrichthal; Catherine Herlang et Marie Jeanne Herlang aussy de Fridrichthal

p. 59

Les Mois Les Jour	Les Noms des Batisé	Les Noms des Peres & Meres	Les Noms des Parains & Maraines
1719 Née à Neret Batisés Fevrier 26e.	Susanne	Isaac Cazabon Marguerite Vieux	Pierre Durand Susanne Marche Sa Femme
Née à Neret Battisés Fevrier 16e. aux dit Endroit par Monsr. Jonas Icker Pasteur à Mouchelbach	Marie Madelaine Susanne	Monsr. Louis Malherbe Pasteur dudit Endroit Le Noms de Sa Femme Napas été Mis	Monsr. Le Maitre d'hottel de S.A.&C. Et Monsr. Geneyne Ecuyer et Monsr. Guillot àPoticaire de Muhlbourg; Madme. Föckler Née Sylvestre Md. Zachman, Fille de Monsr. L'operateur Zachemann et Madame Guillot femme dudit Guillot
1720 Née à Neret Battisés Fevrier 10e.	Jeanne Louyse	Louis Le Sene Marguerite Olive	Jeaques Durand Et Sa Femme Et Jean Durand Et Sa Femme
1718 Née Aoust 12e. Batisés le 21e.	François Louis	François Louis Crocol Marguerite Pansu	Jeaques Pansu et Jeanne Jallap

cest Enfans à Ette oubliéz de mettre en Son Endroit Par Mr. Malherbe Pasteur

p. 60

Les Mois Les Jour	Les Nom des Batisés	Les Noms des Peres & Meres	Les Noms des Parains & Maraines
1720 Batisés Mars 2e. un Enfant de Friderich Thal dans notre Eglise de Neret donet Monsr. Malherbe Pasteur La Patisés Son Nom na pas été mis dans le Vieu Livre			
Née à Neret Batisés avrill 7e.	Anne	François Louis Crocol Marguerite Pensu	Isaac Crevesac Anne Calmé Fille de Jean Calmé
Née à Neret Battisés avril 12e.	Anne Marie	André Aymar	M[r]. Leopold Zigler & Mad[mes]. Marie Catherine Eiliguen, Fille de François Eiliguer
Née a Neret Batisés Maÿ 19e.	Henry Jacob	Nicolas Clour Susanne Tibaud	Jacob Rottacker et Henry N. N. Jeanne Tibaud
1718 Née avril	Christian	Nicolas Clour Susanne Tibaud	Christian Rothacker

p. 61

Les Mois Les Jour	Les Noms des Batisés	Les Noms des Peres & Meres	Les Noms des Parains & Maraines
1721 Née Mars 2e. à Neret Battisés le 9e.	Jean Pierre Jeaques	Jean Durand Jeanne Monsiaux	Monsr. Jean Guilliaume zur Klocken, Mdelles Julianne Schutzin Et Pierre Geneÿne et Mad. Auguste Marie Zachman Sa Femme Et Jeaques Durand Et Loÿse Couchin Sa Femme.
1721 Née 7bre 8e.	Jean Phillipe	Nicolas Clour Susanne Tibaud	Jean Philipe
1722 Née Juillet	Catherine	Nicolas Clour Susanne Tibaud	Jean Philip Et Sa Femme
1724 Née Avril	Jean Abraham	Nicolas Clour Susanne Tibaud	Abraham Guillot Et Sa Femmes Et Jean Calmet Et Marguerithe Pansû
1719 Née May	Marie Barbe	Nicolas Clour Susanne Tibaud	Christian Rotheker

p. 62

Suit
La Liste des Enfans qui ont été Battises par
Monsieur Jonas Icker nôtre Pasteur
Pendant le de son Ministaire dans cette
Colonie
Comencée l'année 1721

p. 63

Les Mois Les Jour	Les Noms des Battisés	Les Noms des Peres & Meres	Les Noms des Parains & Maraines
1721 Née Juin 13e. à Neret Battisés le 15e. aux dit Endroit par Monsr. Jonas Icker Pasteur[12]	Sophie Marie	Jacob Rottacker Anne Zwall	Albrecht Pitrolf de Ryberg et Jean Adam Ruf de Knilling[13] Mademoiselle Sophie Blauner Fille de Madame Blauner presentement femme de Monsr. Icker Et Anne Marie Ruf Et Christian Zwall Et sa Femme
Née Juin 21e. à Neret Battisés le 24e.	Jeanne Marie	Pierre Durand Susanne Marche	S[r]. Jean Durand Régent d'Ecolle au Noms de S. E. Monsr. Jean Guilliaume Zur Klocken Et Jost Couroyeur Et sa femme tous de Dourlach

[12] After this entry, "aux dit Endroit par Monsr. Jonas Icker Pasteur" is not shown unless or until there is a significant change.

[13] At edge of page.

p. 64

Les Mois Les Jour	Les Noms des Battisés	Les Noms des Peres & Meres	Les Noms des Parains & Maraines
1721 Née Juillet 30e. à Neret Battisés Aoust 3e.	Jean	Simon Galloirai	Jean Louis Durand Et Jean Pierre Coutty Et Lucrece Padovin Et Mademoiselle Marie Madelaine Gros
Née Xbre 23e. à Neret Battisés Le 28e.	Abraham David Michel	Philipe Dubois Philipine Metzin	Sr. Abraham Baraire, Sr. David Galiard, Sr. Michel Et Madlles. Anne Calméz Et Madelaine Coutty Et Sara N.N.
1722 Née à Neret Battisés Mars 12e.	Henry Charles	Paul Rénaud Bourgue Maittre Judit Jean	Monsr. Wielland Amtkerwässer Et Monsr. Drollinguer Receuveur, et Mesdame Leur Femes

p. 65

Les Mois Les Jour	Les Noms des Battisés	Les Noms des Peres & Meres	Les Noms des Parains & Maraines
1722 Née Fevrier 26e. à Neret Battisés Mars 1e.	Jean	François Louis CroCol Marguerithe Pansu	Sr. Jean Calmèz Et Rachel Colon
Née à Neret Battises	François	Nicolas Clair	
Née 8bre 18e. à Neret Battisés le 26e.	Susanne	Jean Pierre Racine Jeanne Marie Coucha	Monsr. Guilloit apoticaire de Mulborg Et son Espouse
1723 Née Jeanv. 29e. à Neret Battis le 31e.	Anne Madelaine	Pierre Durand Susanne Marche	Sr. Jean Michel Linder Et Sa femme du Willage Allemand, Jacob Guilliaume Thyry Et Madelaine Gros

p. 66

Les Mois Les Jour	Les Noms des Battizés	Les Noms des Peres & Meres	Les Noms des Parains & Maraines
1723 Née avril 7e. à Neret	Anne Elisabeth Catherine	Louis Perret Sophie Blauner	Monsr. Jonas Icker Past. Et Madame Catherine Rÿhiner Sa femme Et Monsr. Kron Pasteur de Kniellinguen Et Madam Son Espouse Et Jean Pierre Girod de Friderichthal Et Anne Marie Savanne Sa femme
Battisé avril aux dit Endroit par Monsr. Grynaus Pasteur de CarlsRuh			
Née 8bre 8e. à Neret Battisé le 13e.	Anne Elisabeth	Philip Dubois Philipine Metzin	Conrad Cuhn de CarolsRuhe de La Religion Reformé Jean George Kessing Et Anne Elisabeth Cuhn Et Régina Dorothée Schmidin

p. 67

Les Mois Les Jour	Les Noms des Battisés	Les Nom des Peres & Meres	Les Noms des Parains & Maraines
1723 Née Fevrier 21e. à Neret Batisé Le 27e.	Un Enfant Anne	Nicolas Clour Susanne Tibaud	Abraham Baraire Et Anne Calmet Fille
Née Juin 20e. à Neret Battisées Le 21e.	Jean Louis	Barbara Holveger	Louis Hermel de Knilinguen Et Cristian Hirchfeld, Et Anne Firin de Knilinguen Et Susanne Lemblin de Neüreüth
Née à Neret Battisés	Une Fille Anne Marguerite	Cristolf Rost de Ratisbonne	Paul Nicolas Cabaran à Neret Et Sa feme
1724 Née Juillet 15e. à Neret	Anne Marie	Jacob Rottacker Anne Zwall	

p. 68

Les Mois Les Jour	Les Noms des Battisés	Les Noms des Peres & Meres	Les Noms des Parains & Maraines
1724 Née Juillet 10e. à Neret Battisés Le 16e.	Friderich Jaques	Pierre Durand Susanne Marche	Jean Durand Régent d'Ecolle au Noms de S. E. Monsr. Schilling Grand Ballif Et Monsr. Ecse Et La femme de Jaques Marolt d'icy
Née Juill 21e. à Neret Battisé Le 23e.	Julianne Elisabeth	Paul Renaud Judit Jean	Monsr. Wielland Oberamtkerwässer Et Receveur Drolinger Et Les Espouse des dits Messieurs
Née Juillet 29e. à Neret Battisées Aoust 6e.	Abraham Isaac	David Arman Anna Violette	Abraham Barrié Et Isaac Crevesac Et Lucresse Badevin Regina Jean de Wirtemburg

p. 69

Les Mois Les Jour	Les Noms des Battisés	Les Noms des Peres & Meres	Les Noms des Parains & Maraines
1724 Née Aoust 20e. à Neret Battisés le 27e.	Abraham	Francois Louis CroCol Marguerithe Pansu	Abraham Guillot et Madame Jaqueslot Son Espouse
1725 Née Mars 9e. à Neret Battisés le 12e.	Anne Catherina Barbara	Beat Winter de Efering	Jean Gorge Straub Luninier ala Cour Et Jean Martin Greber du Village Allemand Et Bernhard Knoblauch Et Catherine Thierlin chanteuse a la Cour Et Eve Knoblauch Et Mad. MarGrithe Barbara Braunin
1725 Née Maÿ	Paul Henry Charles	Paul Renaud Judit Jean	Monsr. Wielland Amtkerwässer Et Monsr. Drollinguer Receuveur et Madame son Espouse. Dieses Kind ist nicht im alten Kirchen Buch aufgesch?[14].

p. 70

Les Mois Les Jour	Les Noms des Battisés	Les Noms des Peres & Meres	Les Noms des Parains & Maraines
1726 Née Aoust 25e. à Neret	Margrithe Rachel	Jean Pierre Racine Jeanne Marie Couchat	François Louis CroCol Et Sa femme Et Rachel Colon

Aux dits Neret par Monsr. Guÿsendörffer Pasteur à CarolsRuhe

p. 71 [blank page]

p. 72

Suit
la Liste des Enfant qui ont été Battises
Par Monsieur Jean Jaques Wolff nôtre
pasteur
Pendant le temps de son Ministere dans cette
Colonie
Commence l'année 1727

[14] At edge of page.

p. 73

Les Mois Les Jour	Les Noms des Battisés	Les Noms des Peres & Meres	Les Noms des Parains & Maraines
1727 Née Jeanvier 15e. à Neret	Jaques Salomon	Pierre Durand Susanne Marche	Monsr. LeBaron Schiling Et Sa Femme de Wangen / Et Monsieur Wolf nôtre Pasteur Et Madame Son Espouse Et Monsr. Salomon Wolf Frere du Pasteur Et Madame Ursule Gysendeurfer / La Soeur de Monsr. Gysendeürfer Pasteur a Carols Ruehe
Battisés Le 19e. aux dits Endroit par Monsr. Stechelin Pasteur à Fridrichstal			
Née Mars 23e. à Neret	Marguerithe Elisabeth	Daniel LaitBeurre Susanne Lemblin	Le Baron Schott Grand Ecuyer & Sa femme Et Le Fils de Jaques Boeuf Et La Fille de Louis Ermes de Knielingen
Battisés aux dit Endroit par Monsr. Wolf Pasteur[15]			

p. 74

Les Mois Les Jour	Les Noms des Batizé	Les Noms des Peres & Meres	Les Noms des Parains & Maraines
1727 Née avrill 28e. à Neret	Ernst Philiph Fridrerich	Joseph Fridmann Soldat a Dourlach	Ernt Peter Harch Et Sa Feme Zacherie Winter Et sa feme Et Anne Marie Paulin de CarolsRuehe Et Philiph Friderich Bach Öfferer Fourier Schütz Et Sophie Catherine Föllner de Dourlach
1727 Née Aoust 28e. à Neret Battisés 7bre 2e.	Jean Salamon †	Jean Durand Jeanne Monsieaux	Monsr. Berhard Vetterlin Pasteur d'Eckenstein Et Mad^{me}. Juliane Schutzin Sa Femme Et Salomon Wolf Et Ester Ulrich femme de Monsr. Jean Jaques Wolf Pasteur

p. 75

Les Mois Les Jour	Les Noms des Battis	Noms des Peres & Meres	Les Noms des Parains & Maraines
1728 Née Janvier 7e. à Neret	Marie Françoise	Jean Louis Durand Victoire Alliot	Monsr. Nat Cuisinu de S.A. Et Sa Femme Monsr. Lang Operateur de Dourlach & Sa Femme
Née Jeanvier 15e. à Neret	Ch--- Catherine	Jean George Metzger Soldat Et Salome N.	Henry Muller, J. Jaques Souter Fils de L'Anvald du Village Allemand, Anne Marie Barte, Et Susanne Kessinger femme du Coupeur de Paille
Née Mars 25e. à Neret	Anne Ester	David Armand Anne Violette	Monsr. Jean Jaque Wolf Pasteur Et Anne Ester Ulric Et Pierre Paget Et Anne Calmet Feme dudit Paget

p. 76

Les Mois Les Jour	Les Noms des Battisés	Noms des Peres & Meres	Les Noms des Parains & Maraines
1728 Née Avril 18e. à Neret	Charlotte Dorotheé	Jeaques Rotacker Anne Zwall	S.A. Le Prince Hereditaire Et Son Auguste Espouse
Battisés aux dit Endroit par Monsr. Gysendörffer Pasteur de Carols Ruhe pendant L'absence de M^{r}. Wolf			
Née Aoust 15e. à Neret	Un Enfant	Daniel Laitbeure Susanne Lemblein	
Née à Neret	Jean Michel	Jean Louis Körner Soldat	Paul Niclas Bären Wirth Im Teüschen Dorff wohnhaf[16]

Diesses Kind ist im alten Kirchen Buch nicht eingeschrieben gewesst, nun Laut Zeügnus des Paul Niclas Bären Wirth ist es um diesse Zeüt in diesser Kirchgetauft worden

[15] After this entry, "aux dit Endroit par Monsr. Wolf Pasteur" is not shown unless or until there is a significant change.

[16] At edge of page.

p. 77

Les Mois Les Jour	Les Noms des Battisés	Noms des Peres & Meres	Les Noms des Parains & Maraines
1728 Née 7bre 5e. à Neret	Jean Daniel	Jaques Guillaume Thierry Anwaldt Madelaine Gros	Jean Durand Maitre d'Ecole Et Jeanne Monsieaux Sa femme Et Daniel Marche Et Jeanne Marie Racine, Fille de J. P. Racine
Née 7bre 10e. à Neret	Anne Marie Susanne	Marie Rouf de Simmeringuen de Clara pour Pere un Soldat nomme Christolf Rothard qui Le ni a L'Enfant Et Illegitime	Jean George Ritter Hofen Musicien Et Anne Catherine Schneider

p. 78

Les Mois Les Jour	Les Noms des Battisés	Noms des Peres & Meres	Les Noms des Parains & Maraines
1728 Née 8bre 3e. à Neret Battisés Le 10e.	Anne Marie	Pierre Durand Susanne Marche	Monsr. Le Baron Schilling Et Jean Velten Boltz de Schreck & Sa Femme M^{dme}. Anne Ester Becker de Rougemont du Canton de Berne
Née 8bre 22e. à Neret	Marie Ester †	Paul Le Sené Louise N.	
Née 9bre 11e. à Neret	Marie Madelaine	Monsr. J. Jaques Wolf Pasteur M^{dme}. Anne Ester Ulric	Monsr. Diebold Tribun Et occonome de Zurich, Monsr. Onophrion Stehelin Pasteur à Fridrichthal Et Mad^{me}. Anne Ester Escher de Zurich Et Madame La Conseillere Conrad à Carl[17]

Battisées Le 16e. par Monsr. Gysendörffer Pasteur à Carls Ruhe

p. 79

Les Mois Les Jour	Les Noms des Battisés	Noms des Peres & Meres	Les Noms des Parains & Maraines
1728 Née X^{bre} 17e. à Neret	Anne Ester	Isaac Crevesac Margrithe Tibaud	Monsr. J. J. Wolf Pasteur Et Anne Ester Ulric Sa femme Et Piere Paget & Sa Femme
1729 Née Fevrier 16e. à Neret	Samuel	Samuel Baraire Marguerithe Desreau	
Née Juin 12e. à Neret	Susanne Madelaine	N.N. Bonnet	de Fridrichthal
Née Juillet 17e.	Jean Henry	François Louis CroCol Et Augustine Marguerithe Pansu	

[17] At edge of page.

p. 80

Les Jour Les Mois	Les Noms des Battisés	Noms des Peres & Meres	Noms des Parains & Maraines
1729 Née 1e. Aoust à Neret	Marie Elisabeth	Jean Louis Körner Soldat & Elisabeth N. N.	
Née 5e. 7bre à Neret	Jeanne Susanne	Pierre Paget Anne Calmet	
Née 18e. 7bre à Neret	Anne Claudine	Jean Michel Lemblain Marie Graillon ces deux Personne se Sont en allez sans qu'on Sa chez[18]	
Née 30e. 7bre à Neret NS. vides 89	Jean Samuel	Hans Schantz Anna Maria Schmidt	

p. 81

Les Mois Les Jour	Les Noms des Battisés	Les Noms des Peres & Meres	Les Noms des Parains & Maraines
1730 Née Maÿ 14e. à Neret	Jeanne Marie	Durand	
Née 7bre 8e. à Neret	Une Fille	Daniel LaitBeurre Susanne Lemblain	
Née 7bre 24e. à Neret	Jean George	Jean Michel Lemblain Marie Graillon	
Née 9bre 12e. à Neret	Anne Rahel Rouvier	Michel Rouvier Anne Marie Geseau	Pierre Paget Et Anne Calmet Sa femme, Jaques Hägler Et Sa Femme de Fridrichtal

p. 82

Les Mois Les Jour	Les Noms des Battisés	Les Noms des Peres & Meres	Les Noms des Parains & Maraines
1730 Née Xbre 10e. à Neret	Jaques Pierre †	Isaac Crevesac	
1731 Née Juillet 8e. à Neret	Jeanne Marie	Guillaume Thierry Anwald Madelaine Gros	George Rotacker Et Jeanne Marie Racine Fille
Battisés aux dit Endroit par Monsr. Spreng Pasteur de Perouse dans Le Pays de Wirtenberg			
Née Juillet 22e. à Neret	J. E. †	Armand	
Née 7bre 4e. à Neret	Isaac Raymond	Pierre Paget Anne Calmet	

p. 83

Les Mois Les Jour	Les Noms des Battisés	Les Noms des Peres & Meres	Les Noms des Parains & Maraines
1731 Née 8bre 3e. à Neret	Jean Jaques	François Louis Crocol Augustine Marguerite Pansu	
Née 8bre 18e. à Neret	Marie Catherine †	Jean Louis Durand Catherine Borle	Catherine Bonnet
1732 Née Fevrier 20e.[19]	Marie Barbe	Samuel Baraire Marguerite Deureux	
1731 Née Xbre 18e.	Sophie ?[20] Regula	Monsr. Jean Jaques Wolf Nôtre Pasteur Madme. Anne Ester Ulric Sa Femme	Mr. Jean Cassal Landold et Mde. Regule Hirzel, née Escher et Mde. Susanne Jaquelot femme de Mr. Guillot

[18] At edge of page.

[19] Both month and day are written over making it difficult to know what final intent. Another possibility is Xbre 29.

[20] Written over making it difficult to discern either original or correction.

p. 84

Les Mois Les Jour	Les Noms des Battisés	Les Noms des Peres & Meres	Noms des Parains & Maraines
1732 Née avril 7e. à Neret Battisés Le 14e.	Jean Andre	Lorentz Meyer Anne Eve Weiss Häppin Catolich Habitans du Lieu	Jean Zimmerman Garde de Chevaux et Andre Breittinger von Teütsch NeüReüth Christine Bischoffin von Gretzingen Et Anna Marie Labeurin d'icy
Née May 16e. à Neret	Jacobine Schantz	Schantz	
Née Maÿ 18e.	Georg Jacob	Jacob Rottacker Anna Zwoll	Jacob Meintzer fils de Vieux Anwald de Teusch NeüReüth Et Georg Bart fils du Mo?[21] Et Marie Madelaine Stoller Marie Catherine Albrecht.

p. 85

Les Mois Les Jour	Les Noms des Battisés	Noms des Peres & Meres	Noms des Parains & Maraines
1732 Née 7bre 7e.	Jean Abraham	Crevesac	
Née 7bre 21e.	Jean Charles	Michel Rouvier Anne Marie Geseau	
Née 8bre 10e.	Marie Barbe	Hans Schantz Marie Schmid	
1733 Née ~~Fevrier~~ 0e.	Jean Luc Salomon	Monsr. J. J. Wolf Pasteur d'icy Et Madame Anne Ester Ulric	Jean Luc Guisendörfer et de S.A. Jean Stantz P. de Frttal et Salomon Wolf de Zurich, Mde. Hirzel née Ulric

p. 86

Les Mois Les Jour	Les Noms des Battisé	Les Noms des Peres & Meres	Les Noms des Parains & Maraines
1733 Battisés Fevrier 8e.	Susanne Marguerithe †	Pierre Paget Anne Calmet	
Battisés Avril 5e.	George Daniel	Mr. Jaques Guilliaume Thierry Madelaine Gros	Daniel Marche Et Rebecca Sa femme Et George Rottacker
Battisés Avril 12e.	Jaques Samuel	Durand	
Battises Maÿ 10e.	Marie Marguerithe	Fille Posthume de Samuel Baraire Et Margrithe Deureux	

p. 87

Les Mois Les Jour	Les Noms des Battisés	Les Noms des Peres & Meres	Les Noms des Parains & Maraines
1733 Battisés 8bre 25e.	Rebecca Elizabeth	Jaques Crevesac	
1734 Battisés Jeanvr. 3e.	Jean Daniel	Daniel Marche Rebecca Raisin	Jean Racine
Battisés Fevrier 5e.	Jacob	Fils Posthume de Michel Rouvier	

Jusqu icy Monsr. Wolf Est demeuré Icy Et Il Est aparti Le 18e. Fevrier de Cette Collognie

[21] At edge of page.

p. 88

Suit

La Liste des Enfans qui ont Estez Battisés apres Le départ de M^r. Wolf Jusqu'a La Minista de Monsr. Stantz

Mois jour	Nom	Peres et Meres	Compares & Comeres
1734 Née à Echenstein	George	François Louis CroCol et Marguerithe Pansu	

Battisés Maÿ 5e. aux dit Endroit par Monsr. Deubler Pasteur Du Village Allemand parceque Il sétoient Sauvés avec Eux audit Eckenstein, Et Cella est arriver du tems du Passage et Allarme de François

Née à Neret	Marie Catherine	Zacharie Boeuf Et Caterine Bonnet	Hans Schantz, Anne Marie Schmidt Sa femme

Battisées Maÿ 12e. à Carols Ruhe par Monsr. Gÿsendörffer Pasteur de L'Eglise Reformé

p. 89

Les Mois Les Jour	Les Noms des Battis	Les Noms des Peres & Meres	Les Noms des Parains & Maraines
1734 Née May 28e. à Neret Battisé par Monsr. Gÿsendörffer	George Paul	Antoine Anterieu Anne Marie Jäger	M^r. George Morel et Anne Calmet femme de Pierre Paget et Paul Renaud Et sa femme
1730 Febr. 2e.	Hs. Michel	Ludwig Schiller Soldat Anne Gertrud Meÿer	Joh. Michel Hnass Anna Maria Zehner

Nota dises Kind war eingeschreiben vergessen beruhet allso dises nur auf die Aus?g. Anna Maria Zehner die es mir in beÿ seÿg Zweÿer zeügen als Jean Pierre Gros und David Meunier beÿde anciens dises Kirchen gemeldet

J. Merian Pasteur

p. 90

Suit
La Liste des Enfans qui ont Eté Battizé
par Monsr. Jean Stantz
Pasteur à Fridericsthal
Pendant Ce tems de Son Ministere dans
Cette Colonie
Commencce Lannée 1734
de puis Le Mois de 9bre
jusques L'Anné 1738 au 12e. Aoust
au guel Tems il a eté obligé de ceder
Son Ministere à Neret à Mr Le
Pasteur Ryhiner Son Successeur
dans cette Colonie

p. 91

Les Mois Les Jour	Les Noms des Battisés	Les Noms des Peres & Meres	Les Noms des Parains & Maraines
1734 Née à Neret Battisé 9bre 20e. aux dit Endroit par Monsr. Stantz P^r. à Fridericstal[22]	Jeanne Marie †	Paul Renaud Madelaine Borle	Mr. Jean Durand Maittre d'Ecolle Et Jeanne Monsieaux Et David Johannis Et Marie Saisseau
Née à Neret Battisés X^bre 5e.	Marie Marguerithe	George Rothacker Et Marg d'Ereux	Jean Merckel & Barbe Stroumpsin & Fraçois Crocro et Barbe Eymar
1735 Née à Neret Battisés Jeanv. 25e.	Jeanne Marguerithe	Pierre Paget Anne Calmet	Jean Paul Niclaus Et Sa Femme Et Jean Dupuis Et Jeanne Louise Jaquelot
Née à Neret Battisés Juillet 17e.	Jean Jaques	Jaques Crevesac Jeanne Bouqueau	Jaques Marot Et Sa femme, Jean Eberhard anvald Et Sa Femme

[22] After this entry, "aux dit Endroit par Monsr. Stantz P^r. à Fridericstal" is not shown unless or until there is a significant change.

p. 92

Les Mois Les Jour	Les Noms des Battis	Les Noms des Peres & Meres	Les Noms des Parains & Maraines
1735 Née à Neret Battisés 7bre 21e.	Catherine Barbe †	Jean Schantz Anne Marie Schmid	Zacherie Boeuf Et Sa Femes Et Jean Saltzman & Sa femme
1736 Née à Neret Battisé Mars 19e.	Marie Barbe	Benidict Schantz Anne Widmer	Michel Egi Et Marie Aymar Et Michel Klein| Barbe Clour
Née à Neret Battisés Maÿ 6e.	Jeanne Marie	Zacharie Boeuf Catherine Bonnet	François Durand Et Jeanne Jaquelot Et Jean Schantz Et Sa femme
Née à Neret Battisés Maÿ 26e.	Susanne Barbe	Daniel Marche Rebecca Raisin	Jean Pierre Gros Et Barbe Aymar Et Jean Racine Et Susanne Casabone

p. 93

Les Mois Les Jour	Les Noms des Battis	Les Noms des Peres & Meres	Les Noms des Parains & Maraines
1736 Née Juin à Neret Battisés Juin 2e.	Susanne Marie	François Louis Crocro A. Marguerite Pansû	Mr. Jean Lawer et Sa Femme et Abraham Guillot et Sa femme
Née à Neret Battisés Juillet 28e.	Jeanne Susanne	Jaques Guillaume Thierry, Anwalt Madelaine Gros	Jean Pierre Gros, Fils Et Marthe Alberge La Mere
Née à Neret Battisés 8bre 27e.	Anne Barbe	Jean Noè Bellet Anne Clour	Jaques Louis Racine, Anne Crocol, Et Christian Clour
1737 Née à Neret Battisés Jeanv. 12e.	Paul †	Isaac Crevesac Marguerithe Tibaud	Paul Durand Fils du Régent d'Ecolle, Et Anne Crocro Fille

p. 94

Les Mois Les Jour	Les Noms des Battisé	Les Noms des Peres & Meres	Les Noms des Parains & Maraines
1737 Née à Neret Battisés Maÿ 5e.	Anne Susanne †	Pierre Paget Anne Calmet	Jean Paul Niclaus Et Sa Femme Et Jean Dupuis Et Jeanne Louise Jaquelot en Sa place Anne CroCro
1738 Née à Neret Battisé Juillet 17e.	Jean Daniel	Jean Schantz Anne Marie Schmid	Daniel Marche Et Rebecca Raisin Sa Femme Et Zacharie Boeuf & Sa femme

p. 95 [blank page]

p. 96

Suit

La Liste des Enfans qui ont été Batisés
Par Monsieur Le Pasteur
Benoit Rÿhiner
Pendant Le tems de Son Ministere dans Cette
Colonie
Commencée Lannée 1738 Aoust 12e.

p. 97

Les Mois Les Jour	Les Noms des Battisé	Les Noms des Peres & Meres	Les Noms des Parains & Maraines
1738 Née à Neret Battisé 8bre 12e. aux dit Endroit par Monsr. Rÿhiner Pasteur[23]	Jean Joseph †	Zacharie Boeuf Catherine Bonnet	Joseph L'Agneaux de Palmbach Et Mad. Jeanne Louise Jaquelot & Jean Schantz & Sa femme
Née à Neret Battisés 8bre 15e.	Wilhelmine Pauline Elisabeth †	Jean Frideric Soldat de S.A. Et Catherine Neüderdin	Joseph Knab: aussi Grenadier de S.A. Et Wilhelmine Pauline Gotthold, Et Jean George Mühl Et Catherine Elisabethe Wünterin Tous Sont Catholiques
Née Xbre 3e. à Neret Battisés le 7e.	Jean Jaques	Jean Pierre Gros Anne Schantzin de Nidrichdorf	Monsr. Jean Lauer, Monsr. Son Fils Samuel Lawer Latenus a Sa place & J. Guilliaume Thierry anwald Et Sa femme & Anne CroCro

p. 98

Les Mois Les Jour	Les Noms des Battis	Noms des Peres & Meres	Noms des Parains & Maraines
1739 Née Fevrir. 7e. à Neret Battisés Le 13e.	François Henry Charles	Benedict Schantz Anne Widmer	François Louis Baraire Et Marie Barbe Fille de Paul Renaud Et Henry Charles Fils dudit Renaud Et Une Fille Lutherienne
Née Fevrier 25e. à Neret Battisés Mars 1e.	Marie Françoise †	Pierre Bourdailler Jeanne Marie Baraire	François Louis Baraire Et Jeanne Marie Marcelle Feme de Abraham Baraire tous d'icy
Née Avril 30e. à Neret Battisés Maÿ 3e.	Daniel	François Louis CroCro Et Augustine Marguerithe Pansû	Monsr. Jean Lawer Et Sa Femme Et Mr. Abraham Guillot Et Sa Femme

p. 99

Les Mois Les Jour	Les Noms des Battis	Noms des Peres & Meres	Noms des Parains & Maraines
1739 Née Aoust 21e. à Neret Battisés Le 23e.	Jean Ulric †	Jean Düncklin Et Barbe Aymar	Ulric Düncklin Son Frère, Et Sa Femme Et Jean Racine Et Auguste Maralas Fille du Cordonnier de CarolsRuhe
Née à Neret Battisés 7bre 9e.	Catherine	André Leser von Lohr und Catherina Maurerin	Paul Durand Fils du Maittre d'Ecolle Et Jacob Beck Sohn Et Susanne Racine Fille Et Anne CroCro Fille
Née 8bre 6e. à Neret Batisés Le 9e.	Jean George	Jean George Weinhard Et Barbara Sturtz Lutherischer Religion	Jacob Simon Broun Et Jean Pierre Durand Et Anna Margreth Greber aus dem teuschen Dorf und Barbe Hoffmann von Knielingen

p. 100

Les Mois Les Jour	Les Noms des Battis	Noms des Peres & Meres	Noms des Parains & Maraines
1740 Née Fevrier 2e. à Neret Battisés Le 9e.	Jeanne Susanne	Charles Caubet Susanne Casabone	Monsr. Abraham Guillot Et Sa Femme Et Jean Durand Maitre d'Ecole Et Sa Femme
Née Fevrier 19e. à Neret Battisés Fev. 21e.	Un Enfant	Bartholemy Gallandre Et Lucresse Badevin	Cest Enfan est d'abord mort
Née Fevrier 16e. à Neret Battisés Le 21e.	Jean Daniel †	Daniel Lait de Beurre Et Susanne Lemblain	Jean Michel Fellmett Et Sa Femes Il Sont de CarolsRuehe, Et Daniel Marche & Rebecca Raisin Sa Femme

[23] After this entry, "aux dit Endroit par Monsr. Rÿhiner Pasteur" is not shown unless or until there is a significant change.

p. 101

Les Mois Les Jour	Les Noms des Battis	Les Noms des Peres & Meres	Les Noms des Parains & Maraines
1740 Née Fevrier 22e. à Neret Battisés Le 25e.	Jean Zacharie	Zacharie Boeuf Catherine Bonnet	Jean Schantz & Sa Femme Et Jean Racine Fils Madelle Jaquelot
Née Maÿ 6e. à Neret Battisé Le 8e.	Jean Jaques †	Jaques Guilliaume Thierry Anwald Madelaine Gros	Jean Pierre Gros Et Madame Née Thierry, Mde. du Sr. Schid
Née Maÿ 24e. Battisé Le 26e.	Veronica	Jacob Gleich von Steinweiler, Grenadier de S.A.	Bonifacius N. Schneider Stessell, und Catholischer Religion, Veronica Düncklein & Anne Madelaine N.

p. 102

Les Mois Les Jour	Les Noms des Battis	Noms des Peres & Meres	Noms des Parains & Maraines
1740 Née Maÿ 28e. à Neret Battisés Juin 6e. aux dit Endroit par Monsr. Bourckhard Pasteur à Carols Ruhe	Daniel	Monsr. Benoit Rÿhiner Pasteur Et Madme. Marie Madelaine Mitz, Tous deux Bourgois de Basle	Monsr. Pierre Geueyne Ecuyer de S. A. Et Madame Son Espouse Elle Sapellez Judi Krugin. Cette ditte dâme hat des Kind auch an des frauen Ester Mitzin Stelle gehoben, ferners Monsr. Bawier Müntz Meister zu Durlach, Et Madlle. Birri Cammer Jungfer de Madame S.A., Et Monsr. Daniel Rÿhiner, Capitaine Et Monsr. Emanuel Wolleb. Schultheis à Basle; Et Monsr. Hieronimus Burckhart Hoffprediger und Reformierter Pfarrer Carols Ruhe ce dit Mr. La presenté[24] Mr. D. Rÿhiner Et Emanuel Wollob Schultheis à Basel.

p. 103

Les Mois Les Jour	Les Noms des Battis	Noms des Peres & Meres	Noms des Parains & Maraines
1740 Née à Neret Battisés 8bre 25e.	Anne Barbe †	L'Enfant estoit illegitime & à apartenoit à Barbe Clour. Elle déclarée pour Peres un Grenadier	Henry Charles Renaud Fils de Paul Renaud d'Icy, George Wilhem Albrecht Et Barbe Albrecht Et une Fille Suisse
1741 Née à Neret Battisés Maÿ 21e.	Daniel	Pierre Bourdailler Jeanne Marie Baraire	Daniel Marche et Rebecca Raissin Sa Femes
Née à Neret Battisés Maÿ 28e.	Daniel †	Abraham Baraire Jeanne Marie Marcelle	Daniel Marche Et Sa Femes Rebecca Raissin

p. 104

Les Mois Les Jour	Les Noms des Battis	Les Noms des Peres & Meres	Les Noms des Parains & Maraines
1741 Née Maÿ 25e. à Neret Battisés Le 28e.	Jean Jaques & Marie Françoise Rachel Jumeaux	Benoit Schantz Anne Widmer	François Vertel Et Henry Charles Renaud Et Anne Marie Aymar Et Rachel Racine Fille de J. Pierre Racine
Née Juny Le 9e. à Neret	Susanne Marie †	Pierre Paget Anne Calmet	Paul Durand Fils Madlle. Dupuis
Née à Neret Battisé Aoust 24e.	Anne Marie †	Jean Schantz Anne Marie Schmid	Zacharie Boeuf & Sa Femme Et Daniel Marche Et Sa Femme

[24] Last line at bottom of page mostly undecipherable.

p. 105

Les Mois Les Jour	Les Noms des Battis	Noms des Peres & Meres	Les Noms des Parains & Maraines
1741 Née à Neret Battisés 8bre 23e.	Jaques Paul †	Jean Pierre Gros Anne Schantz	Jaques Guillaume Thierry Anwaldt Et Madelaine Gros Sa Femmes
1742 Née à Neret Battisés Avril 15e.	Juliana	Jacob Gleüch Grenadier de S.A. Anna Marie Grosin Beÿde Lutherischer Religion	Johna Gros Et Juliana Gros Sa Soeur, Il sont aussy Lutherisch
Née à Neret Batisés Juin 15e.	Jaques Paul †	Daniel Lait de Beurre Et Susanne Lemblain	Jaques Marot Et Paul Renaud Et Susanne Tibaud Sa Femme

p. 106

Les Mois Les Jour	Les Noms des Battisé	Noms des Peres & Meres	Noms des Parains & Maraines
1742 Née 8bre 7e. à Neret	Jean	Zacharie Boeuf Catherine Bonnet	Jean Schantz Et Anne Marie Schmid Sa Femme
Née X^bre 19e. à Neret Battisés Le 23e.	Samuel †	Samuel L'orange Barbe Weinhard	Jean Duncklein Et Le Bergerallerian Et Lissebeth N. Et une Fille de Staffort
1743 Née Jeanv. 20e. à Neret Battisés Le 27e.	Paul Guillaume	Jean Pierre Gros Anne Schantz	Jaques Guillaume Thierry AnWaldt Et Madelaine Gros Sa Feme Et Paul Durand Maitre d'Ecolle & Sa Femmes

p. 107

Les Mois Les Jour	Les Noms des Battisé	Noms des Peres & Meres	Noms des Parains & Maraines
1742 Née à Neret Battisés X^bre 30e.	Jean Daniel †	Abraham Baraire Jeanne Marie Marcelle	Daniel Marche Et Sa Femmes, Jean George Rothacker Et Sa Femmes
1743 Née à Neret Battisés Fevrier 10e.	Rachel †	Isaac Crevesac Marie Aymar	Demarets & Sa Femes de Fridrichthal Et M^r. Fort Maitre d'Ecolle de Carols Ruhe et Sa feme
Née Mars 9e. à Neret Battisés Le 17e.	Susanne Marguerite	Christian Clour Marie Racine	Henry Charles Renaud Et Susanne Racine Et Frideric Durand, Et Rachel Margrithe Racine

p. 108

Les Mois Les Jour	Les Noms des Battis	Les Noms des Peres & Meres	Les Noms des Parains & Maraines
1743 Née à Neret Battis Juillet 7e.	Paul Samuel	Posthume de Benoit Schantz Anne Widmer	Paul Renaud Et Sa Feme Et Samuel Schulmeistre der Schneider Et Susanne Herman
Née à Neret Battisés Juillet 9e.	Marie Lucresse	Jean Racine Susanne Casabone	Lucrece Badevin Et Un Garçon Suisse, Henry Charles Renaud Et Susanne Racine
1744 Née à Neret Battisés Mars 15e.	Jean Daniel †	Pierre Bourdailler Jeanne Marie Baraire	Daniel Marche & Sa Femmes, Et Jean Racine Et Sa Femmes

p. 109

Les Mois Les Jour	Les Noms des Battis	Les Noms des Peres & Meres	Noms des Parains & Maraines
1744 Née Neret Battisé Juin 7e.	Rebecca Catherine	Jean Schantz Anne Marie Schmid	Daniel Marche Et Sa Femme Zacharie Boeuf Et Sa Femmes
Née 7bre 27e. à Neret, Battisés 8bre 4e.	Marie Catherine	Paul Durand Maitre d'Ecolle Anne Crocol	Fridric Durand Et Jean Crocol Et Mad^me. Catherine Lawer Et Md^lle. Anne Marie Rÿhiner Fille du Pastuer du Lieu
1745 Née à Neret Battisés avril 4e.	Jean Jacob †	Isaac Crevesac Marie Aymar	Jean Desmarets Et Sa Femme de Fridricsthal Et Jacob Fort Maitre d'Ecolle Reformée de Carols Ruhe Et Sa Femme

p. 110

Les Mois Les Jour	Les Noms des Battis	Les Noms des Peres & Meres	Les Noms des Parains & Maraines
1745 Née à Neret Battisés Maÿ 9e.	Jean Daniel	Abraham Baraire Jeanne Marie Marcelle	Daniel Marche Et Sa Femmes Jean Racine Et Sa Femmes
Née 7bre 5e. à Neret Battisé Le 11e.	Jean George † 19 Dez. 1829	Jean Düncklin Barbe Joho	HenriCus Seitz Et Maria Sophia Seyffert von Philibsburg Et Jean George Rothacker Et Sa Femme Et Jean Crocro Et Sa Femmes
Née 7bre 5e. à Neret Battisés Le 11e.	Marie Rachel †	Henry Charles Renaud Et Susanne Racine	Christian Clour Et Sa Femmes, Et Jean Racine Et Rachel Racine

p. 111

Les Mois Les Jour	Noms des Battis	Noms des Peres & Meres	Noms des Parains & Maraines
1745 Née 7bre 5e. à Neret Battisés Le 12e.	Rachel Marguerite †	Jean Racine Susanne Casabone	Jean Pierre Durand Et Rachel Racine, Et David Munnier Et Lucrece Badevin Sa Femmes
1746 Née à Neret Battisés Mars 6e.	Anne Susanne †	David Munier Lucresse Badevin	Paul Durand Et Anne Crocol, Sa Femmes Et Jean Racine Et Susanne Casabone Sa Femmes
Née à Neret Battis Avrill 24e.	Frederic Abraham †	Jean Pierre Gros Anne Schantz	Fredric Durand Et Anne Ester Crevesac, Et Abraham CroCro & Jeanne Marie Thierry Fille de L'anwald

p. 112

Les Mois Les Jour	Les Noms des Battisé	Les Noms des Peres & Meres	Noms des Parains & Maraines
1746 Née Neret Battisées 7bre 25e.	Anne Barbe † est morte le 13e. May 1751	Jean Crocol Verena Düncklin	Paul Durand Et Anne Crocol Sa Feme Et Jean Dünckli Et Barbe Joho, Sa femes
1746 Née Xbre 29e. à Neret 1747 Battisés Jeanv. 1e.	Jean Daniel	Jean Pierre Durand Marguerithe Rachel Racine	Salomon Durand Et Elisabeth Schönthaler Et Daniel Schönthaler Friderica Geilhoofere
Née Jeanv. 29e. à Neret Battisés Fevrier 2e.	Jeanne Margrite †	Paul Durand Anne Crocol	Monsr. Ernst Louis Stickilberger, aumonier Reformé Et Mdlle Anne Catherine Lawer Et Jaques Schöntaler Et Mad. Anne Marie Rÿhiner Fille de Pasteur du Lieu

p. 113

Les Mois Les Jour	Noms des Battis	Noms des Peres & Meres	Noms des Parains & Maraines
1747 Née Fevrier 14e. à Neret Battisés Le 15e.	Zacharie	Steffe Fischer abgedanckter Soldat Francisca Billerin	Zacharie Boeuf Et Madelaine Müllerin Josh Craichleit im Anspachischem
Née à Neret Battisé Mars 19e.	François Louis †	François Louis Baraire Catherine Laweter	François Louis CroCro Et Augustine Marguerite Pansû, Sa Femmes & Et Catherine Lavetter née N.
Née à Neret Battisés Maÿ 9e.	Catherine †	Jean Schantz Anne Marie Schmid	Daniel Marche Et Rebeca Raisin Sa Femmes Et Catherine Bonnet Veuve de feû Boeuf

p. 114

Les Mois Les Jour	Noms des Battisé	Noms des Peres & Meres	Noms des Parains & Maraines
1747 Née Maÿ 17e. à Neret Battis Le 21e.	Margrithe †	Enfant Posthume de Zacharie Boeuf & Catherine Bonnet Sa Veuve	Jean Racine Et Susanne Casabone Sa Femmes & Jean Schantz
Née 7bre 20e. à Neret Battisés Le 24e.	Marie Ester †	Isaac Crevesac Marie Aymar	Jean Désmarets Et Sa Femmes, Et Jaques Fort Maitre d'Ecolle de Carols Ruhe Et Sa Feme
Née 9bre 5e. à Neret Battisé Le 8e.	Marie Susanne	Henry Charles Renaud Susanne Racine	Paul Renaud Et Sa Femme Nommé Susanne Tibaut Et Marie Coucha Veuve de Feu Jean Pierre Racine

p. 115

Les Mois Les Jour	Les Noms des Battisé	Noms des Peres & Meres	Noms des Parains & Maraines
1748 Née Mars 20e. à Neret Batisés Le 24e.	Christian †	David Maunier Lucrese Badevin	Christian Clour & Jeanne Marie Racine Sa Femes
Née Mars 22e. à Neret Battisés Le 24e.	Abraham †	François Louis Baraire Et Anne Catherine Laweter auss Zurich	Abraham Baraire Et Salomé Märcklin Sa Femmes Et Madelaine Schmid Noe Laveter demeurant à Zurich
Née Mars 27e. à Neret Batisés Le 31e.	Daniel Christian †	Frederic Jaques Durand & Anne Ester Crevesac	Daniel Marche Et Rebecca Raisin Sa Femmes Et Christian Clour Et Jeanne Marie Racine Sa Femme

p. 116

Les Mois Les Jour	Noms des Battis	Noms des Peres & Meres	Noms des Parains & Maraines
1748 Née May 29e. à Neret Battisés Juin 2e.	Anne Catherine	Jacob Gmeiner von Knielingen & Apsilonia Berne von Speck Sich hier aufhalten	Matthoeus Martin Et Lisabeth Dorothea ?[25] Et Justine N. N. von Schreck
Née Juin 4e. à Neret Battisés Le 9e.	Jean Henry †	Henry Clour Anne Marie Rothacker	Jean Racine Et Susanne Casabone Sa Femmes & Paul Henry Charles Renaud Fils de Paul Renaud Et Charlotte Rothacker
Avril Le 12e.	Jean	Salomon Durand Elisabeth Schöntahler	Jean Pierre Durand Et Sa femme, Jean Racine, Marie Eugeni Schönthaler

p. 117

Les Mois Les Jour	Les Noms des Battis	Noms des Peres & Meres	Noms des Parains & Maraines
1748 Née Juillet 23e. à Neret Battisés Le 25e.	Jean Louis †	Paul Durand Maitre d'Ecolle Et Anne Crocol	Jean Pierre Durand Et Rachel Racine Sa Femmes Et François Louis Crocro Le Grand Pere de L'Enfant & Anne Marie Rÿhiner Fille de nôtre Pasteur
Née Aoust 2e. à Neret Battisés Le 4e.	Rebecca Salome †	Jean Racine Et Susanne Casabone	Daniel Marche Et Rebeca Raisin Sa Femme Et Abraham Baraire Et Sa Femme Salome Mercklin
Née 8bre 22e. à Neret Battisés le 25e.	Paul Abraham	Jean Crocol Veronique Düncklin	Paul Durand Maitre d'Ecole Et Anne Crocol Sa Femmes & Abraham Crocol Et Elisabethe

[25] The mostly unreadable name given here is followed by a question mark.

p. 118

Les Mois Les Jour	Noms des Battis	Noms des Peres & Meres	Noms des Parains & Maraines
1748 Née 9bre 13e. à Neret Battisé Le 14e.	Jacob	Joseph Meÿer de Stetten Et Marianne N. Sie sind Catholisch	Der Rosshirs und sein Weib, und Jacob Meÿer und des Becken Tochter Margrethe Barbara Kauffmanin genant
1749 Née Jeanv. 4e. à Neret Battisés Le 6e.	Jean †	Abraham Baraire Salome Marcklin	Jean Daniel Marche Le fils du cordonnier, M^{slle}. Marie Madelaine Rÿhiner Fille de Nôtre Pasteur Et Jean Racine Et Sa Femmes

p. 119

Les Mois Les Jour	Noms des Battis	Noms des Peres & Meres	Noms des Parains & Maraines
1749 Née Mars 15e. à Neret Battisés Le 16e.	Margrethe Barbe	George Kämnet von Eschelbach Et Barbe Weberin beÿde Lutherisch	Abraham Crocol Fils Et Rachel Rouvier Fille Et Johanes Pfichter Et Margretha Rinckert beyde von Knilingen
Née Mars 30e. à Neret Battisés Avrill 1e.	Lorentz †	Enfant Posthume du feu Lorentz Schmid Et Catherine Bonnet Sa Veuve	Paul Renaud Et Susanne Tibaud Sa Feme Et Jean Schantz Et Anne Marie Schmid Sa Femme
Née Avril 5e. à Neret Battisés Avril 7e.	Benoit Paul	François Louis Baraire Et Anne Catherine Laveter	M^{r}. Benoit Rÿhiner Fils, Mad^{lle} Anne Marie Rÿhiner Fille tous deux Enfans de Nôtre Pasteur, Paul Durand Maitre d'Ecolle Et Anne Crocol Sa Femme

p. 120

Les Mois Les Jour	Noms des Battis	Noms des Peres & Meres	Noms des Parains & Maraines
1749 Née 9bre 10e. à Neret Battisés Le 14e.	Anne Barbe †	Jean Schantz Anne Marie Schmid	Daniel Marche Et Sa Feme Et Abraham Isaac Herman Et Marie Catherine Boeuf Fille de Zacharie
Née Maÿ 19e. à Neret Battisé Le 21e.	Elisabeth Dorothea	L'Enfant estoit Illegitime & apartenoit Carolina Elmännin von CarolsRuhe	George Wilhelm Albrekt Et Jean N. Et Elisabeth Dorothèa Weinhard Fille Et Charlotte Dorothée Rothacker Fille
1750 Née Avril 23e. à Neret Batisé Le 26e.	Jean Abraham †	Salomon Durand Elisabeth Schönthaler	Jean Pierre Durand Et Rachel Racine Sa Femme Et Abraham Crocol Fils Et Marie Jeanne Schönthaler

p. 121

Les Mois Les Jour	Noms des Battis	Noms des Peres & Meres	Noms des Parains & Maraines
1750 Née Maÿ 21e. à Neret Battisés Le 21e.	Susanne Madelaine †	Abraham Baraire Salomée Märcklin	Jean Racine Et Susanne Casabonne, Et Jean Daniel Marche Fils Et M^{dlle} Marie Madelaine Rÿhiner Fille du Pasteur
Née 7bre 13e. à Neret Battisés Le 15e.	Christian	Henry Clour Anne Marie Rothacker	Christian Clour Et Jeanne Marie Racine Sa Femme
Née 8bre 4e. à Neret Battisés Le 11e.	Jean Benoit †	Paul Durand Maitre d'Ecolle Anne Crocol	Jean George Keller Maitre d'Ecolle Lutherien de Müehlbourg Et Sa Femme Et Benoit Rÿhiner Fils Et Anne Marie Rÿhiner Fille de nôtre Pasteur dememe dit

p. 122

Les Mois Les Jour	Noms des Battis	Noms des Peres & Meres	Noms des Parains & Maraines
1750 Née X^bre^ 9e. à Neret Battisé Le 13e.	Jean Henry †	Jean Racine Susanne Casabone	Jean Pierre Durand Et La Veuve de Jean Pierre Racine Elle Sapelle Jeanne Marie Coucha Et Henry Clour Et Sa Feme Anne Marie Rothacker
1751 Maÿ 18e. Battises Le 23e.	Marguerite †	Frederic Jaques Durand & Anne Ester Crevesac	Christian Clour & Sa Femme Jeanne Marie Racine & Jean Daniel Marche Fils avec Jeanne Marguerithe Paget Fille de Feu P. Paget

ala Nouvelle Eglises le 1e.

p. 124

Liste
Des Enfans batises par moi
Dupuis mon arrivée le 1. d'aout 1751
Jusqu'a mon depart le 2 de Juillet 1760
c'est a dire Par Mons. Jean Jaques
Merian
7me Pasteur
de cette Colonie

p. 125

1751	le Jour du Mois	Nom des Batisés	Noms des Peres et des Meres	Noms des Paraines et des Maraines
Né Batisé	1. Octobre 8. Octobre	Henry Charles † 1 Nov. 1812	Henry Charles Renaud et Susanne Racine	Paul Henry Charles Renaud, Henry Clour et sa femme A Maria Rohtacker, Caroline Augusta Marg Brucker
Née Batisée	dito 17. dito	Anne Jeanne Marguerithe †	Abram Crocol und Charlotte Dorothée Rothacker	Paul Durand Maitre d'Ecole, Anne Crocol sa feme, Jean Jeaques Crocol, Jeanne Marguerithe Paget.
1752 Née Batisée	3 Mars 6. dito	Magdalena Catherina	Sebastian Lüst Magdalena Weber beÿde Evang Lutherisch Religion von Witringen im Lotringischen	M. J. David Facler Pfr in Teütsch Neüreüth und dessen Frau liebste Hs Georg Brunner zu Teütsch Neüreüth Catharina Hofen auch von das
Née Batisée	6 Juin 11 dito	Anna Maria †	Jean Pierre Gros und Anna Schantz	Paul Durand Maitre d'Ecole, Anna Crocol sa Femme, Jean Daniel Marche fils de Daniel Marche Anwald, Jeanne Marie Thierry fille de Mr. Thierry Anwalt def
Né Batisé	24 Aout 27 dito	Johannes Christian	Frederic Jaques Durand et Anne Ester Crevesac	Pierre Gros et Anna Schanz sa femme, Christian Clour et Jeanne Marie Racine sa Femme
Né Batisé	18. 8^br^ 22 dito	Johannes	Johannes Dunckin Barbara Joho	Johannes Trissel Bürger und Weissbeck von Karlsruh cum uxore. M Sybilla eine geb. Koenig, Johannes Löw Küffer und Bürger in Carlsruh cum ux. Anna Elisabeth geb. Dressler

p. 126

		Nom des Batisés	Peres et Meres	Paraines et Maraines
1753 Né Batisé	Jan. 21 26	Henrÿ George	Paul Durand Maitre d'Ecole et Anne Crocol	Hans Georg Keller Schulmeister in Muhlburg Lutherisch, Jean Henry Crocol fils de feu François Lois Crocol, et Susanne Barbe Marche fille de Daniel Marche anwald du lieu
1753 Né Batisé	Juin 4 8	Henry Charle	Paul Henry Charle Renaud et Augusta Maria Carolina Bruckerin	Paul Renaud, Henry Charle Renaud et sa Femme Susanne Racine
1753 gebohren getauft	Aug 14 19	Johanna Sofia	Jacob Jmberger gebürtig von Tubingen und Anna Elisabeth Martini beyde Evang. Lutherischen Religion	Michel Weinhard und dessen Ehefrau Sofia Rothacker, Johannes Schemp, Jeanne Marguerithe Paget
1753 gebohren getauft	Sept 16 19	Georg Martin	Georg Martin Ahl von Auerbach und Maria Elisabeth Schreiner von Faingen ob der Ens	Michel Weinhard und dessen Ehefrau Sofia Rohtacker, Philipp Spiegel und dessen Ehefrau Sabena Beck
1754 Né Batisé	Jan 27	Jean Henry	Henry Jaques Clour mort 25 de May 1753 Anna Maria Rohtacker	Christian Clour et sa femme Marie Racine, Henry Charle Renaud et sa Femme Susanne Racine.
1754 Née Batisée	Jan 27	Jeanne Marguerithe †	Jean Crocol Marie Ängelberger	Henry Crocol, Jeanne Marguerithe Paget

p. 127

		Enfans batisés	Peres et Meres	Paraines et Maraines
1754 Né Batisé	Juin 17 23	Jean Pierre †	Jean Racine Susanne Casabone	Jean Pierre Durand et Rachel Racine sa Femmes, Jean Daniel Marche fils de Mr. anvald, Susanne Marie Crocol fille de feu Fr. Louis Crocol.
1754 Née Batisée	Juillet 6 7	Susanne Salome	Abraham Isaac Armand et Elisabeth Schönthaler	Jean Daniel Schönthaler de Friderichsthal, George Crocol fils de feu Fr. Louis Crocol, Salome Märcklin veuve d'Abraham Baraire, Jeanne Susanne Thierry fille de feu Anwald Thierry
1754 Née Batisée	Dec. 23 26	Anne Susane †	Frederic Jaques Durand et Anne Ester Crevesac	Pierre Gros et Anna Schanz sa femme, Jean Jaques Crocol fils de feu Fr. L. Crocol, Susanne Barbe Marche fille de Daniel Marche anvald du lieu.
1755 Née Batisée	Maÿ 12 17	Marguerite Charlotte †	Paul Durand Maitre d'Ecole et Anne Crocol	Jean Pierre Durand et Rachel Racine sa Femme, Abraham Crocol et Charlotte Rohtacker sa Femme.

p. 128

		Enfans batisés	Peres et Meres	Paraines et Maraines
1755 Né Batisé	Oct 2 6 Uhr v m 5	Johann Friederich †	Henry Charle Renaud et Susanne Racine	Frederic Jaques et Anne Ester Crevesac sa Femme
1756 Née Batisée	Jan 22 11 U. v.	Marie Barbe †	Paul Henry Charle Renaud et Augusta Maria Carolina Bruckerin	Paul Renaud Grd Pere, Barbe Schlaginhausen veuve de Guillaume Borle, Christian Clour et Marie Racine sa femme.
 gebohren getauft	Feb. 7 11 U. v.m. 10	Franz Ludwig	Johann Willhelm Mordan von Essweiler Cuhtenberger auch im Zw. bruckischen und Catharina Gertrud Denzer von Anweiler auch Zweibrückisch. beÿde Ref. Religion	Franz Meinzer Frid. Sohn Ludwig Greder Frid S. Eva Cath. Meinzerin Jacob T. Juliana Knoblach F. Ad T. alle von TeütschNeüreüth.
 gebohren getauft	Febr. 11 6 U v m 15	Maria Dorothe	Hs Martin Buchleiter lutherischer Religion Anne Rachel Rouvier de l'Eglise Reformée	Georg Beck und Dorothe Stober seine Ehefr. luth, Jeanne Marguerithe Paget, Johannes Schemp Webergesell aus dem Wurtenbergischen
 Né Batisé	Mars 17 19	Jean Daniel †	Jean Flos de Palmbach et Anna Barbara Weber von Berghausl	Jean Daniel Marche Ester Galanderin Johann Weltin Catherina dessen Ehefrau von Eggenstein

p. 129

		Enfans batisés	Peres et Meres	Paraines et Maraines
1756 geb. get.	Apr 18[26] 23	Johann Felix †	Jean Crocol und Catherina Albrecht	Johannes Dunckin und Barbara Joho S. Ehefr., Felix Guntzmann und Anna Maria Schairerin dessen Ehefr. aus TeütschNeureuth
1756 Né Batisé	May 18 21	Jean Pierre	Jean Pierre Durand Marg. Rachel Racine	Jean Racine Paul Durand, Anne Crocol sa feme Jeanne Marie Couchat veuve de Jean Pierre Racine
1756 geb. get.	May 28 30	Johann Jacob	Joh. Jacob Friederich Baumann Evang. Luth Salome Märklin E. R.	Johann Jacob Merian Past. loci Jungfr. Sabina Klofe von Carolsruh Conrad Siegel Anwalt zu Knielingen u. seine Ehefrau
1756 Née Batisée	Aout 13 15	Lucrece	Abraham Isaac Armand et Elisabeth Schöntahler	David Meunier et sa Femme Lucrece Badovin George Crocol Jeanne Susanne Thierry
1756 Né Batisé	Dec 6 12	David Christian	Jean Racine et Susanne Casabone	Christian Clour et sa Femme Marie Racine David Meunier et sa Femme Lucrece Badovin
1756 Nées Batisées	Dec 19 21	Anna Marie † Rebecque †	Frederic Jaques Durand et Anne Ester Crevesac	Jean Pierre Gros et sa Femme Anna Maria Haasten Henry Crocol Susanne Barbe Marche fille de Mr. Anwald

[26] Beginning with this entry, time of day is omitted.

p. 130

		Enfans batisés	Peres et Meres	Paraines et Maraines
1756 Née 1757 Batisée	Dec 31 Jan 6	Marie Susanne	Abraham Crocol & Charlotte Rohtacker	Jean Jaques Crocol Jean Jaques Gros Jeanne Marie Thierry Susanne Marie Crocol.
1757 Née Batisée	Sept. 24 25	Marie Salomé †	Paul Durand Maitre d'Ecole et Anne Crocol	Mr. Pierre Fort Maitre d'Ecole de l'Eglise Refomée a Carlsrouh et sa Femme, Jean Jaques Crocol, Jeanne Marie Thierry.
1758 Né Batisé	Janv. 22 27	Jean Daniel † 1810	Henry Crocol et Susanne Barbe Marche	Daniel Marche anwald, Augustine Marguerite Crocol née Pansu Jean Racine et Susanne Casabon sa femme.
 gebohren getauft	April 5 7	Johann Jacob	Johannes Schemp E. Luth. Rel. und Anne Marguerithe Paget	Hs Martin Buchleiter L.R. Anna Rachel Rouvier R.R. seine Frau Jean Jaques Crocol, Susanne Marguerite Clour.
1758 gebohren getauft	Junii 30 Julii 2	Jean Pierre † 8. Xbr 1812	Henry Charle Renaud et Susanne Racine	Jean Pierre Gros und Margareth Zimermann dessen Ehefrau
1758 getauft	Sept. 3	Jeanne Marguerithe	Abraham Crocol et Maria Barbara Schantz	Jean Jaques Crocol, George Crocol, Jeanne Marie Thierry, Jeanne Susanne Caubet.

p. 131

		Enfans batisés	Peres et Meres	Paraines et Maraines
1758 Née Batisée	Sept 22 24	Johanna Maria	Paul Durand Maitre d'Ecole et Anne Crocol	Jean Jaques Merian Pasteur du Lieu, Mr. Pierre Fort Maitre d'Ecole de l'Eglise Reformée à Carlsrouh et sa Femme Jeanne Susane Thierry.
1759 Né Batisé	Janvier 9 14	Carl Friederich †	Pierre Gros ancien und Margareth Zimmermann	Henry Charle Renaud et Susanne Racine sa Femme, Jaques Frederic Durand et Marie Eugène Schönthaler sa femme
1759 Né Batisé	Juin 8 10	Friederich †	Frederic Jaques Durand et Marie Eugéne Schöntahler	Mr. Frederic Roupp Pasteur de Frederichstal et Madame Catherine Falkner sa Femme
1760 gebohren getauft	May 19 23	Maria Susanna †	Pierre Gros ancien und Margareth Zimmermann	Henry Charle Renaud et Susanne Racine sa Femme Jean Jaques Crocol, Jeanne Marie Thierry
1760 gebohren getauft	Junii 16 22	Susanna Margareth †	Johannes Schemp L. Jeanne Marguerithe Paget R.	Michel Joho Jünger, Aug. Margarethe Crocol, Pierre Calmet de Fred. Susanne Clour

p. 132

		Enfans batisés	Peres et Meres	
1760 Née Batisée	Juillet 16 18	Jeanne Marie †	Jean Racine et Susanne Casabone	Christian Clour Jeanne Marie Racine née Couchat Frederic Jaques Durand et Marie Eugène Schonthaler sa femme

p. 133 [blank page]

p. 134

Liste des Enfants
baptizés
par Mons. Samuel Wettstein
8me Pasteur
de cette Eglise
depuis 1760 jusqu'a 1764

p. 135

	A° 1760
Parentes:	Abraham Crocol
	Maria Barbara Schanzin
Comparentes:	Heinrich Zorn
	Christof Schnürlein
	Susanne Marie Crocol
	Rebekka Schanzin
Infans:	Katarina Barbara
	November
d. 14 Par:	Joh. Heinrich Crocol
	Susanna Barbara Marche
Comp:	Hl. Daniel Marche, Anwald
	Jean Jaques Crocol
	Rebekka Raisin
	Jeanne Marie Tierin
Inf:	Joh. Jakob natus d. 9. 9bris baptiz d.14. 9bris

p. 136

	les noms des batisés	les noms des Peres & Meres	Noms des Parains & Maraines
1761 May batisé le 29e.	Johann Peter †	Johannes Schemp Jeanne Marguerithe Paget	Peter Calmet, von Friedrichstahl, Jean Jaques Crocol, Susanne Clour, Maria Weiss, dess Michel Joho ehl. Frau
1761 d. 27 Aug.	Danjel †	Joh. Dunkin Barbara Joho	Danj. Bourdaillez, Elisebetha Liphart, Rosina Schmidin
batisé le 8e.	Georg Michael †	Michel Weinhard Anna Maria Martin	Daniel Breitling, Georg Weinhard, Eva Barbara Mogin
1761 d. 15 9bris	Zwÿllinge Fridrich Jacob u Christian Peter †	Johann Fridrich Willhelm Lipphart Kuntsgärtner u N.N. Kuhlwein	Hs. Philipp Fredrich Kuhlwein hochfürstl Meubles verwahren in KarlsRuh, u. Hl. Johann Peter Tene Gasthalter zum Rappen samt s. Jgfr Braut Christina Barbara Kletterlin Hl. Christoff Caspur Wachtmeister dess Frau ehliebster Louisa Hl. Christian Berger Leinenweber u Jgfr. Friderica Barbara Wiks Hl. Pfr von Holzen im Ob?[27] Jgfr. Tochter Alle von KarlsRuh

p. 137

	les noms des batisés	Les noms des Peres & Meres	Les Noms des Parains & Maraines
1761 Novembre batisé le 27e.	Anna Maria	Christof Schnürlein Jeanne Marie Boeuf	Friedrich Heinberlein, Abraham Crocol u se. Ehefrau Maria Barbara Schanzin u. endlich Anna Maria Stollin
1700 le 8 X[bre]	Marie Lucrece	Henry Charle Renaud & Susanne Racine	Jean Pierre Durand & Jean Pierre Gros avec leurs femmes

[27] Written over and unreadable.

p. 138

A° 1762
Januarius
d. 11. Parentes:
Jean Pierre Gros
Margareta Zimmermännin
Comparentes
Charle Renaud,
& Susanne Racine, sa femme,
Paul Durand, Maître d'Ecole, & sa femme
Anne Crocol
Infans
Jean Pierre
Febr.
d. 11. Parentes
Hans Geörg Feÿrer
Magdalena Aalin
Comparentes
Daniel Durand, le fils de l'Ancien
Andreas Engelberger
Maria Katarina Durand, fille du maitre d'Ecole
Margareta Feÿrerin
Infans
Johann Daniel

p. 139

Septembr.
d. 30. Parentes
Jean Jaques Crocol
Jeanne Marrie Thierry
Comps:
Jean Henri Crocol
Marie Susanne Marche,
Anwalts Tochter.
Inf.
Jean Henri † 4 Nov. 1827

December
d. 8. Parentes
Heinrich Zorn
Susanna Maria Crocol
Comparentes
Joh. Michael Joho
Geörg Crocol
Barbara Beckin, Hans Jakob Tochter.
Margareta Pansû, dess Kinds Grossmuter
Infans
Margareta Barbara

d. 26. Parentes
Johann Heinrich Crocol
Susanna Barbara Marche
Comparentes
Johann Jakob Crocol
u seine Frau Johanna Maria Thierry
Infans Johann Heinrich † 13 Januar 1830
1763
Januarius
d. 22. Parentes
Daniel Schanz
Ester Calendre
Comparentes
Daniel Bourdaillez, Johann Jakob Crocol
Lukritia Racine, Maria Susanna Renaud
Infans Maria Susanna
Majus
d. 28. Parentes
Abraham Crocol
Maria Barbara Schanz
Comparentes
Peter Gros und seine Frau, Johann Geörg Crocol
Rebekka Katarina Schanzin
Infans Maria Elisebeta

p. 140

September

d. 10. Parentes

Johannes Dünklein
Barbara Johoin

Comparentes

Andreas Angelberger
Daniel Bourdaillez
Rosina Schnürlein
Rebekka Katerina Schanzin

Infans Andreas

Novbr. den 22ten

Parentes

Philipp Ichel, Schreiner
Anna Maria Grünin
Beÿsasen von hier.

Comparentes

David Meunier et sa Femme, Lucretia Badovine
Jacob Luberger und Rosina Rufin

Infans

Maria Lucretia

A° 1764

Januarius

d. 1. Parentes

Paulus Durand, der Schulmeister
Maria Elisebeta Grünin

Comparentes

Joh. Peter Durand der Kirchenaelteste, u. seine Frau
Margareta Rachel Racine

Infans Rachel

†8. Juni 1836

d. 20. Parentes

Jean Pierre Gros
Margareta Zimmermännin

Comparentes

Daniel Bourdaillez
Matteus Kohler von Mühlburg, Luterischer religion.
Susanna Thierry, Anwalte sel. Tochter
Anna Maria Zimmermännin

Infans Daniel †

p. 141

Aprilis

d. 29 Parentes

Johann Daniel Marche, dess jetzigen Anwaltes Sohn,
Johanna Susanna Gobête

Comparentes

Daniel Marche, Anwalt, u. seine Frau Rebekka Raisin.
Joh. Jakob Gros, u. seine Frau Lukretia Racine.

Infans Rebekka Lukretia. †

p. 142

Liste
des Enfants baptizés par moi
Jean Rodolphe Liechtenhan
9me Pasteur de cette
Colonie
depuis mon Entrée le 1 9bre 1764

p. 143

l'An	le Mois	le Nom de l'Enfant	Peres & Meres	Parains & Maraines
1765	né le 29 Janv. baptisé le 1. fevr.	Anne Marie Rébéque	Jean Henry Crocol Susanne Barbe Marche	Daniel Marche Anwald, Jean Jaques Crocol & sa femme Jeanne Marie Thiery
	née le 4 Mars baptisée le 10.	Marie Susanne †	Daniel Schanz Estre Calendre	Zacharie Boeuf, Susanne Renaud, David Munier & sa feme Lucrece Badovin
	né le 9 8bre baptisé le 13.	Jean Frederic †	Daniel Marche Susanne Gobet	Frederic Durand & sa femme Maria Eugenia Schönthaler, Jean Jaque Gros & sa femme Marie Lucrece Racine
	née le 14. 8bre baptisée le 20.	Jeanne Madelaine †	Jean Jaques Crocol Jeanne Marie Thiery	Jean Henry Crocol & sa femme Susanne Barbe Marche

p. 144

l'An	le Mois	le Nom de l'Enfant	Peres & Meres	Parains & Maraines
1765	9bre née le 5. bapt. le 10.	Maria Elisabetha †	Paul Durand Maitre d'Ecole Maria Elisab. Grunin	Jean Pierre Durand Ancien & sa femme Marguerithe Rachel Racine
	Xbre geb. d. 7. getauft den 10.	Philipp Jakob	Johann Philipp Sollinger aus dem Berner Gebiets und Johanna Friderica Sophia Daub durchreisende	Jakob Lutberger der Zimmermann und seine Frau, Andreas Schaaf und Ana Maria Amborst
1766	Né le 9. baptisé le 12. Janv.	Jean Abraham †	Abraham Crocol & Maria Barbara Schanz	Daniel Marche & sa femme Susanne Gobet, Daniel Durand & Rebekka Schanz
	Merz geb. den 2. getauft den 4.	Maria Catharina †	Tobias Feÿler Marie Catherine Boeuf	Jakob Fischer von Rippurg & seine Frau, Jean Boeuf u Catharina Wurmin

p. 145

l'An	le Mois	le Nom de l'Enfant	Peres & Meres	Parains & Maraines
1766	Mars né le 20 bap. le 21.	Jean Pierre † 27. Jan. 1839	Jean Pierre Gros & Margaretha Zimmermannin	Frederic Jaques Durand & sa feme Marie Eugene Schönthaler, Daniel Bourdaillez, Jeane Susane Thiery
	May geb. den 1 get. den 2	Maria Catharina	Laut de Cranzberg aus dem Maÿnzischen Ana Maria Merklerin beÿde catholisch fremde	David Denzler fürstl. Stallknecht, Catharine Doll des Bärenwirts Ehefrau
	Octobre né le 3 bapt. le 5.	Jean Pierre †	Paul Durand Maitre d'Ecole Maria Elis. Grünin	Jean Pierre Durand Ancien & sa feme Marguerithe Rachel Racine, Jean Pierre Gros Ancien & sa feme Margareth Zimmerman

p. 146

l'An	le Mois	le Nom de l'Enfant	Peres & Meres	Parains & Maraines
1766	Xbre geb. den 5. get. den 6.	Georg Wendel †	Christof Christli von Zeithen im Bischöfischen Margaretha Schaurmannin fremde cathol.	Wendel Probst aus dem deutschen Dorf u. s. Frau, Hans Georg Hudler von Kirchen an der Tek u. s. Frau
	geb. den 23. get. den 24. Xbris	Spurie Maria Magdalena † Maria Catharina † Zwilling[28]	Muter Ana Maria Rothaker Henri Jaques Clour hinterlassne Wittib angegebner Vater Michael Gutknecht ein Taglohner aus dem Elsass	Zacharie Boeuf, Hans Georg Dunklin, Magdalena Lipphartin, Catharina Wurmin
1767	Fevrier né le 10. bapt. le 13.	Susanne Marie †	Heinrich Zorn Susanne Marie Crocol	Paul Guillaume Gros & Marie Catherine Durand
	Avril né le 6. bapt. le 11.	Marie Rachel † 19. März 1843	Hans Martin Buchleiter luth. Ane Rachel Rouvier de l'Eglise reformé	Frederic Jaques Durand & sa femme Marie Eugene Schönthaler, Georg Bek u s. Frau

[28] Names are written in upside down on the page.

p. 147

l'An	le Mois	le Nom de l'Enfant	Peres & Meres	Parains & Maraines
1767	Juin né le 16. bapt le 19.	Jeanne Marie †	Jean Henri Crocol & Susanne Barbe Marche	Daniel Marche Anwald, Jeanne Marie Crocol née Thiery
	Juillet né le 16. bapt. le 19.	Jean Pierre †	Jean Jaques Gros & Maria Lucrece Racine	Jean Pierre Durand & sa feme Marguerithe Rachel Racine, Jean Daniel Marche & sa feme Susanne Gôbet
	Aout né le 18. bapt. le 21.	Daniel Guillaume †	Daniel Bourdaillez & Jeanne Susanne Thiery	George Crocol & sa femme Margaretha Barbara Bek, Paul Guillaume Gros & Susanne Renaud
	8bre geb. den 4. get. den 6.	Elisabetha Cathrina	Johannes Martin und Maria Elisabetha Akermännin beÿde luth.	Georg Akerman Kronenwirth im deutschen Dorf Sebastian Kulli Zimmerman u. s. Frau Elis. Cathrina Akermannin
	8bre geb. den 26. get. den 28.	Georg Josef	Christof Christli von Ziethen im Bischofischen, Margaretha Schoermannin	Georg Peter Baÿer u. s. Frau, Laut de Cranzberg u. s. Frau.

Alles fremde catholische

p. 148

l'An	le Mois	le Nom de l'Enfant	Peres & Meres	Parains & Maraines
1767	9bre né le 28. bapt. le 29.	Jean Daniel	Daniel Schanz Ester Calendre	Jean Daniel Durand & sa feme Rebekka Catharina Schanz
1768	geb. den 2. Aprill get. den 4.	Johannes †	Jean Boeuf Maria Barbara Weinhart	Tobias Feÿler seine Frau und Margreth Ziltorin von Knielingen
	né le 5. bap. le 8. Avril	Abraham †	Abraham Crocol & Marie Barbara Schanz	Paul Durand Maitre d'Ecole, Jean Daniel Marche & leurs femmes
	né le 29. Juin bapt. le 1. Juillet	Jean Daniel †	Jean Daniel Durand Rebekka Catharina Schanz	Daniel Schanz & sa femme Estre Calendre
	né le 26. bapt. le 28. Aout	Jean Daniel †	Daniel Marche Susanne Gobet	Frederic Durand, Jean Jaques Gros & leurs femmes
	née le 13. bapt. le 17. Xbre	Maria Catharina †	Heinrich Zorn Susane Marie Crocol	David Munier & sa femme Marie Catharine Durand, Paul Guillaume Gros & Susanne Renaud

p. 149

l'An	le Mois	l'Enfant	Peres & Meres	Parains & Maraines
1768	né le 22. bapt. le 26. Xbre	Jean Daniel †	Daniel Bourdaillez & Jeanne Susanne Thiery	Jean Jaques Crocol Ancien & sa femme Jeanne Marie Thiery
1769	Janv. né le 25. bapt. le 27.	Georg Jakob †	George Crocol Margaretha Barbara Bek	Jakob Bek, Margaretha Pansu des Kinds GrossEltern, Christian Clour und Jeanne Marguerithe Crocol fille de Jean Crocol
	geb. den 28. febr. get. den 3. Martÿ	Andreas †	Andreas Engelberger u. Rosina Catharina Schnürlein	Eberhard Schneider u. seine Frau Rosina Catharina Jllin, Hans Georg Dunkin u. Catharina Bek
	geb. den 11. get. den 12. Mertz	Anna Margaretha † den 18. April 1841	Johannes Schemp Anne Marguerithe Paget	Michel Joho Junger, Susanne Buchleiter née Clour, Pierre Calmet & sa femme de Fridr.
	né le 12. bapt. 14. Maj	Henri Jaques †	Paul Durand Maitre d'Ecole Maria Elisabeth Grünin	Jean Pierre Gros Ancien & sa femme Margaretha Zimmermann, Heinrich Zorn & sa femme Susanne Crocol.

p. 150

l'An	le Mois	l'Enfant	Peres & Meres	Parains & Maraines
1769	née le 30. 9bre bapt. le 3. Xbre	Marie Susanne †	David Munier & Marie Catharine Durand	Paul Durand Maitre d'Ecole, Heinrich Zorn & leurs Femmes
1770	née le 6. bapt. le 7. Janv.	Marie Susanne	Paul Guillaume Gros & Marie Susanne Renaud	Daniel Bourdaillez, Heinrich Zorn, & leurs Femmes
	née le 20. bapt. le 28. Janv.	Marie Magdelaine	Jean Jaques Crocol Ancien Jeanne Marie Thiery	Daniel Bourdaillez & sa feme Jeanne Susanne Thiery
	geb. den 10. getauft den 11. febr.	Christina	Tobias Feÿler Marie Catharine Boeuf	Zacharie Boeuf, Jean Boeuf & leurs femmes und Catharina Wurmin
	née le 25. fevr. bapt. le 2. Mars	Anne Marie	Jean Henri Crocol Susanne Barbe Marche	Daniel Marche & sa femme Anna Maria Riedtman
	née le 16. bapt. 18. Mars	Marie Susanne	Hans Georg Buchleiter Schmid Susanne Marguerithe Clour	Martin Ruf, Joh. Shempen Frau, Michel Joho Frau, Spiegels Wittib

[no pp. 151-152]

p. 153

l'An	le Mois	l'Enfant	Peres & Meres	Parains & Maraines
1770	Mai né le 10. bapt. le 13.	Jean Frederic †	Daniel Marche Susanne Gobet	Jean Jaques Gros & Ana Maria Marche née Riedtmannin
	Mai née le 21. bapt. le 24.	Magdalena Catharina †	Christof Schnürlein Jeanne Marie Boeuf	Fridrich Hemberein Beker Meister von CarlsRuh und seine Ehfrau, und Jgfr. Anna Maria Tollin und Michael Weinharts Wittib
	Juillet né le 9. bapt le 13.	Jean Pierre † 14 Januar 1830	Paul Durand Maitre d'Ecole Maria Elisabeth Grünin	Jean Pierre Gros Ancien & sa femme Margaretha Zimmermannin
	Juillet né le 16. bapt. le 20.	Jean Daniel †	Jean Boeuf Maria Catharine Weinhart	Daniel Durand & sa femme Rebeque Schantz, Hans Martin Buchleiter jgr, Magdalena Lipphartin
	Aout né le 11. bapt. le 14.	Johann Ernst Ludwig	Mag. Rudolf Lichtenhahn Pstr, Frau Eleanora Stickelberger	Hl. Obervogt Johannes Landolt von Zürich, Hl. Mag. Joh. Heinrich Lichtenhan Pfr zu Rauweÿler und seine Frau liebste Frau Sofia eine gebohrne Stichling und Frau Maria Lauer des Kinds Urgrossmuter und Jgfr. Anna Barbara Stikelberger von Basel. Der abwesenden Stella vertratèn Hl. Hofprediger Stikelberger. Hl. Pfr. Meÿer von Fridrichsthal und Frau Margaretha Rosina Lauer von CarlsRuf.

p. 154

l'An	Mois	Enfant	Peres & Meres	Parains & Maraines
1770	9bre né le 4. bapt. le 9.	Christian †	Jean Durand Elisabeth Girod	Abraham Girod de Fridrichsthal & sa femme, Christian Durand & Christine DuPuis de Fridrichsthal.
	9bre né le 19. bapt lt 21.	Michael †	Abraham Crocol Maria Barbe Shanz	Jean Crocol & sa femme, Michael Gutknecht & sa femme.
1771	Janv. né le 21. & bapt.	Zwilling Christian † das andre war ein Tod gebohrnes Knäblein	Daniel Schanz Estre Galandre	Jakob Gros & sa feme Lucrece Racine, David Christian Racine & Dorothee Buchleiter.
	Mars geb. den 11. getauft den 15.	Maria Catharina † 11 Mai 1816	Christof Feÿrer Grenadier Catharina Wurmin	Hans Georg Dunkin, Josef Borst von Staffort, Salome Hermann, Margaretha Schwarz von Dintlingen.

p. 155

An	Mois	Enfant	Peres & Meres	Parains & Maraines
1771	Mai né le 14. bapt le 18. † 1849	Henri David	David Munier Marie Cathar Durand	Heinrich Zorn und seine Frau.
	7bre né le 18. bapt. le 22.	Jakob Willhelm †	Daniel Bourdaillez & Jeanne Susane Thiery	Paul Guilleaume Gros & sa femme, George Daniel Thiery & Ane Marie Elisabeth Aubussier de Carlsrouhe
	7bre né le 26. bapt. le 29.	Jean Jaques † 4 Juli 1842	Jean Jaq. Gros & Maria Lucrece Racine	Jean Pierre Gros, Jean Pierre Durand avec leurs Femmes.
	X^{bre} né le 19. bapt. le 22.	Jean † 12 Dec. 32	Jean Durand Elisabeth Girod	Abraham Girod & sa Femme, Christian Durand, Christina du Puis.
1772	Fevr. né le 10. bapt. le 14.	Carl Willhelm †	Paul Guillaume Gros & Marie Susanne Renaud	Daniel Bourdaillez, Heinrich Zorn & leurs Femmes.

p. 156

l'An	Mois	Enfant	Peres & Meres	Parains & Maraines
1772	née le 19. Mars bapt le 21.	Willhelmina Elisabetha Margaretha	M. Rudolf Lichtenhan Pfr. Frau Eleanora Stikelberger	Jhr Gnaden Hl. Oberhofmeister von Knobelsdorf und seine Frau Gemahlin eine gebohrne von Halte. Frau Geheimd Roch Bürklin und Hl. Johannes Stikelberger von Basel. Der abwesenden Stelle vertratten Herr Hofprediger Stikelberger und Hl. Docter Schweickhart.
	geb. den 18. get. den 20. 7^{br}	Elisabetha Whilhelmina †	Paul Durand Maitre d'Ecole Maria Elisabeth Grünin	Jhr Gnaden Frau Oberhofmeisterin von Knobelsdorf, Mag. Rud Lichtenhahn Pfarrer samt seines Frauen Eleanora geb Stikelbergerin, Margaretha Gros geb. Zimmermannin.

p. 157

l'An	Mois	Enfant	Peres & Meres	Parains & Maraines
1773	née le 31. X[br] bapt. le 3. Janv	Rebeqque † 26 Aug. 1835	Daniel Durand & Rebekka Schanz	Jean Boeuf & sa femme Maria Barbara Weinhart.
1774 [29]	geb. den 2. get. den 4. Jenner	Catharina Barbara	Adam Klennert Barbara Dunki beyde luth.	Hans Georg Dunki, Andreas Schempp, Magdalena Lipphart, Catharina Bek.
	née le 14. bapt. le 18. Janv.	Marie Susanne † 22 September 1843	Jean Daniel Marche & Susanna Gobet	Daniel Marche, Frederic Durand, & leurs Femmes.
	né le 21. bapt. le 22. Fevr.	Johannes † 11 Nov. 1848	David Munier Marie Catharine Durand	Heinrich Zorn und seine Ehfrau.
	geb. den 22. get. den 25. Merz	Johanna Margaretha †	Christian Clour Johana Margaretha Crocol	Georg Crocol, s. Frau Marg. Barb. Bek, Andres Angelberger, s. Frau Rosina Schnürlein.
	geb. den 7. get. den 9. Maÿ	Johannes †	Abraham Crocol Maria Barb Schantz	Jean Crocol, Michel Gutknecht & leurs femmes.
	geb. den 26. get. den 28. Maÿ	Marie Susane	Henri Crocol Susane Barbe Marche	Daniel Marche & sa femme Anna Maria Riedtman.

p. 158

l'An	le Mois	Enfant	Peres & Meres	Parains & Maraines
1773	né le 29. Aout bapt. le 3. 7bre	Daniel †	Jean Durand Elisabeth Girod	Daniel Durand & sa femme Rebekka Schanz, Christian Durand, Christine DuPuys de Fridrichsthal.
	geb. den 4. get. den 10. 7[br].	Johann Georg Jakob †	Christof Feÿrer Catharina Wurmin	Johann Georg Dunkin, Jakob Bek, Salome Hermann, Katharina Schneiderin.
	né le 18. bapt. le 19. 7[br].	Daniel †	George Daniel Thiery, Marie Elisabethe Aubussier	Daniel Marche sa feme Anna Maria Riedtmannin.
	geb. den 8. getauft den 12. 8[bris]	Karl Christof	M. R. Lihtenhen Pfarrer Frau Eleanora Stikelberger	Hl. Christof Heiz des grossen Raths von Basel. Hl Ernst Ludwig Stikelberger Frau Pfarrer Meÿerin von Fridrichsthal, Frau Margaretha Rosina Lauer von KarlsRuh.

Des abwesenden Stelle vertraten Hr Pfarrer Meÿer von Fridrichsthal und Hl. Hof und Stadt Vicarin Karl Ulrich Stikelberger.

[29] The year is more likely to be 1773 given the death information for Johanna Margaretha Clour.

p. 159

l'An	le Mois	Enfant	Peres & Meres	Parains & Maraines
1774	née le 29 Avril bapt. le 1 Mai	Spurius Marie Susanne[30]†	Muter. Anna Margareth Paget, Johannes Schemps hinterlassne Wittib.	Hans Georg Buchleiter und seine Ehefrau Susanne Clour und Michael Joho Wittib.
		ungegebent Vater Andreas Schemp ihres Mannes Bruders Sohn Webergesell aus dem Wurtembergischen.		
	né le 16 bapt. le 20 Maj	Christian † den 23 April 1846	Christian Clour Jeanne Marg Crocol	George Crocol & sa femme Barbara Bek.
	geb. den 8 get. den 10 Juny	Johann Georg	Andreas Engelberger, Marie Rosina Schnürlein.	Hans Georg Dunkin s. Frau Katharina Bek. Felix Crocol und Katharina Schneiderin.
	geb. den 29 Augst get. den 2. 7[br].	Salome †	Jakob Bek Susanne Salome Armand	Christof Feÿrer Grenadier und seine Ehefrau, Christian Durand, Lucrece Armand.
	get. den 1. get. den 4 7bre	Marie Catharina	Hans Georg Buchleiter, Susana Margaretha Clour	Martin Ruf und seine Ehefrau, Joh Schempen Wittib.
	geb. den 14 get. den 16 7[br].	Willhelm Heinrich †	Daniel Bourdaillez Jeanne Susanna Thiery	Henri Crocol, Paul Guilleaume Gros & leurs femmes.

p. 160

l'An	le Mois	l'Enfant	Peres & Meres	Parains & Maraines
1774	né le 21 bapt. le 23 X[bre]	Heinrich †	Paul Guilleaume Gros Marie Susanne Renaud	Daniel Bourdaillez, Heinrich Zorn & leurs femmes
1775	né le 4 bapt. le 8 Mars	Jakob Heinrich †	Henri Charles Renaud, Eva Girod	Heinrich Clour; Jakob Girod, Magdalena Tibaud, Magdalena Ratzin von Fridrichsthal.
	né le 10 bapt 13 Avril	Christian †	Jean Durand Elisabeth Giraud	Daniel Durand & sa femme Rebekka Schanz, Christian Durand, Lucrece Armand.
	geb. den 14 get. den 16 Juny	Katharina Carolina Dorothea †	Mag. R. Lichtenhahn Pfr., Frau Eleonora Stikelberger.	Hl. Kriegs Rath Adam samt seiner Frau Liebste, Jgfr. Katharina Birr Kammer Frau beÿ Jhre Durchl der verwittibten Frau Erbprinzechin, Hl Karl Ulrich Stikelberger Prediger im Waisenhaus zu Basel und Frau Dorothea Weiss gebohrne Landoltin von Zurich. Der abwesenden Stelle vertraten Hl Jakob Stikelberger und Frau Pfarrer Meÿerin von Fridrichsthal.

[30] Name is written in upside down on the page.

p. 161

l'An	le Mois	l'Enfant	Peres & Meres	Parains & Maraines
1775	né le 21. bapt. le 23. Juillet	Paul Christian †	David Munier Marie Catharine Durand.	Paul Durand Maitre d'Ecole & sa femme Maria Elisabetha Grunin.
	né le 28. Aout bapt. le 1. 7bre	Johann Rudolf †	Paul Durand Maitre d'Ecole, Maria Elisabetha Grunin.	Mag Rudolf Lichtenhahn Pfr samt seiner Frauen Eleonora geb. Stikelberger, Margaretha Gross geb. Zimmermannin.
	geb. den 17. get. den 19. 9[br].	Anna Elisabetha † 6 Januar 1832.	Daniel Durand Rebecca Schanz.	Jean Boeuf, Jean Durand & leurs femmes.
	née le 29. 9bre bapt. le 1. X[bre]	Susanne Magdelaine †	Henri Crocol Susanne Barbe Marche.	Daniel Marche Ancien, Daniel Bourdaillez & leurs femmes.
1776	né le 22. bapt. le 26. Janv.	Marie Susanne †	Jean Jaques Gros & Lucrece Racine.	Hans Georg Buchleiter und seine Ehfrau, Daniel Crocol & Jeane Marie Racine.
	née le 11. bapt. le 15. Mars	Jeanne Marie †	Daniel Thiery Anwald Marie Elisabeth Aubussier.	Daniel Marche Ancien & sa feme Anne Maria Riedtman.
	geb. den 27. get. den 31. Merz	Catharina †	Jakob Bek Susanne Salome Armand.	Christian Durand, Christof Feÿrer Grenadier & leurs femmes.

p. 162

l'An	le Mois	l'Enfant	Peres & Meres	Parains & Maraines
1776	geb. den 1. get. den 3. Aprill	Susanna †	Johann Fridrich Renaud Barbara Stammler.	Paul Gros seine Frau Susanna Renaud.
	geb. den 28. July getauft 2. Augst	Johann Fridrich †	Henri Charles Renaud Eva Giraud.	Jakob Fridrich Karle Schlossen Meister von Fridrichstal und seine Ehfrau Magdalena Ratzin, Heinrich Clour und Margretha Bariere.
	gebohren den 30. Augst get. den 1. 7[br].	Johanna Margaretha † 1838.	Christian Clour Joh. Margaretha Crocol.	Georg Crocol s. Ehfrau Barbara Bek, Abraham Crocol von Fridrichsthal s. Ehfrau Charlotta Roux.
	geb. den 18. getauft den 21. 7[br].	Christoph †	Christof Feÿrer Grenadier Catharina Wurmin.	Jakob Bek, Felix Crocol, Maria Catharina Georg Dunkins Ehfrau, Katharina Schneiderin.
	geb. den 17. getauft den 21. 9[br].	Jean Pierre †	David Munier Marie Catharine Durand.	Paul Durand Maitre d'Ecole & sa femme Maria Elisabetha Grünin.
	né le 15. bapt. le 20. X[br].	Jean Louis †	Henri Crocol Susanne Barbe Marche.	Daniel Marche Ancien, Daniel Bourdaillez & leures femmes.

p. 163

l'An	le Mois	l'Enfant	Peres & Meres	Parains & Maraines
1776	geb. den 19. get. den 23. X^{br}.	Jakob Rudolph	Mag R. Lichtenhahn Pfr, Frau Eleonora Stikelberger.	Hl. Pfarrer Meÿer von Fridrichsthal, Hl. Jakob Stikelberger, Frau Dorothea Weiss geb. Landoltin von Zurich.
	Der abwesenden Stelle vertraten Hl. Karl Fridrich Stikelberger und Frau Pfr. Meÿerin.			
	geb. den 26. get. den 29. X^{br}.	Marie Susanne †	Jean Christian Durand & Lucrece Armand.	Jakob Bek & sa femme Susanne Salome Armand, Henri George Durand, Dorothee Buchleiter.
1777	gebohren den 24. getauft den 26. Jenner	Johann Martin †	Jean Boeuf Maria Barbara Weinhardt	Daniel Durand & sa femme Rebeque Shantz, Hans Martin Buchleitner, Magdalena Lipphardtin.
	gebohren den 11. getauft den 13. Juny	Maria Margaretha †	Hans Georg Buchleiter, Susanne Marguerithe Clour	Martin Ruf und seine Ehfrau, Johann Jakob Gros und Joh. Schempen Wittib.
	gebohren den 28. getauft den 29. Juni	Maria Catharina	Tobias Feiler, Maria Catharina Boef	Michael Gutknecht, Christoph Feÿrer & Anna Maria Rothacker und Catharina Wurmin seine Ehefrau.

p. 164

Liste
des Enfants baptizés
par moi
Jaq. Christopfle de Gachnang.
10me Pasteur de cette
Colonie
depuis mon Entrée le 10 Juillet 1777.

[no pp. 165-166]

p. 167

Jahr.	Monath.	Kind.	Eltern.	Taufzeugen.
1777	geb. den 7 Aug., get. den 10	Christina Barbara †	Paul Gros Sussanna Renaud.	J. Pierre Durand, Friedr. Renno, Jgfr. Christina Hornung von Friedrichsthal, Barbara Stammlerin.
	geb. den 18 Aug., get. den 24	Maria Elisabetha †	Jean Durand, Elisab. Giraud. Der Jean Durand ist Bärenwirth im deutschen Dorf.	Friedr. Durand, Danj. Durand, u ihre Weiber.
	geb. den 2 8^{br}, get. den 5	Joh. Friedrich	Henry Charle Renaud Eva Giraud.	Jak. Friedr. Karle, Schlossermeister von Friedrichsthal u. dessen Ehefrau Magdalena Ratzin.
	geb. den 8 X^{br}., get. den 11	Johann Adam †	Joh. Adam Weichel, refor. Barb. Aal, Ev. Luth.	Georg Friedr. Hofman von deutschneureuth, seine Ehefrau, Maria Kolerin von deutsch Neureuth.
1778	geb. den 1 Febr., get. den 3	Anna Maria Barbara	Christian Clour, Joh. Margretha Crocol.	Georg Crocol von hier, und Abraham Crocol von Friedrichsthal, sammt ihren Ehefrauen.

p. 168

Jahr.	Monath.	Kind.	Eltern.	Taufzeugen.
1778	Majus. geb. den 30, vormittg. um 9, get. den 31.	Margreth † 26 Oct. 1812	Jakob Michel Bek, Ev. Luth. Susanna Salome Armand, Ev. Ref.	Christof Feirer, Christian Durand, und ihre Weiber.
	Junius. geb. den 27 morgens um 1, get. den 28.	Jakob Friedrich †	Christian Durand, Lucretia Armand, beide reform.	Jakob Michel Bek und seine Frau, Henry Durand und Jeanne Marie Rassine.
	August geb. den 4 morgens um 2 Uhr, get. den 9.	Joh. Heinrich†	Joh. Heinrich Clour Ev. Ref. Catharina Grossmännin, Ev. Luth.	Zacharias Boeuf, Joh. Georg Schmidt und ihre Weiber.
	Aug. geb. den 24 Abends um halb 6 Uhr, get. den 27.	Anna Margretha †	Hl. Jakob Christof von Gachnang Pfarrer, Frau Anna Margretha Gnöpf, beyde von Basel.	Hl. Rudolf Passavant Handelsmann und des grossen Raths. Hl Leonhard Lotz Handelsm. Fr. Catharina Brandmiller, geb. Gnöpf. Fr. Rosina Birler, geb. Linder. Alle von Basel.

Der abwesenden Stelle vertraten Herr Pfr Meÿer zu Friedrichsthal und dessen Fr. Schwieger, Hl. Hof Accoucheur Felmet von CarlsRuhe u seine Fr. libste.

p. 169

Jahr.	Monath.	Kind.	Eltern.	Taufzeugen.
1778	Dec. geb. den 23 morg. um 8 Uhr, get. den 24.	Jeanne Marie	David Muenier und Marie Catharine Durand	Henry George Durand, Schul adjunctus und seine Ehfrau Jeanne Marie Racine.
1779	Februar geb. den 1 nachmittg um 10 Uhr, get. den 5.	Hs Georg †	Hs Georg Schmid, Ref. Margr. Bommer Luth.	Heinrich Clour und seine Ehefrau. David Racine, Lucresse Renaud.
	Febr. geb. den 12 abends um 9 Uhr, get. den 14.	Joh. Peter † 24 Januar 1845	Jean Pierre Durand, Anwald. Christina Hornung.	Filipp Hornung Schneidermeister u. s. Frau, Jakob Manz u s. Frau. Alle 4 von Friedrichsthal. Paul Gros u s. Frau von hier.
	Februar geb. den 20 nmittg um 3 Uhr, get. den 21.	Joh. Danjel	Jean Boeuf Ev Ref. A. Maria Weinhart. Ev. Luth.	Danj. Durand, Hs. Martin Buchleiter jgr, und ihre Weiber.
	Febr. geb. den 26 morg. 3, get. den 28.	Joh. Friedrich †	Paul Guillaume Gros, Susanna Renaud.	Jean Pierre Durand, Anwald, Friedrich Renaud, Bittel und ihre Weiber.

p. 170

Jahr.	Monath.	Kind.	Eltern.	Taufzeugen.
1779	Martius geb. den 13 nachts um 11, get. den 16.	Georg Heinrich †	Christian Clour Gerichtsman, Johanna Margr. Crocol.	Catrina Albrechtin, weil Jean Crocol hinterlassner Wittwe, des Kinds Grosmuter, Michael Gutknecht des Kinds Stiefgrossvatter, George Crocol u. seine Frau.
	Mart. geb. den 21 nachmittg um 12 Uhr, get. den 23.	Elisabeth †	Henry Charles Renaud, Eve Giraud.	Adam Glenert von hier u s. Frau, Jakob Giraud, Elisabeth Barrier von Friedrichsthal.
	geb. den 27 July morg um 1 Uhr, get. den 1 Aug.	Margareth Magdalan	Henry George Durand Schul Adjunctus, Jeanne Marie Racine	Mag. Jakob Christof von Gachnang Pfarrer sammt seiner Frauen A. Margaretha geb. Gnöpf, beyde von Basel; Christian Durand und dessen Frau Magd. Margr. geb Schönthaler beyib von hier.
	Sept. geb. den 17 morg. um 2 Uhr, get. den 19.	Georg Jakob †	Christof Feÿrer, Cathar. Wurmin	1 Georg Dunkÿ, 2 Felix Crocol, 3 Susanne Salome Armand J. M. Beks Ehfrau, u. 4 Cathrina Schneiderin.
	Nov. geb. den 22 morgn XI Uhr, get. 26.	Maria Barbara † 17 Januar 1850.	weil. Abrah. Crocol, Maria Barbara Schanz. Des verstorbenen Vatter Stelle vertrat Friedr. Renaud.	Henry Charles Renaud und seine Frau.

p. 171

Jahr	Monath	Kind	Eltern	Taufzeugen
1779	Decemb. geb. den 22 mittags um 12 Uhr, get. den 26.	Filipp	Jean Durand, Bärrenwirth in TeutschNeüreüth Elisabeth Giraud, beide Ref.	Filipp Gimpel von Teutsch Neüreüth, Danjel Durand von WelschNeüreüth und seine Frau.
1780	Febr. geb. den 11 6 U.N., get. den 13.	Marie Lucrece	Georg Buchleiter, Susanna Clour.	J. Jaques Gros, ancien & sa femme, Martin Ruf, A. Marie Paget, Joh. Schempen hinterl. Witwe.
	geb. den 27 Febr. um 9 Uhr vorm, get. den 3 Mart.	Maria Magdalena †	Christian Durand, Magd. Margr. Schönthaler.	Henry George Durand Schul-adjunctus und s. Frau. Jakob Michael Bek, BürgerM. u. s. Frau.
	geb. den 13 Juny um 1 U. nmtg, get. den 18 Juny.	Christina †	J. Pierre Durand, Anwald, Christina Hornung.	Filipp Hornung, Jakob Manz und ihre Weiber. Alle von Friedrichsthal. Paul Gros u s. Frau von hier.
	geb. 16 Juny Mttg 12 Uhr, get. den 18 Juny.	Georg Jakob †	Georg Dunky. Catharina Bek. L.	Andreas Angelberger und s. Frau. David Greter, Cathrina Feÿrer gebohren Wurmin.

p. 172

Jahr	Monath	Kind	Eltern	Taufzeugen
1780 geb. get.	Octob. den 1 um 5 Uhr N. den 6.	Magdalena †	Jakob Michel Bek, BürgerM. Ev. L. Sus. Salomea Armand. Ev. Ref.	Christian Durand und seine Frau. Christof Feÿrer.
 geb. get.	Nov. den 3 N. 9 Uhr den 5.	Michael †	Michel Guler Ref Cath. Barbara Schneider L.	Zacharie Boeuf & sa femme.
1781 geb. get.	Jan. den 3 ab 9 U den 7 ejusd.	Joh. Georg † 15 April 1845	Danj. Marche, ref. Eva Suterin L.	D. Marche Ancien & sa feme. des Kindes Grosseltern Georg Buchleiter u. s. Frau.
 geb. get.	Febr. den 6 morg um 8 U. den 9.	Anna Margaretha † 11 Aug 1853	Henry Crocol Susanne Marche.	Danjel Marche Ancien & sa feme.
 geb. get.	Febr. den 21 nachts um 11 Uhr den 25.	Joh. Michael †	Christian Clour, Johanna Margr. Crocol	Georg Crocol u. s. Frau, Michael Gutknecht, Cathrina Crocol geb. Albrecht.
 geb. get.	Mart den 10 Ab. um 6 U. den 15.	Jakob Wilhelm †	George Danjel Thiry Elisabetha Aubussier	Jean Jaques Crocol et sa femme Jeanna Marie Thiry.

[no pp. 173-176]

p. 177

Jahr	Monath	Kind	Eltern	Taufzeugen
1781 geb. get.	 den 28 Apr. 4 U.N. den 1 May.	Joh. Carl. †	Joh. Boeuf A. M. Weinhartin.	Danjel Durand und s Frau, Charles Renaud, Rosina Buchleitr geb. Joho.
geb. get.	den 4 May den 6.	Cathr. Barbara	Henry Charles Renaud, Eva Giraud	Jak. Giraud von Friedrichsthal, Adam Glenert von hier samt ihren Weibern.
 geb. get.	Aug. den 29 eod.	Jeanne Marie †	H. George Durand Schul. Adj. J. Mar. Racine	Paul Durand Schulmeister, Susanna Racine des Kindes Grosseltern, Lucrece Gros née Racine.
 geb. get.	Sept. den 19 10 Uhr abends den 21.	Valeria	M. Jakob Christof von Gachnang Pfr. und Fr. A. Margr. Gnöpf.	Her Samuel Paravicin des Raths Fr. Valeria Schweighauser Herrn Raths Hl Sacschen Fr. A und Fr. Cathr. Staehelin geb. Burghardtin. Alle von Basel. Der abwesenden Stelle vertraten: Hl. Pfr. Eisenlohr zu deutschNeüreüth u. s. Fr. Liebste, und Jungfr. Anna Cathr. Stikelberger.

p. 178

Jahr	Monath	Kind	Eltern	Taufzeugen
1781 geb. get.	Oct. den 10. den 14.	Joh. Peter	Paul Gros Susanne Renaud	J. Pierre Durand Anwald, Friedr Renaud u. ihre Weiber.
 geb. get.	Dec. den 24, 6 U. N. den 28.	Maria Susanna † 20 Januar 1834	Christian Durand Magd. Margr. Schönthaler.	H. George Durand, Schul Adj., Jak. Michel Bek u ihre Weiber.
1782 geb. get.	Jan. den 30. den 1. Febr.	Christian †	Jean Durand Elisab. Giraud.	Danj. Durand u. s. Frau.
 geb. get.	Marz den 1, 2 U. v. den 3.	Zacharias †	Zacharias Boeuf, M. Christina Weinhardtin.	Heinrich Clour, Michel Goulas und ihre Weiber.
 geb. get.	Aug. den 5. den 7.	Filipp Jakob †	J. Pierre Durand, Anwald Christina Hornung.	Filipp Hornung u. s. Frau, Jakob Manz. alle von Friedrichsthal. Paul Gros u s. Frau von hier. Des kranken Vatters Stelle vertret sein Bruder Danj. Durand.
 geb. get.	Sept. den 7. den 13.	Anna Maria †	Danj. Durand Rebekka Schanz	Jean Durand, Jean Boeuf, und ihre Weiber.
1783 geb. get.	Apr. den 8, 9 U. v. den 11.	Cathr. Barbara † 1853 25 Apr.	Christian Clour Margretha Crocol	Georg Crocol u s. Ehefr., Michael Gutknecht, Cathr. Crocol geb. Albrechtin.

p. 179[31]

Jahr	Mon.	Kind	Eltern	Taufzeugen
1783 geb. get.	May den 1 den 4	Christina Barbara † 30 April 1845	Paul Gros Susanne Renaud	J. Pierre Durand, Anwald, Friedr. Renaud u ihre Weiber.
geb. get.	den 30 Juny den 4 July	Joh. Jakob	Danj. Marche Eva Sutterin	Danj. Marche u s. Frau, des Kinds GrosEltern, Hs Georg Buchleiter u s. Frau.
 geb. get.	Aug. den 24 den 26	Gertraut	M. Jak. Christ. von Gachnang Pfarrer, und Fr. A. Margr. Gnöpf.	Herr Joh. Jakob Sarasin HandelsMann und des Gerichts samt dessen Fr. Gertraut Battin und Jungfr A. Catharina Stikkelberger, Hl. Hofpred Stickelbergers Jgfr Tochter. alle von Basel. Des abwesenden Stelle vertraten Frau Pfarrer Meÿer zu Friedrichsthal und Hl. Pfarrer Eisenlohrs zu Eggenstein Fr. liebste.
1784 geb. get.	Febr. den 17 den 20	Cathrina Magdalena	H. George Durand, Anna Cathrina Höhnin	Christian Durand und seine Ehefrau Magr. Schönthaler M. J. C. von Gachnang Pfr. und s. Ehefrau A. Margr. Gnöpf.
 geb. get.	Marz den 27 den 28	Lucretia †	Christof Feÿrer, Cathrina Wurmin	Georg Dunkÿ, Lucrese Crocol geb. Renaud, J. Michel Bek und s. Frau

[31] Beginning with this page, I have not transcribed the time of birth, if given.

p. 180

Jahr	Monath	Kind	Eltern	Taufzeugen
1784 geb. get.	Aprill den 17 den 21	Joh. Felix	Georg Andreas Angelberger, Eufrosina Hängerin.	Felix Crocol, Michel Gulas, Cathrina Dunkÿ gebohren Bekin.
 geb. get.	Aug den 6 den 8	Cathrina †	Christian Durand, Magd. Margr. Schönthaler	Jakob Bek Bürger und Zimmermann u s. Frau, Henry George Durand Schuladjunctus und seine Frau.
geb. get.	den 29 den 30 Xbr.	Margaretha †	Balthasar Häfelein, Margaretha Crocol	Friedrich Weiss, Margaretha Schemp, diser leztern Stelle vertrat des Kindes Grosmuter M. B. Crocol, weil das Kind von Tag getaufet worden.
geb. getauft	den 29 Dec 1 Januar 1785	Anna Maria	Christian Clour Margr. Crocol	Michel Gutknecht, Georg Crocol und ihre Weiber. Katrina Albrechtin, des Kindes Grosmuter.
1785 geb. get.	Apr. den 7 den 10	J. Rudolf †	M. J. C. von Gachnang Pfr und Fr. A. Margr. Gnöpf.	Herr Joh. Rudolf de Gedeon Burckhardt im Kirchgarten samt dessen Fr. liebste eine gebohrne Rohner. Herr Joh. Heinrich Eplinger, Pfarrer im Mindern Basel. alle von Basel.

p. 181

Jahr	Monath	Kind	Eltern	Taufzeugen
1785				Der abwesenden Stelle vertraten: Herr Pfarrer Meÿer zu Friedrichsthal—Jgfr A. Kathrina Stikelberger und Herr Pfarrer Greiner zu Teutschneüreüth.
geb. get.	den 11 Jun den 12	Spurius. Joh. Jakob †	Muter: Margr. Bommer, ... Krausen. des abwesenden hiesigen Bürgers u Webers Ehefr.	Felix Crocol und s. ehefr.
		angegebener Vatter: Filipp Jgel Webergesell Jakob Jgel des gewesenen hiesigen beÿsizers Sohn.		
 geb. get.	July den 7 den 10	Maria Magdalena	Georg Martin Bek, Maria Dorothea Buchleiter	Hs Georg Buchleiter, Magdalena Lipphardtin, Hs Jakob Buchleiter, Rosina Rufin geb. Jllin.
 geb. get.	Octobr den 20 den 25	Andreas	Georg Dunkÿ Ref. Cathrina Bek. L.	Andreas Angelberger, Christof Feÿrer, und ihre Weiber, Elisabeth Greler geb. Dunkÿ.
1786 geb. get.	Jan. den 10 den 13	Lucretia	Paul Gros Susanne Renaud	Friedrich Renaud und seine Ehefrau, Christina Durand gebohrne Hornung.

p. 182

Jahr	Monath	Kind	Eltern	Taufzeugen
1786 geb. get.	Apr. den 2 den 5	Susanna Margreth †	H. George Durand, Schuladjunctus Cathrina Höhnin.	Christian Durand u s. Ehefrau Magd. Schönthaler, M. J. Christ. von Gachnang Pfarrer, u s. Ehefr. A. Margr. Gnöpf.
geb. get.	den 9 7^{br}. den 10	Barbara †	Christian Clour Anwald Margr. Crocol	Michael Gutknecht, Georg Crocol und ihre Weiber. Kathrina Albrechtin, des Kindes Grossmuter.
gebohren getauft	den 10 7^{br} den 17	Christian †	Christof Feÿrer Kathrina Wurmin	Felix Crocol und seine Ehefrau, Georg Dunkÿ, Susanna Saloma Armand weil Jak. Michel Beks interlassene Wittwe.
gebohren getauft	Novemb. den 5 den 10	Friderika	Christian Durand, Magdalena Margretha Schönthaler	Henry George Durand Schul Adjunctus, u seine Ehefrau C. Höhnin.
 gebohren getauft	Novembr. den 21 den 24	Catrina Barbara †	Michel Gutknecht, Cathrina Barb. Crocol	Christian Clour Anwald und s Ehefrau, Christof Feÿrer und Cathrina Feiler geb. Boeuf.

[no pp. 183-184]

p. 185

Jahr	Monath	Kind	Eltern	Taufzeugen
1787 geb. get.	Mart den 7 den 11	Johann†	J. Pierre Renaud Elis. Schlatterin	Friedr. Renaud u. s. Frau, Christian Buchleiter, A. Maria Bekin.
Apr. geb. geb.	Apr. den 13 um 10 ½ Uhr Nachts den 14 morgens um 4 ½ Uhr	Zwillinge Margretha Barbara † Joh. Martin †	Joh. Jakob Schemp Ev. Luth. Maria Ester Barrié Ev. Reform.	Joh. Jakob Glaser von Knielingen u seiner Ehefrau. Joh. Martin Buchleiter von hier und s. Ehefrau.
beÿde in hiesiger Ref Kirche getauften auf special Amtliche Erlaubnis den 14				
den 24. Sept 1787 wurde in T. Neüreüth geb. Magdalena. Vater: Jean Durand, ref. Br. dahier. Mutter: Elisabetha, geb. Schiroin. Ja fidem Extr. Rettig.				
 geb. get.	Novemb. den 24 den 27	Hs. Georg †	Joh. Heinrich Clour Ref., Kathrina Grossmännin.	Zacharias Boeuf u seine Ehefrau, Hs Georg Buchleiter, älter. Marggreth Krausin, geb. Bommer.
 gebohren getauft	Decemb. den 14 den 16	Christian †	David Meunier, Maria Kathrina Durand	Balthasar Häfelein und dessen Ehefrau.

p. 186

Jahr Monath	Kind	Eltern	Taufzeugen
1788 Januar gebohren den 1 im Haus getauft den 3	Jakob	Paul Gros Susanne Renaud	Heinrich (de Jean Jaques) Crocol, u sein Ehefrau Christina Hornung, Fridrich Renaud und seine Ehefrau Barb. Stammlerin.
Januar gebohren den 6 getauft den 9	Heinrich † 28 Septemb 1864	Heinrich (de Jean Jaques) Crocol, Christina Hornung	Filipp Hornung, Schulz in Friedrichsthal, Paul Gros, Friedrich Weiss, und ihre Weiber.
Mart. gebohren den 9 getauft den 10	Georg Jakob †	Christian Clour Anwald, Joh. Margretha Crocol	Georg Crocol, Michel Gutknecht u ihre Weiber, Kathrina Crocolin geb Albrechtin, des Kindes Grosmuter.
July gebohren den 4 getauft den 5	Christian †	J. Pierre Renaud, Elisabeth Schlatterin.	Christian Buchleiter, A. Maria Bekin.
Aug. geb. den 17 get. den 19	Spurius Christian †	Joh. Flanz, Soldat in Carlsruhe, von Becherbach Amts Naumburg auf dem Hundsrüken. gab sich selbst beÿ uns als Vatter an. Muter. Maria Margretha Gengenbachin von Huchenfeld beÿ Pforzheim.	Johan Franz Schmidt, von Ferzfeld, Oberamts Winterburg, auf dem Hundsrüken. Soldat. Ernestina Saliagerin, gebohrne Singin, von Karlsruhe.

p. 187

Jahr Monath	Kind	Eltern	Taufzeugen
1788 Novemb. gebohren den 18 getauft den 21	Christian † 7 Juni 1831	Georg Dunkÿ R. Cath. Bek. L.	Andr. Angelberger, Christof Feÿrer u ihre Weiber.
Dec. gebohren den 29 getauft den 1 Jan 1789	Margaretha	Henry George Durand, Schuladjunctus, Cathrina Höhnin.	David Racine u s. Frau Margreth Barrie, Magd. Durand geb. Schönthaler, J. Christof von Gachnang Pfr. u s. Ehefrau Margretha Gnöpfin.
1789 Aug. gebohren den 17 getauft den 20	Joh. Heinrich	Heinrich de Heinr Crocol, Rachel Buchleiterin.	Matthias Lichinger jünger, Jean Pierre de J. Jaques Gros u ihre Weiber.
X[br]. gebohren den 10 getauft den 13	Kathrina † 19 Apr 1833	J. Jak. Schemp, Esther Barrié	Jakob Glaser von Knielingen, Friedr. Hengst von Fridrichsthal und ihre Weiber.
X[br]. gebohren den 15 getauft den 17	Jean Pierre † 27 Mai 1861	Jean Pierre de J. Jaq. Gros, Anna Maria Crocol.	Jean Pierre de Jean Pierre Gros, Maria Magd. Crocol, Heinrich de Heinrich Crocol und seiner Ehefrau.
1790 Jan. geb. den 10 get. den 12	Joh. Heinrich †	Christian Clour, Anwald. Joh. Margretha Crocol.	George Crocol, Michel Gutknecht, und ihre Weiber. Kathrina Crocolin geb. Albrechtin des Kinds Grosmuter.

p. 188

Jahr Monath	Kind	Eltern	Taufzeugen
1790 Febr. geb. den 6 getauft den 7	Friedrich †1850	Jean Pierre Renaud, Elisabeth Schlatterin.	Friedrich Renaud, Felix Crocol, und ihre Weiber.
Merz gebohren den 8 getauft den 11	Filipp †28 Jan 1862	Heinrich de J. Jaq. Crocol, Christina Hornung.	Paul Groos, Friedrich Weiss, Filip Hornung, Schulz zu Frthal, und ihre Weiber.
August gebohren den 29 getauft den 31	Anna Margaretha †	M. J. Christof von Gachnang, und Frau A. Margaretha Gnöpfin, beide von Basel gebürtig.	Jfr. Hochwürden Herr Johann Rudolf Burkhart, u. Frau liebster A. Margretha Merenin, Herr Joh. Gnöpf u. s. Ehefrau, des Kinds Groseltern. Alle von Basel. Der abwesenden Stelle vertraten V. pl Rev. Herr Pfelereiner zu TeutschNereth u fr liebste.
Oct. den 31 geb. u gr.	Margaretha †	Michael Schemp, Margaretha Barrie.	Henry George Durand Schulmeister dahier, u. seine Ehefrau.
1791 Jan. gebohren den 17 getauft den [blank]	Johann Christian †	Danjel Marche, Eva Sutterin.	Jakob Gros, Christian Buchleiter, Marggreth Schempin, Magdalena geb. Schönthaler, weil Christian Durands hinterlassene Wittwe.

p. 189

Jahr Monath	Kind	Eltern	Taufzeugen
1791 Merz geb. den 16 get. den 20	Cathrina Barbara †8 Mai 1838	Michel Gutknecht, Cathrina Crocolin.	Christian Clour, Anwald, Christof Feÿrer, Tobias Feiler und ihre Weiber.
Apr. geb. den 5 get. den 7	Johannes †	Felix Crocol, Lukretia Renaud.	Andreas Angelberger, Jean Pierre Renaud, Johann Schemp, und ihre Weiber.
Sept. geb. den 25 get. den 27	Christina †	Georg Friedrich Willhelm Weiss, Rachel Durand.	Heinrich de Jean Jaques Crocol, Balthasar Häfelein, und ihre Weiber.
Nov. geb. den 27 get. den 29	Margr. Barbara †	Georg Friedrich Buchleiter, Marg. Barbara Poppin.	Jung Georg Buchleiter und seine Ehefrau, Christian Buchleiter und Joh. Dunkins Wittwe.
geb. den 15 get. den 18 Dec.	Barbara †	Christian Clour, Anwald, Joh. Margretha Crocolin.	Georg Crocol, Michel Gutknecht, und ihre Weiber.

p. 190

Jahr Monath	Kind	Eltern	Taufzeugen
1791 Dec. geb. den 22 get. den 26	Georg Heinrich †28 Februar 1866	Henry George Durand, Schulmeister, A. Kathrine Höhnin.	Michel Schemp u s. Frau, Georg Meÿer und Appolonia Drummin von Wörth, des abwesende Michel Schempins Stelle vertrat Balth. Häfelein.
1792 Jan. geb. den 7 get. den 9	Elisabeth †1857	J. Pierre Renaud, Elisabeth Schlatterin.	Felix Crocol und seine Ehefrau.
Januar geb. den 12 getauft den 15	Johann Danjel †	Danjel Dunkÿ, Friedrika Lipphartin.	Danjel Crocol von Muhlburg und seine Ehefrau, Joh. Martin Fromm von hier, Magdalena Rufin gebohrne Schönthalerin von hier.
Febr. geb. den 29 get. den 1 Merz	Johann Danjel †	Jean Danjel Bourdaillez, Maria Kathrine Manzin.	Georg Heinrich Durand, Susane Salome Tibaud nee Armand. Dises Kind ward morgens um 3 ½ Uhr im Haus getauft.
Apr. gebohren den 13 getauft den 17	Joh. Heinrich †	J. Pierre de J. Jaq. Gros, J. Marie Crocol.	Heinr. de Heinr. Crocol, Peter de Peter Gros u. ihre Weiber.

p. 191

Jahr Monath	Kind	Eltern	Taufzeugen
1792 May geb. den 18 getauft den 20	Maria Kathrina †26 Sept. 1867	Danj. Marche, Mar. Kathrina Buchleiterin.	Christof Schnürlein, Friedrich Marche, und ihre Weiber. Hs. Georg Ruf, Margretha Clourin des Anwalds Tochter.
Juny gebohren den 28 get. den 1 July	Maria Magdalena †	Jean Pierre de Jean Pierre Gros, Maria Magd. Crocolin.	Jean Pierre de J. Jaq. Gros, Balthasar Häfelein und ihre Weiber.
July gebohren und get. den 9	Spurius Heinrich †	Angegebener Vater Melchior Dumm, von Durlach, Mühlarz in der Rappenmühl, Muter † Marie Susane Crocolin weil Heinr Crocols Tochter.	Johann, de Hans Martin Buchleiter und Anna Maria Crocolin, des Kinds Oncle und Tante.
July gebohren den 27 get. den 29	Andreas †13 Dezember 1845	Andr. Dunkÿ, Kathrina Vortischin.	Hs. Adam Glenert u seine Frau, Christian Kern von Grezingen, Barbara Kernin von Grezingen.

p. 192

Jahr Monath	Kind	Eltern	Taufzeugen
1792 Aug. gebohren den 3 getauft den 6	Johann Danjel †	Heinr. de Heinrich Crocol, Rachel Buchleiter.	Jean Pierre de Jean Pierre Gros, Matthias Loschongr Jgr. u ihre Weiber.
Octob. gebohren den 27 getauft den 30	Johann Friedrich †	Joh. Friedr. Marche, Rebekka Durand	Danj. Marche u seine Frau. Heinrich Mounier. Susanna Rennaud.
Nov. gebohren den 28 getauft den 30	Maria Magdalena †1837	Henry de J. Jaq. Crocol, Christina Hornung.	Filipp Hornung, Schulz zu Friedrichsthal, Friedrich Weiss, Paul Gros und ihre Weiber.
1793 Jan. geb. den 7 get. den 11	Michel †	Michel Gulas, Sab. Cathr. Schneiderin.	Michel Joho, Andreas Angelberger u ihre Weiber.
Mart geb. dem 7 get. dem 8	Magdelena †16 Sbr. 1864	Michael Schemp, Magdalena Barrié	Henry George Durand hiesiger Schulmeister, Jakob Buchleiter und ihre Weiber.
Mart. gebohren den 19 getauft den 22	Maria Rebekka †28 Nov 1858	Joh. de Martin Buchleiter, Rebekka Crocolin.	Hs. Martin Buchleiter u. seine Ehefrau, Joh. de Hs Georg Buchleiter, Margaretha Zornin.

p. 193

Jahr Monath	Kind	Eltern	Taufzeugen
1793 Apr. gebohren den 10 get. den 14	Friedrich †	Christian Clour Anwald, Joh. Margr. Crocollin.	Georg Crocol, Michael Gutknecht und ihre Weiber.
Junius gebohren den 11 getauft den 14	Joh. Danjel †	Joh. Danjel Bourdaillez, Mar. Kathrina Manzin.	Henry George Durand, Schulmeister, Johan Tibaud und ihre Weiber.
Aug. gebohren den 8 getauft den 10	Joh. Jakob †1837	J. Pierre de J. Jaq. Gros, Anne Maria Crocolin.	Jean Pierre de J. Pierre Gros, Heinrich de Heinrich Crocol, und ihre Weiber.
Sept. geb. den 15 get. den 20	Margreth †	Jakob Gros, Margreth Schempin.	Balthasar Häfelin, Ernst Hornung von Friedrichsthal und ihre Weiber.
Oct. geb. den 23 get. den 27	Maria Magdalena †	Georg Friedrich Buchleiter, Margr. Barb. Poppin.	jung Georg Buchleiter, Schmidt und seine Frau, Christian Buchleiter Schuster.
1794 Jan. gebohren und getauft den 8	Barbara †25 März 1832	J. Pierre Renaud, Elisabeth Schlatterin.	Friedrich Renaud und seine Ehefrau.

p. 194

Jahr Monath	Kind	Eltern	Taufzeugen
1794 Apr. geb. den 4 get. den 5	Spurius Maria Josefa	angegebener Vater Simon Sch?otich[32] ein Rittmeister aus Gräh. Muter: Maria Josefa Meÿerin Josef Meÿers Wirths in Offenburg Tochter.	Jean Pierre Renau vertrat des Vaters Stelle David Greter und seine Frau, wie auch Jean Pierre Renauds Frau waren Taufzeugen.
Apr. geb. den 14, 1 U. morgens get. den 15	Georg Michael	Georg Michael Kuhn Bürger aus Wörth am Rehin Zweÿbrükisch Gebiets, Anna Eva Königin auch von Wörth. beÿde katholisch relig.	Georg Martin Pfirrmann von Wörth am Rhein gebürtig, Katharina Müllerin auch von Wörth.

[no pp. 195-202]

p. 203

Jahr Monath	Kind	Eltern	Taufzeugen
1794 Apr. geb. den 17 get. den 20	Kathrina	Michel Schemp, Magdalena Barrié.	Henr. George Durand Schulmeister, Jakob Buchleiter, Isak Friedr. Gorenflo von Friedrichsthal, u ihre Weiber.
Julius beg. den 10 get. den 13	Joh. Jakob †	Joh. Heinrich de Heinrich Crocol, Rachel Buchleiterin.	Jean Pierre de J. Pierre Gros, und s. Ehefrau, Susanna Crocolin geb. Marchin.
Novembris geb. den 6 get. den 8	Johann	Henry George Durand Schulmeister, A. Kathrina Höhnin.	Jean Danj. Bourdaillez, Anwald und dessen Ehefrau, Magdalena Barrie, Michel Schempens Ehefrau.
Nov. geb. den 8 get. den 12	Joh. Peter †	J. Pierre Gros, Mar. Magdalena Crocolin.	Jean Pierre de J. Jaq. Gros, Balthasar Häfelin und ihre Weiber.
1795 Januar get. den 26 get. eodem	Johann Georg	Joh. Adam Schöner von Wörth am Rhein, Barbara Rohrbacherin.	Georg Meÿer, Schuster von Wörth, Theresia Königin, geb. Kleferin Hebamm von Wörth.

[32] Original entry crossed out.

p. 204

Jahr Monath	Kind	Eltern	Taufzeugen
1795 Januar geb. den 27 get. den 29	Barbara †21 Dez 1865	Joh Martin Ruf, Magd Margretha Shönthalerin.	Danjel Schönthaler, Friedrich Schäfer und seine Frau. Alle von Friedrichsthal.
Febr. geb. den 3 get. den 6	Margaretha †3 Sept 1863	J. Jakob Gros, Margret Schempin.	Jean Pierre de J. Jaq. Gros, Balthaser Häfelin u. ihre Weiber. Johann de Georg Buchleiter, Susanna Marshin.
Apr. geb. den 24 get. den 26	Margr. Barbara	Georg Friedrich Willhelm Weiss, Rachel Durand.	Heinrich de J. Jaq. Crocol, Balthaser Häfelin u ihre Weiber.
May geb. den 8 get. den 10	Johann Jakob †	Heinr. de J. Jaq. Crocol, Christina Hornung.	Filipp Hornung und seine Ehefrau, von Friedrichsthal, Rachel Weiss geb. Crocolin, Paul Gros.
July geb. den 26 get. den 28	Katharina †31 Jan 1821	Friedrich Marche, Rebeqque Durandin.	Henry George Durand, Shulmeister u. s. Ehefrau, Heinrich David Mounier, Maria Margretha Buchleiterin, Joh. Danjel Marche u. s. Frau.

p. 205

Jahr Monath	Kind	Eltern	Taufzeugen
1795 Octobr. geb. den 27 get. den 30	Christina	Georg Martin Bek, Margr Dorothea Buchleiterin.	Hs. Georg Buchleiter, Jakob Buchleiter, und ihre Weiber. Magdalena Lipphartin.
Decemb. gebohren den 10 get. den 13	Susanna Margretha †	Johann de Martin Buchleiter, Rebekka Crocollin.	Johann de Georg Buchleiter, Hans Martin Buchleiter und ihre Weiber. Jgfr. Margr. Zornin.
1796 Jan. geb. den 11 get. eodem	Johann Danjel	Joh. Danj. Bourdaillez, Anwald, Maria Kathr. Manzin.	Henry George Durand Schulmeistr und seine Ehefrau, Christina Schnürlein.
Merz geb. den 12 get. den 15	Joh Jakob †5 Nov 1866	Joh Jakob Gros, Margaretha Schempin.	Jean Pierre de J. Jaques Gros, Balthasar Häfelin, Joh. de Hs Jorg Buchleiter, und ihre Weiber.
Merz geb. den 15 get. den 17	Elisabeth	Joh Durand von DeutschNeureuth, Elisabetha Durandin.	Friedrich Marche und seine Frau, Rosina Kathrina Rufin.

p. 206

Jahr Monath	Kind	Eltern	Taufzeugen
1796 Merz geb. den 19 get. den 21	Susanna Maria †	Jung Joh. Buchleiter, Susanna Marschin.	Joh. Jakob Gros, alt Joh. Buchleiter und seine Ehefrau.
July d 27 bat. d 28	Joseph Anton	Joseph Anton natif de Bochli dans le Normandie district de Bané Mere, A Marie Petri de Nanort après de Bale.	Jean Pierre de Jean Pierre Groos & sa femme.
Sept. geb. den 12 get. den 14	Christina †	Michel Schemp, Magdalena Barrié.	Heinr. Georg Durand Schulmeister, Jakob Buchleiter und ihre Weiber.
Sept. geb. den 17 get. den 18	Jakob †	J. Pierre Renaud, Elisabeth Schlatterin.	Friedrich Renaud u s. Frau.
Oct. geb. den 17 get. den 20	Johann Jakob †3 Mai 1870	Joh. Heinr. de Joh. Heinr Crocol, Rachel Buchleiterin.	Jean Pierre de J. Jaques Groos u seine Frau. Susanna Crocolin geb Marchin des Kinds' Grosmuter weil jung. Lischingers Wittwe.

p. 207

Jahr Monath	Kind	Eltern	Taufzeugen
1796 Oct. geb. den 26 get. den 28	Maria Margaretha †11 Nov. 1826	Jean Pierre de J. Pierre Gros, Magd. Crocolin.	Jean Pierre de J. Jaq. Gros, Balthasar Häfelin u. ihre Weiber.
Xbr. geb. den 8 get. den 11	Magdalena †	J. Jakob Buchleiter, Elisabeth Poppin.	Michel Schemp, Joh. Schemp, Martin Bek, auch ihre Weiber.
1797 Jan. geb. den 9 get. den 12	Heinrich †	Heinrich David Mounier, Joh. Margr. Clourin.	Danjel Marche, Friedrich Marche und ihre Weiber.
Febr. geb. den 9 get. den 12	Johann Friedrich †	Jean Pierre de J. Jaq. Gros, Susanna Renaud.	Jean Pierre de J. Pierre Gros, Friedr. Marche, Jean Jaques Gros, Heinrich de Heinr. Crocol und ihre Weiber.
Febr. geb. den 23 get. den 25	Maria Susanna †	Joh. Schemp, Mar. Susanna Grosin.	Felix Crocol, Jakob Buchleiter, J. Jakob Schemp, und ihre Weiber.
Aug. geb. den 18 get. eodem	Kathrina Barbara †	Heinrich de J. Jaques Crocol, Christina Hornung.	Filipp Hornung Schulz zu Friedrichsthal u s. Frau. Diser abwesenden Stelle vertrat J. Jaq. Crocol u s. Frau des Kindes GrosEltern. Georg Friedr. Wilhelm Weiss u seine Frau u. Paul Gros.

p. 208

Jahr Monath	Kind	Eltern	Taufzeugen
1797 Aug. geb. den 17 get. den 18	Christina †	Joh. Tibaud, Susanna Salomea Armand.	Christoph Feürer u seine Frau.
Aug. geb. den 16 get. den 20	Maria Kathrina †5 Aug 1862	Johann Mounier, Mar. Kathrina Feürerin.	jung Johann Durand und seine Frau, Jean Pierre Durand, Kathrina Huberin.
Sept. gebohren den 17 get. den 19	Johann Friedrich	Friedrich Marche Anwald, Rebekka Durand.	Jean Pierre Gros, Heinrich Mounier u seine Frau, Danjel Marche, jung Joh. Durand u. seine Frau, Margr. Buchleiterin.
Sept. geb. den 21 get. den 24	Maria Susanna	J. Jakob Gros, Margaretha Schempin.	Balthasar Häfelein, jung Joh. Buchleiter, J. Pierre de J. Jaques Gros u ihre Weiber.
Dec. geb. den 17 get. den 19	Maria Catharina †	Joh. Durand, Elisabetha Durandin.	Friedr. Marche Anwald, Joh. Mounier, und ihre Weiber.
1798 Jan. geb. den 1 get. den 3	Christina †13 Juni 1866	Danj. Marche, Mar. Kathrina Buchleiterin.	Friedrich Marche Anwald, Christoph Schnürlein u. ihre Weiber, Jgfr. Anna Kathrina von Gachnang.

p. 209

Jahr Monath	Kind	Eltern	Taufzeugen
1798 Febr. geb. den 10 get. den 13	Margaretha	Balthasar Häfelein, Jeanne Marie Durandin.	Peter Gros, Jakob Gros und s. Frau, Friedr Weiss u s Frau, Elisabetha Buchleiterin geb. Poppin.
Febr. geb. den 26 getauft den 1 Merz	Spurius Johann †	Muter: Christina Feilerin. Angegebener Vater: Joh Westenburger, ein Pfälzischer Soldat.	Taufzeugen: Heinrich Clour u seine Ehefrau.
Mart. geb. den 5 get. den 7	Christina †	Michel Schemp, Magd. Barrié.	Heinr Georg Durand, Schulmeister, Jakob Buchleiter, und ihre Weiber.
Merz geb. den 21 get. den 22	Spurius Friedrich †29 Dezember 1836	angegebener Vater: Josef Fetterlin, Pfälzischer Soldat. Muter: Joh Margr Crocollin, weil Christian Clour Anwalds hinterlassene Wittwe.	Georg Crocol und seine Ehefrau.

p. 210

Jahr Monath	Kind	Eltern	Taufzeugen
1798 Maÿ geb. den 11 get. den 13	Kathrina	Johannes Leüer von Berg beÿ Weissenberg cathol rel., Kathrina Zimmermännin von Ober?sen im Speÿrischen Ev. Luth.	1 Konrad Merz 2. Kathrina Feilerin.
Sept. geb. u getauft den 22	Jakob †	Heinr Georg Durand Schulmeister, A. Cathr. Höhnin.	Michel Schemp u dessen Ehefrau.

p. 211

Jahr Monath	Kind	Eltern	Taufzeugen
1798 Nov. geb. den 21 get. den 25	Johanna Margretha	Heinrich David Mounier, Johanna Margr. Clourin.	Friedrich Marche Anwald, jung Joh. Durand, Johannes Mounier und ihre Weiber.
Dec. geb. den 11 get. den 13	Magdalena †15 Aug 1862	Jean Pierre Renaud, Elisabeth Schlatterin.	Friedrich Renaud und seine Frau.
1799 Jan geb. den 9 get. den 13	Elisabeth †	Joh. Mounier, Mar. Kathr. Feÿrerin.	J. Pierre Durand u s. Frau, Joh. Durand, weil Veib Martins Wittwe, Heinr. Mounier
Jan. geb. den 14 get. den 17	Maria Magdalena †	Jean Pierre de J. P. Gros, Magd Crocollin.	Jean Pierre de J. Jaq. Gros, Balthasar Häfelin u ihre Weiber.
Febr. geb. den 3 get. den 6	Joh Friederich †14 Januar 1874	Heinr. de Heinr. Crocol, Rachel Buchleiterin.	1 Friedrich Gros, 2. Christina Durandin, 3,4. Christof Weinhart u. s. Frau.

p. 212

Jahr Monath	Kind	Eltern	Taufzeugen
1799 Apr. geb. den 23 get. den 28	Christian †	Andreas Dunkÿ, Kathrina Vortischin.	Georg Angelberger u s. Frau, Heinrich und Christian Kern von Grözingen und ihre Weiber.
Juny geb. den 1 get. den 4	Johann Georg †	Joh Georg Angelberger, Maria Magd geb Durandin.	Joh Peter de Jean Pierre Durand, Konrad Merz, Susanne Durandin, Kathrina Feilerin und Kathrina Dunkin geb Vortischin.
Juny geb. den 25 get. den 28	Johann †11 October 1843	Joh. Durand, Elis. Durandin.	Hl Anwald F Marche, Heinr Mounier, Joh Mounier, und ihre Weiber.
Aug. geb. den 28 get. den 29	Christian †	Christian Clour, Mar. Margaretha Buchleiterin.	Danj Marche und seine Frau.
Sept. geb. den 4 get. den 6	Spurius Filipp	Muter: Elisabetha Durandin, Jean Durands Tochter. angegebener Vater: Willhelm Stern von Eggenstein.	Joh Durand, des Kinds Oncle u s. Frau, Margaretha Bekin.

p. 213

Jahr Monath	Kind	Eltern	Taufzeugen
1799 Sept. geb. den 14 get. den 15	Elisabeth †	Michel Schemp, Magdalena Barrié.	Heinrich Georg Durand Schulm., J. Jak. Buchleiter u ihre Weiber.
Oct. geb. den 1 get. den 3	Rebekka †18 Sept. 1826.	Hl Anwald Fridr Marche, Rebekka Durandin.	Jean Pierre de Jean Jaques Gros, Danj. Marche, j. Joh Durand und ihre weiber.
Oct. geb. den 7 get. den 10	Johannes †	J. Pierre de J. Jaq. Gros, Susanne Renaud	1 Herr Anwald Friedr Marche, 2. Peter de J. Pierre Gros, 3. Jakob Gros des Vaters Bruder u ihre Weiber.
Oct. geb. den 9 get. den 12	Susanna †11 Apr. 1839.	Christof Ruff, Bernette Bousin R.	Michel Pfolb u s. Frau.
1800 April geb. den 29 get. den 2 Maÿ	Maria Susanna †9 Dez. 1874.	Jakob Gros, Margaretha Schempin.	Balthasar Häfelin, j. Joh. Buchleiter, Jean Pierre Gros, u ihre Weiber.

p. 214

Jahr Monath	Kind	Eltern	Taufzeugen
1800 May geb. den 31 get. den 2 Juny	Susanna Margretha	alt Johann Buchleiter, Rebekka Crocollin.	Wilhelm Mainzer von Teütschneureuth u. seine Frau, Jakob Adam von T. Neureuth u s. Frau. Des leztern Stell vertrat j. Joh Buchleiter.
Julÿ geb. den 25 get. den 27	Kathrina †1 Aug. 1865	Heinr Dav. Mounier, Joh. Margr Clourin.	Frd. Marche, Anwald, jung Joh Durand, Joh Mounier, und ihre Weiber.
Sept. geb. den 12 get. den 14	Magdelen a †20 Okt 1867.	Georg Angelberger, Magdalena Durandin.	Andreas Dunkÿ, Joh. Peter Durand, Konrad Merz, Kathrina Feilerin, Susanna Herlangin geb Durandin.
Sept. geb. den 28 get. den 30	Kathrina	Christof Heid, Margr. Barb Poppin.	Joh Mounier, j Khristof Feürer, Barbara Joho geb Bekin, Kathrina Müllerin.
Dec. geb. den 7 get. den 10	Joh Friedrich †	Joh Friedrich Gros, Christina Durandin.	Jung Heinrich Crocol und seine Frau, Jakob Feürer, Katharina Beroldin von Knielingen.

p. 215

Jahr Monath	Kind	Eltern	Taufzeugen
1800 Dec. geb. den 11 get. den 14	Margreth †30 April 1888.	Joh Mounier, Mar Kath Feürerin.	Christof Heid und s. Frau, J. Pierre Durand Schuster u s. Frau, Heinr David Meunier u. s Frau.
Dec. geb. und get. den 15	Marie Esther † Dises Kind war das zweÿte, von vieren, welche die Muter auf einmal gebohren hatte, das erste war ein todgebohrnes Mädchen, das drittes auch ein Mädchen, welches nur ¼ Stund gelebt. Das 4te ein todgebohrnes Söhnlein. Die Muter kam 11 Wochen vor der gewöhnl. Zeit nieder.	Joh Jakob Schemp, Maria Esther Barrié.	Weil die gewöhnlich Gevatters nicht konnten zusammen gerufen werden so sind auch keine Taufzeugen eingeschrieben, beÿ der Taufe waren aber zugegen Magd Barrié Michel Schempens' Frau, Margr Schempin Joh Jakob Grosens Frau des Kindes Tante, und Andreas Dunkins Frau. nebst der Hebamm
Dec. geb. den 21 get. den 25	Johann starb am 21 Mai 1806.	J. Heinrich Crocol, Rachel Buchleiterin.	Christof Weinhart, Friedrich Gros und ihre Weiber, Susanna Crocolin geb Marchin, des Kinds Grossmuter.

p. 216

Jahr Monath	Kind	Eltern	Taufzeugen
1801 Jan. geb. den 5 get. den 8	Maria Susanna obiit d. 19 April 1810.	j. Johann Buchleiter, M. Susanna Marchin.	Jakob Gros, alt Joh Buchleiter und ihre Weiber, j. Joh Peter Durand und s Braut Lucretia Buchleiterin.
Jan. geb. u getauft den 29	Margaretha ein 7 Monath Kind †	Heinrich Gros, Anna Margr Crocolin.	Paul Gros, Susanna Crocolin geb Marchin, des Kinds Groseltern, Susanna Schempin geb Grossin, des Kinds Tante.
Febr. geb. den 19 get. den 22	Johannes †7 Dez 1891.	Friedrich Marche, Anwald, Rebekka Durandin.	J. Pierre Gros, Heinr Mounier, Danj Marche, Joh. Durand und ihre Weiber.
Merz geb. den 21 get. den 22	Spurious Maria Christina	Muter: Margaretha geb. Bekin. Angegebene Vater: Andreas Ern, Kanonier[33] in Karlsruhe.	Taufzeugen: Johann Tibaud, Rosina Schneiderin.

p. 217

Jahr Monath	Kind	Eltern	Taufzeugen
1801 Apr geb. den 7 get. den 9	Magdalena †	Georg Friedrich Weiss & Rachel Durand.	j Heinrich Crocol, Balth. Häfelin, Michel Joho, und ihre Weiber.
May geb. den 24 get. den 25	Christian †10 Januar 1769.	Christian Clour, Margreth Buchleiterin.	Danjel Marche, Christof Weinhart, u ihre Weiber, Johann Clour, Barbara Grossin.
Juny geb. den 1 get. den 2	Danjel †16 Dez. 1860.	Danj. Marche, Kathrina Buchleiterin.	Herr Anwald Friedrich Marche, Christian Clour u ihre Weiber, w. Georg Rufens Wittwe.
Juny geb. den 12 get. den 14	Georg Fridrich	Andreas Dunkÿ, Kathrina Vortischin.	Heinrich und Christian Kern, des Frauens Brüder. Georg Angelberger, J. Pierre Durand Schuster u ihre Weiber.
July geb. den 22 get. den 26	Joh Jakob †3 Aug. 1849.	Peter de Jean Pierre Gros, Magdalena geb Crocolin.	Balthasar Häfelein, Jean Pierre de Jean Jaques Gros, und ihre Weiber.

[33] This is a guess.

p. 218

Taufregister vom Jahre
1801

Zeit der Geburt und Taufe	Namen der Kinder	Namen der Aeltern	Namen der Taufzeugen
13 Oct. get. 15 eiusd.	Philip obiit den 25. eiusd.	Johannes Durand und Elisabetha, eius uxor	Friedrich Marsche, Anwald dahier, Heinrich Müller von hier; Rebecca des erstere, und Marie Margaretha, geb. Klurin, des letztere Ehefrau.
12 Xbris get. den 15 eiusd.	Johann Heinrich	Heinrich Mounier, Margaretha Klurin, eius uxor	Friedrich Marsche Anwald; Johannes Durand; Joh. Mounier; Rebeka geb. Durand, des erstere; Elisabetha geb. Durand, des zweiter; und Katarina, des letztere Ehefrau; alle von hier.
# S. 219			
		1802	
23 Febr. get. den 26 eiusd.	Johannes obiit den 8 Merz eiusd. ai	Joh. Peter Durand und Lukrezia, eius uxor, eine geb. Buchleiterin.	Michel Joho, u seine Ehefrau Barbara, geb. Beckin; Jung Johannes Buchleiter, u. seine Ehefrau Susanna, geb. Marschin; Georg Angelberger und seine Ehefrau Magdalena eine gebohrne Durand.

p. 219

Taufregister vom Jahre
1802

Zeit der Geburt und Taufe	Namen der Kinder	Namen der Aeltern	Namen der Taufzeugen
9 Aprill get. den 11 eiusd.	Susanna obiit den 15 eiusd.	Jakob Schempp und Esther, geb. Barrié, eius uxor.	Joh. Schempp, u. seine Ehefrau Susanna geb. Groosin; Joh. Barrié und Katarina geb Gorenflo, eius uxor von Friedrichsthal, und Catarina Barbara geb. Kleinbeck von Knielingen, erstere sind von W. Neureuth.
26 Aprill getauft den 29 eiusd.	Johann Friedrich obiit den 4 Mai eiusd. anni.	Jean Pierre Groos, und Susanna Renaud, eius uxor	Peter Groos eine Ehefrau, Magdalena, eine geb. Crocol; Jakob Groos seine Ehefrau, Margaretha eine geb. Schemppin; des Anwalds, Friedrich Marsche, seine Ehefrau, geb. Durand; Catarina des Heinrich Klur Wittib, alle von W. Neureuth.
den 15 Februar geb u den 18 get.	Margeretha †13 März 1886 (Hebamme)	Heinrich Groos u. Margaretha Crocol.	1) Paul Groos Bürger dahier u seine Ehefrau Barbara, 2) Johannes Schempp, Bürger dahier u seine Ehefrau Susanna.

p. 220

Taufregister vom Jahre
1802

Zeit der Geburt und Taufe	Namen der Kinder	Namen der Aeltern	Namen der Taufzeugen
7 Mai getauft den 9 eiusd.	Johannes † in Paris den 21 October 1830.	Jakob Groos u. Margaretha geb. Schempp, eius uxor	Balthasar Häfele, und seine Ehefrau Anna Maria, geb. Durand; Jean Pierre Groos u. seine Ehefrau Susanna, geb. Renaud; Joh. Buchleiter, u. seine Ehefrau Susanna, geb. Marsche.
31 Mai get. den 2 Junÿ	Georg Jakob obiit den 7 März 1803.	Balth. Häfele, Kramer, und Anna Maria Durand, seine Ehefrau.	Peter Groos; Jakob Groos; Elisabetha, des Jakob Buchleiters Ehefrau; Rahel, des Georg Friedrich Weiss Ehefrau. Alle von hier.
den 23 Junÿ ward dem Friedrich Groos u. seiner Ehefrau Christina, geb. Durandin, ein Töchterlein geboren, und Christina getauft worden. Tester: Jacob Feÿrer und Heinrich Crocoll jun. samt deren Weiber, alle von hier. †7 Sept 66.			
geb. 24 Sept, getauft den 26	Margaretha †	Kristof Heid, gegenwärtiges Rosshirt dahier, luther. Conf., und Margaretha, geb. Poppin, des G. Fr. Buchleiters hinterlassene Wittwe, reform.	

p. 221

Taufregister vom Jahr
1802

Zeit der Geburt und Taufe	Namen der Kinder	Namen der Aeltern	Namen der Taufzeugen
6 Oct. getauft den 8 eiusd.	Susanna Katarina †18 Dec. 26	Johannes Buchleiter, lutherisches Conf., ein Schmiedt, und Maria Rebecca, reform. Conf., eius uxor	Jung Johannes Buchleiter von hier, Jakob Adam und Jung Wilhelm Mainzer, beide aus T. Neureuth. Frauen Susanna geb. Marsche—des erstere, Margaretha, des zweiten, und Katarina, des leztere Ehefrau.
28 Nov. get. den 30 eiusd.	Johann Peter †	Jean Pierre Durand, Bürger Schuhmacher dahier, und Katarina Klenert, eius uxor	Johann Müller und Andreas Dunki, Bürger u. Einwohner dahier; Katarina Feuerer, und Katarina Vortisch (von Grözingen gebürtig) des genannten Müllers und Andre Dunkis Ehefrauen.
geb. den 31 Decemb. 1802 getauft den 3 Jenner 1803	Philipp †24 Oct 1812.	Johann Durand, des Jean Durand von hier Ältester Sohn, und Elisabetha, gebohrne Durand, seine Ehefrau.	Friedrich Marsche, gegenwärtiger Anwald dahier; Heinrich Müller, Einwohner dahier; Rebeka, des erstere, und Margaretha Klurin, des zweitere Ehefrau.

die Fortsetzung siehe pag. 461

p. 222

Rolle

des Mariages qui ont été

Benis

Par Monsieur Le Pasteur Daniel

Lotier

Premier Ministre

De La Colonie lant à Mullbourg ou

Les Collonistes étoyent du Commencement qua

W. Neüreüt ou La Colonie s'etoit établie

dans La Suite Anno

1700

p. 223

1700 Avrill 11e.	Estienne Jean et Marie Pommerat Recurent dans L'Eglises de Mullbourg La Benediction Solonnelle de Leur Mariage, Par Monsr. Lotier Le Pasteur
1700	Daniel Maillet et [blank space] Recurent dans L'Eglises Knielinguen La Bennediction Solonelle de Leur Mariages par Mons. [blank space] Le Past
1700 Juillet 10e.	Jean Bonhomme Et Marie Veuve de Jaques Cheut Recurent La Benediction Sollonnelle de Mariage dans L'Eglises de Mullbourg par Monsr. Lotier Pasteur
1701 Fevrier 10e.	Jonas Imbert Droz et Françoises Roy Recurent dans L'Eglises Mullberg La Benediction de Mariage par Monsieur Daniel Lotier Nôtre Pasteur
1702 Jeanv. 5e.	Isaac Baraire Et Anne Marguerithe Raisin Recurent dans L'Eglises de Mullbourg La Benediction Solonnelle de leur Mariage par Monsr. Lotier Pasteur

p. 224

1702 Jullet 2e.	Jaques Marot Et Madelaine Maillet Recurent dans L'Eglises de Neüreüth La Benediction Solonnelle de Leur Mariage Par Monsr. Lotier Pasteur
1702 Avril 27e.	Pierre Guis Et Elisabet Prieur Recurent dans L'Eglises de Neüreüth La Benediction Solonnelle de Leur Mariage Par Monsr. Daniel Lotier Pasteur
1702 9bre 9e.	Michel Riviere Et Susanne Cauvet Recurent dans L'Eglises de Neüreüth La Benediction Solonnelle de Leur Mariage Par Monsr. Daniel Lotier Pasteur
	Samuel Colomb de la Religion Reformée Et Anne Barbe Kieffre de La Relligion Lutherienne Recurant dans L'Eglises de Knielingen La Bendiction Solonnelle de Leur Mariage Par Monsr. N. Pasteur

p. 225

1702	Hector Gontart Et Susanne Aymar Recurent dans L'Eglises de Müllbourg La Benediction Solonnelle de Leur Mariage Par Monsr. Daniel Lotier Nôtre Pasteur
1703 Avril 9^{e}.	Esttienne Seret Et Marguerithe Furet Recurent Dans L'Eglises de Neüreüth La Benediction Solonnelle de Leur Mariage Par Monsr. Daniel Lotier Nôtre Pasteur
1703 Juille 19^{e}.	Pierre Campredon Et Marie Moula Recurent dans L'Eglises de Kintlingue dans Le Würtenberg Par Monsr. Dumas Pasteur La Benediction de Leur Mariage
1703 8bre 17e.	Jean Ulric de Zurich Et Isabeau Loup aussi de Zurich, Recurent dans L'Eglises de Neüreüth La Benediction Solonelle de Leur Mariage Par Monsr. Lotier Pasteur

p. 226

1704 Mars 2e.	Renét Maillet Et Marguérite Chandion Recurent dans L'Eglises de Neüreüth La Benediction Solonnelle de Leur Mariage par Monsr. Lotier Nôtre Pasteur
1704 Mars 9e.	Abraham Erlang Et Jeanne Marie Gorentflor Habitans de Fridricthal Recurent dans L'Eglises de Neret La Benediction Solonnelle de Leur Mariage par Monsr. Lotier Pasteur
1705 Avril 13e.	Pierre Jean L'orange Et Elisabeth Tibaud Recurent dans L'Eglises de Neüreüth La Benediction Solonnelle de Leur Mariage Par Monsr. Daniel Lotier Nôtre Pasteur
1706 Maÿ 13e.	Jaques Barié de Fridricthal Et Jeanne Buyi Veuve de Jean Furet Recurent dans L'Eglises de Neüreüth La Benediction Solonnelle de Leur Mariage par Monsr. Lotier Pasteur

p. 227

1706 Juin 20e.	Jaques François Borle, Bourgois de Renan dans la Vallet de St. Time de L'Eveché de Basle, Et Barbe R____ Bourgoises de Will dans le Canton de Zurich Recurent dans L'Eglisés de Neüreüth La Benediction Solonnelle de Leur Mariage Par Monsr. Lotier Nôtre Pasteur.
1706 Juillet 4e.	Mathieu Coinaux Natif de Puis En Basse Guienne Province de France Et Jeanne D'arbre Veuve de Louis Goullet de Nimes en Languedoc Recurent dans L'Eglisés de Neüreüth La Benediction Solonnelle de Leur Mariage Par Monsr. Lotier Nôtre Pasteur.
1706 Octobre 6e.	Louis Le Maire, Et Louïses Le Sené Recurent dans L'Eglises de Neüreüth La Benediction de Leur Mariage Par Monsr. Lotier Nôtre Pasteur.

p. 228

1706 X^{bre} 5e.	Jean Renaud Et Susanna Vidal Recurent la Dans L'Eglises Neüreüth La Benediction Solonnelle de Leur Mariage Par Monsr. Loteir Nôtre Pasteur
1707 X^{bre} 11.	Claude Michelin Et Marguerithe Olive Recurent dans L'Eglises de Neüreüth La Benediction Solonnelle de Leur Mariage Par Monsr. Lotier Nôtre Pasteur
1708 Fevrier 25e.	Anthoine Besar Et Claudine Pecou Recurent dans L'Eglises de Neüreüth La Benediction Solonnelle de Leur Mariage Par Monsr. Lotier Nôtre Pasteur
1708 9bre 14e.	Jean Borel Et Marie Louans Habitans à Fridricthal, Recurent dans L'Eglises de Neüreüth La Benediction Solonnelle de Leur Mariage Par Monsr. Lotier Nôtre Pasteur

p. 229

1709 avril 21e.	Jean Pierre Giraud Natif de Champaux en Suisse apresent Bourgois à Friedricthal Et Anne [blank space] Recurent dans L'Eglises de Neüreüth La Benediction Solonnelle de Leur Mariage Par Monsr. Lotier Nôtre Pasteur
1710 X^{bre} 7e.	Jean Pierson Et Marguerite Chandion Veuve de Feu René Maillet Recurent dans L'Eglises de Neüreüth La Benediction Solonnelle de Leur Mariage Par Monsr. Lotier Nôtre Pasteur
1711 avril 27e.	Jean Pierre Racine Et Jeanne Marie Coucha Recurent dans L'Eglises de Neüreüth La Benediction de Leur Mariage Par Monsr. Lotier Nôtre Pasteur
1711 avril 27e.	Simond Galoües Et Barbe Dupré Recurent Dans L'Eglises de Neüreüth La Benediction Solonnelle de Leur Mariage Par Monsr. Lotier Nôtre Pasteur

p. 230

1711 Juillet 28e.	Frideric Munier Et Anne Marie Munier Recurent Dans L'Eglises de Neüreüth La Benediction Solonnelle de Leur Mariage Par Monsr. Lotier Nôtre Pasteur
1712 Juin 12e.	Simon Galois Veuf Et Anne Marie Loubri Veuve de David Bellet Recurent dans L'Eglises de Neüreüth La Benediction Solonnelle Par Monsr. Lotier Nôtre Pasteur
1712 Juin 26e.	Mathieu Gages Natif de Tournay en France Et Rosine Offenderst Veuve de Daniel Tinklé recurent dans L'Eglises de Neüreüth La Benediction solonnelle de Leur Mariage Par Monsr. Lotier Nôtre Pasteur

[no p. 231]

p. 232

Rolle

Des Mariages Qui ont été

Benis

Par Monsieur Le Pasteur

Louis Malherbe

Second

Ministre

Neüreüth Le 23 Octobre

1712

p. 233

1713 Jeanvr. 10e.	Jean Stotz Et Anne Furet Recurent dans L'Eglises de Neüreüth La Benediction Solonnelle de Leur Mariages Par Monsr. Malherbe Pasteur.
1715 Mars 15e.	François Louis Crocro Et Augustine Marguerithe Pansû Recurent dans L'Eglises Neüreüth La Benediction de Leur Mariages Par Monsieur Louis Malherbe Nottre Pasteur
1715 Avril 7e.	François Louis Le Sène Et Marguerte Olive Recurent dans L'Eglises de Neüreüth La Benediction Solonnelle de Leur Mariage
1715 Maÿ 9e.	Paul Le Sène Et Louisse Olive Recurent dans L'Eglises de Neüreüth La Benediction Solonnelle de Leur Mariage Par Monsr. Louis Malherbe Nôtre Pasteur

p. 234

1719 Avril 28e.	Jean Phillip Dubois Et Phillippine Stotz Recurent dans L'Eglises de Neüreüth La Benediction Solonnelle de Leur Mariages Par Monsr. Louis Malherbe Nôtre Pasteur
1720 Juin 30e.	Jacob Rotacker Et Anne Zwoll Recurent dans L'Eglises de Neüreüth La Benediction de Leur Mariage Par Monsr. Malherbe
1721 Fevrier 7e.	François Sauvage Refugié de Languedoc Et Simone Naudine Natives à Nimes Recurent dans L'Eglises de Neüreüth La Benediction Solonnelle de Leur Mariage Par Monsr. Aubry Pasteur à Fridrichthal

p. 236

Rolle
des Mariage qui été
Benis
Par Monsieur le pasteur
Jonas Icker
Troisieme
Ministre
Neureuth l'année
1721

p. 237

1722 Avrill 6e.	Henry Bectel de la Ville de Zurich Et Anne Dieterich de Brientz dans le Cantons de Berne Recurent dans L'Eglises de Neüreüth La Benediction Solonnelle de Leur Mariage Par Monsr. Icker Pasteur.
1722 Octobre 6e.	Louis Perret de la Ville de Berne Et Sophie Blauner de la ditte Ville, Recurent dans La Neüreüth La Benediction Solonnelle de Leur Mariage Par Monsr. Icker Pasteur.
1723 Jeanvr. 19e.	Jacob Henry Fraix Et Usterin N: Recurent dans L'Eglises de Neüreüth La Benediction Solonnelle de Leur Mariage Par Monsieur Jonas Icker Nôtre Pasteur.
1723 Juin 22.	Jean de Montpelliard Et Anne Marie Lachmairin Recurent dans L'Eglises de Neüreüth La Benediction Solonnelle de Leur Mariage Par Monsr. Icker.

p. 238

1723 Xbre 28e.	Jaques Guilliaume Thiery Et Marie Madelaine Gros Recurent dans L'Eglises de Neüreüth La Benedi Solonnelle de leur Mariage Par Monsr. Jonas Icker nôtre Pasteur
1724 Mars 14e.	Jean Conrad Bectel de Zurich en Suisse Et Anne Catherine Scheiterberg de Morat en Suisse Recurent dans L'Eglises de Neüreüth La Benediction Solonnelle de Leur Mariage Par Monsr. Jonas Icker nôtre Pasteur.
1725 Maÿ 8e.	Jean Louis Durand Et Marguerithe Ailliaud, d'Auerbac Recurent dans L'Eglises de Neüreüth La Benediction Solonnelle de Leur Mariage Par Monsr. Icker Nôtre Pasteur.

p. 239 [blank page]

p. 240

Rolle
Des Mariages ont Eté
Benis
Par Monsieur M. Le Pasteur
Jean Jaques Wolff
Quatrième
Ministre
Commencée A Neüreüth
1726

p. 241

1727 Mars 18e.	Jean Schantz Fils de Benedict Schantz Bourgois de Cette Colonie Et Anne Marie Schmid Fille de Jaques Schmid habitant dicy Mais il sont Suisse de Nations du Canton de Berne Recurent dans L'Eglises de Neüreüt La Benediction Solonnelle de Leur Mariage Par Monsr. Wolff Nôtre Pasteur
1727 Juin 3e.	Henry N. Sonnelier Et Valet de Cave de S.A.S. Et Maria N.N. Recurent dans L'Eglises de Neüreüth La Benediction Solonnelle de Leur Mariage Par Monsr. Wolff Nôtre Pasteur
1727 Xbre 4e.	Carl Hanibol Gallutchi, Italian Et Louise Cotta de Slouckard Recurent dans L'Eglises de Neüreüth La Benediction Solonnelle de Leur Mariage Par Monsr. Wolff Nôtre Pasteur

p. 242

1727 X^{bre} 30^{e}.	Isaac Crevesac Fils du feu François Crevesac Et de Rachel Colomb & Marguerithe Tibaut Fille du feu Tibaud Bourgois de ce lieu Recurent dans L'Eglises de Neüreüt La Benediction Solonnelle de Leur Mariage Par Monsr. Wolff Nôtre Pasteur.
1728 Mars 16^{e}.	Guilliaume Borle Habitans Et Veuf du Lieu Et Tourneur de sa Profession Et Barbe Schlaginhausen, Veuve Recurent dans L'Eglises de Neüreüt la Benediction Solonnelle de Leur Mariage Par Monsr. Wolff Nôtre Pasteur.
1728 8bre 26^{e}.	Jean Michel Lemblian Garçon Habitant de ce lieu Et Marie N. Recurent dans L'Eglises de Neüreüt La Benediction Solonnelle de Leur Mariage Par Monsr. Wolff Nôtre Pasteur.

p. 243

1729 Avril 19e.	Engelhard Weizel Natif de Lictenau dans le Pays de Hesse Et Jeanne Madelaine Stoudman Domstat du Paÿs de Hesse Darmstat, tous deux ètoit en Service à La Cour de S.A.S. Monseign Le Prince Hereditaire, Recurent dans L'Eglise de Neüreüth La Benediction Solonnelle de Leur Mariage Par Monsr. Wolff Pasteur
1730 Fevrier 21e.	Michel Rouvier Bourgois Et Veuf de ce lieu et Anne Marie Gèseau Fille du'un Bourgois de Fridrichthal Recurent dans L'Eglises de Neüreüth La Benediction Solonnelle de Leur Mariage Pasteur Wolff
1730 Aoust 22e.	Barthelemi Philippe de Wourmberg Et Marie Graillon Veuve d'un defunt Lemblain habitant d'ici Recurent dans L'Eglises de Neüreüth La Benediction Solonnelle de Leur Mariage Par Monsr. Wolff Nôtre Pasteur.

p. 244

1730 7bre 5e.	Jean Louis Durand Bourgois Et habi de ce Lieu Et Madelaine Borle Fille de Guilliaume Borle aussi dicy Recurent dans L'Eglises de Neüreüth La Benediction Solonnelle de Leur Mariage Par Monsr. Wolff Nôtre Pasteur
1731 Fevrier 13e.	Jean Cràmer Cordonnier de Fridericthal Et Barbe Hollwäger Fille du'un habitant du Village Allemand Recurent dans L'Eglises de Neüreüth La Benediction Solonnelle de Leur Mariages Par Monsr. Wolff Nôtre Pasteur
1731 Fevrier 13e.	Anthoine Helm Garçon Boutonnier de Hesse Cassel Et Marguerithe Barbe Detzner Fille du'un bas officier du Regiment de Dourlach Recurent dans L'Eglises de Neüreüth La Benediction Solonelle de Leur Mariage Par M^{r}. Wolff

p. 245

1731 Mars 6^{e}.	Daniel Marche Fils Et Rebecca Raissin Fille Elle est de Megenheim dans le Palantinat Recurent dans L'Eglises de Neüreüth La Benediction Solonnelle de Leur Mariage Par Monsr. Wolff Nôtre Pasteur
1731 May 1e.	Samuel Barraire Fils du Defunt Isaac Barraire Bourgois dicy Et Marguerite Deureux Fille de Abraham Désreux Bourgois de Fridricsthal Recurent dans L'Eglises de Neüreüth La Benediction Solonnelle de Leur Mariage Par Monsr. Wolff Pasteur
1731 9bre 6e.	Anthoine Hernaud Fils de la Paroisse de Durmentz Et Marie Madelaine Eppel File du'un Habitans d'icy de la Relligion Lutherienne Recurent dans L'Eglises de Neüreüth La Benediction Solonnelle de Leur Mariage Par Monsr. Wolff Nôtre Pasteur

p. 246

1731 9bre 27e.	Charles Brulas Maitre Cordonnier Et Veuf de CarolsRuhe Et ancien dans L'Eglises Reformée de la dite Ville Et Barbe Schmeltzer Fille du'un Bourgois de Lohr de la Religion Lutherienne Recurent dans L'Eglises de Neüreüth La Benediction Solonnelle de Leur Mariage Par Monsr. Wolff Pasteur
1732 Jeanv. 1e.	Jaques Dominique Crevesac Fils dicy Et Jeanne Poucau de Knittlingue dans le Wirtenberg Recurent dans L'Eglises de Neüreüth La Benediction Solonnelle de Leur Mariage Par Monsr. Wolff Pasteur
1733 7bre 22^{e}.	Zacherie Boeuf Bourgois Et Habitant d'Icy Et Catherine Bonnet Fille du feu Jean Bonnet aussi Bourgois d'Icy Recurent dans L'Eglises de Neüreüth La Benediction Solonnellle de Leur Mariage Par Monsr. Wolff Nôtre Pasteur

p. 247

1733 X^{bre} 29e.	Paul Renaud Veuf Et Habitans dicy Et Madelaine Borle Veuve de Jean Louis Durand Recurent dans L'Eglises de Neureuth La Benediction Solonnelle de Leur Mariage Par Mons'. Wolff Nôtre Pasteur
1734 Fevrier 23e.	Jean George Rothacker fils Legitime de feu Christ Rottacker Bourgois de ce Lieu Et Anne Marguerite Desreux Veuve du defunt Samuel Baraire Recurent dans L'Eglises de Neüreüth La Benediction Solonnelle de Leur Mariage Par Mons'. Stantz Pasteur à Fridricsthal.

p. 248

Rolle
Des Mariages qui ont Eté
Benis
Par Monsieur Le Pasteur
Stantz
Depuis Le Mois d'Octobre 1734 Jusques
au Mois d'aoust 1738 à Neüreüth
Ce dits Mons'. Stantz Etoit Pasteur à Fridricsthal

p. 249

1734 Octobre 10e.	Jaques Marot Bourgois et Veuf du Lieu & Anne Marie Caspard Fille Legitime de Feu Melchoir Caspard du Canton de Berne En Suisse Recurent dans L'Eglises de Neüreüth La Benediction Solonnelle de Leur Mariage Par Mons'. Stantz Pasteur.
1734 Novemb. 23e.	Barthelemy Gallandre Bourgois et Ancien de DürrenMüntz au Pays de Würtenberg après Sètre fait Bourgois d'icy et Lucresse Badevin Fille Legitime de feu Pierre Badevin, Recurent dans L'Eglises de Neüreüth La Benediction Solonnelle de Leur Mariage Par Mons'. Stantz Pasteur
1735 May 17.	Benedict Schantz Bourgois & Veuf de ce Lieu Et Anne Widmer Fille Legitime de feu Gabriel Widmer d'Elfingen du Canton de Berne En Suisse Recurent dans L'Eglises de Neüreüth La Benediction Solonnelle de Leur Mariage Par Mons'. Stantz

p. 250

1735 Juin 21e.	Paul Renaud Bourgois & Veuf de ce lieu Et Susanne Marguerithe Tibaud Veuve Recurent dans L'Eglises de Neüreüth La Benediction Solonnelle de Leur Mariage Par Mons'. Stantz
1736 8bre 9e.	Jean Pierre Gros Fils Legitime du feu Paul Gros & Marthe Alberge, Et Anne Schantz Fille Legitime d'Albrecht Schantz & de feu Barbe Griechin Recurent dans L'Eglises de Neüreüth La Benediction Solonnelle de Leur Mariage Par Mons'. Stantz Pasteur
1738 Jeanvier 21e.	Jean Düncklin Fils Legitime de feu Ulrich Dünchklin Bourgois de Rorbach du Canton de Zurich & Barbe Aymarc Fille Legitime de feu Claude Aymar d'Omaison dans le Quieras en Dauphine de la France & de Judith Blanc, Recurent dans L'Eglises de Neüreüth La Benediction Solonnelle de Leur Mariage Par Mons'. Stantz Pasteur à Fridricthal

p. 251

1738 Avrill 29e.	Charles Caubet Fils L'Egitime de Feu Pierre Caubet Maitre Tailleur & Homme de Chambre de S.A.S. Mad^{me} La Princess Douairiere de Dourlach Et de Simone Áudin, avec Susanne Cazabon Fille Legitime du Sieur Isaac Cazabon Bourgois de ce lieu Recurent dans L'Eglises de Neüreüth La Benediction Solonnelle de Leur Mariage par M'. Le Pasteur Stantz de Fridrichthal.

p. 252

Rolle
Des Mariages Qui ont été
Benis
Par Monsieur Le Pasteur
Benoit Rÿhiner
Sixième
Ministre
Commenccé À Neüreüth
1738

p. 253

1739 Juillet 30e.	Jean Frideric de Prosen Weiler & Büfsen dans L'elsass presentement Grenadier de Durlach Et Catherine Neüterdin de Steffel tous deux Catholique Recurent dans L'Eglises de Neüreüth La Benediction Solonnelle de Leur Mariage Par Monsr. Rÿhiner Nôtre Pasteur
1739 9bre 10^{e}.	Christian Clour Natif et Bourgois d'icy Et Marie Racine Fille Legitime de feu Jean Pierre Racine Bourgois d'Icy Recurent dans L'Eglises de Neüreuth La Benediction Solonnelle de Leur Mariage Par Monsr. Rÿhiner Nôtre Pasteur
1741 Mars 21e.	Samuel L'Orange Bourgois du Lieu et de Nôtre Religion Et Barbe Weinhard Recurent dans L'Eglises de Neüreüth La Sus Nómée est de la Religion Lutherienne La Benediction Solonnelle de Leur Mariage Par Monsr Rÿhiner Nôtre Pasteur

p. 254

1742 Febrier	Isaac Crevesac Bourgois Et Veuf du Lieu Et Marie Aymar Fille Legitime de feu Claude Aymarc Recurent dans L'Eglises de Neüreut La Benediction Solonnelle de Leur Mariage Par Monsr. Rÿhiner Nôtre Pasteur
1742 7bre 28^{e}.	Jean Racine Fils Legitime du feu Jan Pierre Racine Bourgois de ce lieu Et Susanne Cazabone, Veuve de Feu Charles Caubet Recurent dans L'Eglises de Neureut La Benediction Solonnelle de Leur Mariage Par Monsr. Ryhiner Nôtre Pasteur
1742 9bre 13^{e}.	Paul Durand Maitre d'Ecolles Et Fils du feu Jean Durand Et Anne Crocol Fille Legitime de François Louis Crocol Recurent dans L'Eglises de Neüreut La Benediction Solonnelle de Leur Mariage Par Monsr. Ryhiner Nôtre Pasteur

p. 255

1744 Avril 7^{e}.	Henry Charles Renaud Fils Legitime de Paul Renaud Et Judit Jean avec Susanne Racine Fille Legitime de Feu Pierre Racine Et Jeanne Marie Coucha, Recurent dans L'Eglises de Neüreüth La Benediction Solonnelle de Leur Mariage Par Monsieur Rÿhiner Nôtre Pasteur
1744 Avril 28^{e}.	Jeanne Monsieaux Veuve de Feu Jean Durand Maitre d'Ecole avec Daniel Lait de Beurre Veuf Recurent dans L'Eglises de Neüreüth La Benediction Solonnelle de Leur Mariage Par Monsr. Rÿhiner Nôtre Pasteur
1744 9bre 17^{e}.	Jean Düncklin Veuf Et Bourgois d'Icy avec Barbe Joho Fille Legitime de Marthin Joho Recurent dans L'eglises de Neüreüth La Benediction Solonelle de Leur Mariage Par Monsr. Rÿhiner Nôtre Pasteur

p. 256

1745 Jeanv^{r}. 5^{e}.	George Rothacker Veuf Et Bourgois du Lieu avec Catherine Barbe ZimmerMannin Recurent dans L'Eglises de Neüreüth La Benediction Solonnelle de Leur Mariage Par Monsr. Rÿhiner Nôtre Pasteur
1745 Maÿ 11^{e}.	David Munier Natif de La Colonie NeuHingstetten du Pays de Wirtenberg et Lucresse Badovin Veuve du feu Barthelemi Gallandre Recurent dans L'Eglises de Neüreüth La Benediction Solonnelle de Leur Mariage Par Monsr. Rÿhiner Nôtre Pasteur
1745 9bre 16^{e}.	Jean Pierre Durand Fils Legitime du feu Jean Durand Maitre D'Ecole avec Margueritte Rachel Racine fille Legitime de feu Jean Pierre Racine et de Marie Coucha Recurent dans L'Eglises de Neüreüth La Benediction Solonnelle de Leur Mariage Par M^{r}. Rÿhiner

p. 257

1746 Janv^{r}. 11^{e}.	Jean Crocol Fils Legitime de François Louis Crocol & de Augoustine Margerithe Pansû avec Verene Düncklin Fille Recurent dans L'Eglises de Neüreüth La Benediction Solonnelle de Leur Mariage Par Monsr. Rÿhiner Nôtre Pasteur
1746 Mars 15^{e}.	Isaac Servas Veuf avec Anne Marie Caspard Veuve Recurent dans L'Eglises de Neüreüth La Benediction Solonnelle de Leur Mariage Par Monsr. Rÿhiner Nôtre Pasteur
1747 Janv^{r}. 10^{e}.	Isaac Servas Veuf avec Maria Catherine Stollin Veuve de Martin Schnürlins de Neüenbourg aus Würtemberg Recurent dans L'Eglises de Neüreüth La Benediction Solonnelle de Leur Mariage Par Monsr. Rÿhiner Nôtre Pasteur
1747 Janv^{r}. 17^{e}.	Jean Salomon Durand Fils Legitime de feu Jean Durand Maitre d'Ecole Avec Elisabeth Schönthaler Fille Legime de Jean Daniel Schönthaler de Fridricthal Recurent dans L'Eglises de Neüreüth La Benediction Solonnelle de Leur Marie

p. 258

1747 Jeanv[r]. 24[e].	Fridric Jacob Durand Fils Legitime de feu Pierre Durand avec Anne Ester Crevesac Fille Legitime de Isaac Crevesac Bourgois de ce Lieu Recurent dans L'Eglises de Neüreüth La Benediction Solonnelle de Leur Mariage Par Monsr. Rÿhiner Nôtre Pasteur
1747 Jeanv[r]. 31[e].	Henry Clour Fils Legitime de feu Niclas Clour avec Anna Maria Rothacker Fille Legitime de feu Jacob Rothacker Recurent dans L'Eglises de Neüreüth La Benediction Solonnelle de Leur Mariage
1748 Janv[r]. 23[e].	Abraham Baraire Veuf & Bourgois de ce Lieu avec Salome Marcklin Fille Legitime du'un Bourgois de Rothenfluh en Suisse dans Le Canton de Basle Recurent dans L'Eglises de Neüreüth La Benediction Solonnelle de Leur Mariage Par M[r]. Rÿhiner

p. 259

1748 Jeanv[r]. 30[e].	Lorentz Schmid Fils avec Catherine Bonnet Veuve de feu Zacharie Boeuf Recurent dans L'Eglises de Neüreüth La Benediction Solonnelle de Leur Mariage Par Monsr. Rÿhiner Nôtre Pasteur
1750 Fevrier 17[e].	Jean Martin Buchleiter Fils du'un Habitant de Fridricthal Ce dit Buchleiter et de la Religion Lutherienne avec Anne Rachel Rouvier Fille Legitime de feu Michel Rouvier Bourgois de ce Lieu Recurent dans L'Eglises de Neüreüth La Benediction Solonnelle de Leur Mariage Par Monsr. Rÿhiner Nôtre Pasteur
1750 7bre 15[e].	Abraham Crocol Fils Legitime de François Louis Crocol Bourgois de ce lieu avec Charlotte Dorothe Rothacker Fille Legitime de feu Jacob Rothacker Le dit Pere estoit Lutherienne Recurent dans L'Eglises de Neüreüth La Benediction Solonnelle de Leur Mariage Par Monsr. Rÿhiner

p. 260

1751 Fevrier 23[e].	Pierre Bourdailler Veuf & Bourgois de ce Lieu avec Marie Aÿmar Veuve de feu Isaac Crevesac, Recurent dans L'Eglises de Neüreüth La Benediction Solonnelle de Leur Mariage Par Monsr. Rÿhiner Nôtre Pasteur

p. 261

Auf Gnädigste Fürstliche
Rerordnung

Ist dieses Steine Kirchen und Pfarrhauss Gebau angefangen worden zu bauen, den 16ten Aprill 1749 an welchem Tag das Fundement gegraben und abends um 5 uhr der erste Stein gelegt und darauf der erste Hammerstreich gethan worden, nebst einem derbeÿ gelegten Segen und Wunschsedul von M. Benedickt Rÿhiner damahliger Pfarrer zu Welsch NeüReüth
1749 den 1sten 9[bris] ist durch Gottes Gnad das Tach mit dem Thurn aufgerichtet worden
1751: ist es gar ausgebaues und unter Gottes Beÿstand dem 2ten Maÿ die Kirchen eingeweÿhes worden von M. Benedickt Rÿhiner, von Basel gebürtig, so damahlen noch Pfarrer dieser Christ Reformirten Kirchen gewesen, und dieser Herr Pfr. Rÿhiner ist auch derjenige, durch dessen ?[34] sorgfalt dieses gebau ist befördernt worden.

p. 262

Ihro Hochfürstliche Durchz.

nest dem Holtz und frohefuhren hat ferners aus Fürstlicher Gnade und milde darzu gesteüret	R150
Mehr das Marodische Legat darzu Anschenckent so gegen 600 R belauft	600
Auss der Schweitz hat man an Collecten bekommen 445 R daran Basel allein 308R	
Angeben Suma	445
Aus der Pfaltz angefehr	120
Suma	R1315

Ohne dass was an Collecten im Durlachischen gefallen vor diese Kirche

Herr Wolf ehemaliger Pfarrer hat die Glocken darzu verehrt, welche er aus dem Seinigen bezoll vor 88R

[34] Ink is smudged.

p. 263
Durch die hohe Gnade Sr Koniglichen Hoheit Grossherzogs Leopold wurde die Gemeinde von Welschneureuth vermogend, eine der Glockin, welche versgenugen ward, umgiessen zu lassen, miten er aus Seiner Handkasse fünfzig Gilder dazu=schoss. Sie wurde aufgehängt den 4ten August 1838 unter der Amtsführung des Friedrich Mulers, aus Wi? gebürtig. Welschneureuth den 2ten September 1838

Der Mildtätigkeit der hiesiger Bürgers Johann Christian Buchleiter und seiner Getrau Sibilla hatte die hiesige Gemeinde Welschneureut ab zu verdanken, dass eine Abendmahlskanne angeschafft worden, den eine Zweite mangelte, wegend Unvermögen der heiligen hieraus einem Bedürfniss abzuhelfen. Sie wurde zum erstemal gebraucht ? 1838. Pfarrverweser Maler.

Welschneureuth den ?[35] September 1838

p. 264

Mariages benits
par
Mons. Jean Jaques
Merian
7me Pasteur

p. 265

1751 Novemb. 23	Paul Henry Charles Renaud Fils legitime de Paul Renaud et de Judith Jean avec Augusta Marie Caroline Bruckerin eine Wittwe aus Klein CarlesRuh. Evang. Lutherischer Religion.
1752 Jan. 25	Abram Isaac Armand Fils legitime de David Armand et d'Anne Violette avec Elisabeth Schöntahler Veuve de feu Jean Solomon Durand.
1753 Sept. 7	Jean Crocol Bourgeois d'ici avec Catherine Anguelberguer. geb. Albrecht
1754 Ap. 2	Jacob Schönthaler von Friderichsthal Herrschaflicher Reitknecht und Maria Magdalena Storck von Carolsruh.
1755 Jul. 22	Jacob Friederich Bauman Evang. Lutherischer Bürger von hier und Salome Märcklin eine Evang. Reformierte Wittwe auch von hier.
1756 Oct. 10	Pierre Gros Bourgeois du Lieu und Anna Maria Haastin von Tübingen.
1757 Apr. 19	Jean Henry Crocol Fils legitime de feu Fr. Louis Crocol Justicier d'ici et Susanne Barbe Marche fille de Daniel Marche Anwald du Lieu.
1757 Oct. 25	Pierre Gros und Jgfr. Maria Margareth Zimman von Muhlburg.
eodem	Abraham Crocol Bourgeois du lieu und Jgfr. Maria Barbara Schanz von hier.

p. 266

1758 Febr. 7	Frederic Jaques Durand et Marie Eugene Schönthaler.

p. 267 [blank page]

p. 268

Mariages benits

par Monsieur Samuel Wettstein

8me Pasteur

[35] Probably is the 2ten like the previous entry.

p. 269

A° 1761

d. 7. Aprilis Jean Jaques Crocol, dess François Louis Crocol sel. nach Tode hinterlassener Sohn, mit Jeanne Marie Thierry, dess Guillaume Thierry, dess Anwaltes sel. Tochter.
d. 4. Augusti, Martin Neubomm, u. Magdalena Leuzin.
d. 10. Augusti, Johann Jakob Lössel, u. Augusta Katarina.
d. 6. 8^{bris}. Daniel Marche, dess jetziger Anwaltes Sohn, mit Susanne Gobêt.

A° 1762

d. 2. Martii, Daniel Schanz, dess Johannes Schanzen sel. Sohn, u. Estre Calendre.

A° 1763

d. 12. Aprilis, Paul Durand, der hiesige Schulmeister, mit Maria Elisabeta Grünnin.
d. 22. 9^{bris}. Jean Jaques Gros, mit Marie Lucréce Racine.

p. 270

Mariages benits
par
Jean Rodolphe Liechtenhan
9me Pasteur

p. 271

1765	fevr le 5.	Jean George Crocol fils legitime de feu François Louis Crocol & de Augustine Marguerithe Pansû mit Margaretha Barbara Bek Johan Jakob Beks Bürgers zu Welschneüreüth ehlich ledigen Tochter. Luth Rel.
	X^{bre} le 10.	Georg Andreas Angelberger weӱl. Andres Angelbergers nachgeblibner ehlich lediger Sohn mit Rosina Catharina Schnurlein weӱl. Johann Martin Schnurleins hinterlassner ehlich lediger Tochter luth. Religion.
1766	Avril le 15.	Daniel Bourdaillez fils legitime de feu Pierre Bourdaillez avec Jeane Susanne Thiery, fille legitime de feu Jaque Guillaume Thiery, Anwald.
1767	Mars le 17.	Jean Daniel Durand fils legitime de Jean Pierre Durand Ancien avec Rebeque Catherine Schantz fille legitime de feu Jean Schantz
	Avril le 28.	Zacharie Boeuf fils legitime de feu Zacharie Boeuf avec Marguerithe Christine Weinhart de l'Eglise lutherienne fille legitime de Jean Michel Weinhart. Jean Boeuf fils legitime de feu Zacharie Boeuf avec Marie Barbe Weinhart fille legitime de feu Jean George Weinhart. Tous Bourgeois d'ici.

p. 272

1768	le 11. 8bre	David Munier Veuf & Bourgeois d'ici avec Marie Catharine Durand fille legitime du Sieur Paul Durand Maitre d'Ecôle.
	le 29. 9bre	Michael Krantz aus dem Churpfalzischen mit Anna Maria --- Michael Kilpers gewesner hintersassen von hier nachgelasseren Wittib beӱd cath.
1769	fevr. le 7.	Paul Guillaume Gros fils legitime de Jean Pierre Gros avec Marie Susane Renaud fille legitime de Henri Charle Renaud Anwald.
	Aout le 22.	le Sieur Daniel Marche Veuf & Bourgeois d'ici avec Ana Maria weӱl. Felix Riedtmans eines Herrschaftl. Gartenknechts hinterlassnen ehl. ledigen Tochter.
1770	Janv. le 9.	Jean Durand fils legitime de feu Salomon Durand avec Elisabeth Girod de Fridrichsthal recurent la Benediction de leur mariage a Fridrichsthal.
	9bre le 23.	Christof Feӱrer Grenadier und Catharina Wurmin von Eschelbronn Maulbrunner Amt Permiso Sereniso

p. 275

1771	8bre le 8.	George Daniel Thiery fils legitime de feu Jaques Guillaume Thiery Anwald avec Ane Marie Elisabethe fille legitime de feu Matthieu Aubussier Bourgeois & Chapelier de Carlsrouhe
1773	Merz den 11	Christian Clour weÿl. Heinrich Clous hinterlassner Sohn mit Margaretha Jean Crocols Tochter.
	Julius den 23.	Henri Charles Renaud weÿl. Paul Henri Charles Renaud hinterlassner Sohn mit Eva Giraud von Fridrichsthal, wurden zu Fridrichsthal copuliert
†19. Dez 1829 1774	Febr. den 22.	Hans Georg Dunkin weÿl. Johannes Dunkin hinterlassner ehlich lediger Sohn mit Maria Catharina* Jakob Beken ehl. ledigen Tochter. *† 22 Sept 1818
1776	den 29. Janv.	Johann Friedrich Renaud und Barbara Stammler von Fridrichsthal.
	le 27. fev.	Jean Christian Durand fils legitime de Frederic Durand Bourgeois & Justicier avec Lucrece fille legitime de feu Abraham Isaac Armand Bourgeois de ce lieu.

p. 276

Mariages benits
par
Jaq. Christofle de Gachnang
10me. Pasteur

p. 277

Jahr	Monath	
1777	den 15 Aug.	Danjel Marche Ref von hier mit Eva Sutterin von Auen Ev. Luth. Rel., ex perm. seroniss. wurden zu CarlsRuhe in der Reformirten Kirche Copulirt.
	den 2 Sept.	Jean Pierre Durand, weiland Jean Pierre Durand des gewesenen Bürgers von hier hinterlassener ehelicher lediger Sohn Ref. Rel. mit Christina Hornung, Filipp Hornungs des Bürgers und Schneidermeisters zu Friedrichsthal ehelichen ledigen Tochter Reform. Rel. Wurden in Friedrichsthal Copulirt.
1778	den 24 April	Charle Renaud Bürger von hier, weil. henri charle Renaud gew. Anwalds mit Susanna Racine erzeügter ehel. lediger Sohn, mit Christina, weil. Adolf Jllen gew. hiesigen Hintersassen mit Rosina, einer geb. Erdtlerin erzeügten ehl ledigen Tochter Ev. Luth. Rel. ex perm Sereniss.

p. 278

Jahr	Monath	Personen so Copulirt worden
1778	den 11 Aug.	Henrÿ George Durand der Schul Adjunctus, Paul Durands des SchulMeisters ehelich lediger Sohn, mit Jeanne Marie Racine, weiland Jean Racine hinterlassener ehelich ledigen Tochter.
1779	den 8 Juny	Chretien Durand Wittwer, d'ici, mit Magdalena Margretha, weil Danjel Schönthalers, gew. Bürgers zu Friedrichsthal, hinterlassenen ehelich ledigen Tochter.
1780	den 8 Febr.	David Christian Racine, weiland Jean Racine des gewesenen hiesigen Bürgers, hinterlassener ehelich lediger Sohn, mit Margaretha Barrier, weiland Onophre Barrier des gewesen Bürgers zu Friedrichsthal hinterlassene ehel. led. Tochter. Wurden in Friedrichsthal Copulirt.

p. 279

Jahr	Monath	Personen so Copulirt worden
1780	den 15 Febr.	Johan Felix, weil Jean Crocol des gewesenen Bürgers allhier zurükgelassenen ehelich lediger Sohn; mit Lucretia, weiland Charle Renaud des gewesenen hiesigen Anwalds hinterlassene ehel. ledige Tochter.
	den 17 July	Jean Michel Goulas, weil Mattheiss Gulas gewesenen beÿsizers mit A. M. Rothakerin erzeügten Sohn Ev. Ref. mit Sabina Catharina Schneÿder, Joh Lorenz Schneÿders von hier mit A. M. Weissin erzeügten ehl. led. Tochter Ev. Luth. wurden in der Ref. Kirche zu CarlsRuhe copulirt. ex permiss Sereniss.
1783	den 13 May	Henry George Durand Wittwer und dahiesiger Schulmstr mit Anna Catharina, weil Heinrich Höhnin des gewesenen reform Schulmeisters zu Wörth, mit Sus. Margr. Ehrmannin erzeügten ehelich ledig Tochter wurden in Wörth copulirt.

p. 280

Jahr	Monath	Personen so Copulirt worden
1783	den 19 aug.	Georg Andreas Angelberger, dahiesiger Bürger und Wittwer, Ev. Reform, mit Eufrosina Hängerin von Wangen, Ev. Luth.
1786	den 4 Aprl	Jean Pierre Renaud, weil H. Charl. Renaud des gewesenen hiesigen Anwalds zurükgelass. ehel. led. Sohn, mit Elisabeth Schlatterin, weil S. Schlatters gewesenen Hintersassen zu Friedrichsthal hinterlassene ehel. led. Tochter. beide Ev. Reform.
1787	den 1 May	Jean Henry Crocol, J. Jaques Crocols mit Jeanne Marie Thiry erzeügten ehelich lediger Sohn, mit Christina gebohr. Hornung, Wittwe des verstorbenen hiesigen Anwalds J. Pierre Durand.
1788	den 26 Febr.	Danjel Dunkin, weil. Danj. Dunkins gewesen hiesigen Bürgers mit Barbara eine geb. Joho erzeügter ehel. lediger Sohn, mit Elisabetha Friderika Künstlerin, einer gebohrnen Lipphardtin.

p. 281

Jahr	Monath	Personen so Copul. worden
1788	den 25 Nov. †13 Jeunne 1830	Jean Henry Crocol, weil. Jean Henry Crocols gewesenen hiesigen Bürgers mit Susanne Barb. Marche ehelich erzeügter lediger Sohn, und Maria Rachel Buchleiterin, weil. Hs. Martin Buchleiters zu Neureuth mit Anna Rachel Rouvier erzeügte ehl. led. Tochter.
1789	den 10 März	Jean Pierre Gros, Jean Jaques Gros mit weil. Marie Lucretia, einer geb. Racine ehel. erzeügter ehelicher Sohn, und Ana Maria Crocollin, weil. Jean Henry Crocols gewesenen hiesigen Bürgers, mit Susanna Barbara geb. Marchin erzeügten zurükgelassene ehel. led. Tochter.
1790	den 16 Nov.	Jean Danjel Bourdaillez, Danj. Bourdaillez dahiesigen Bürgers und Aeltesten mit Jeanne Susana Thiery ehl. erzeügter lediger Sohn, mit Maria Catarina Manzin, Abraham Manz Bürgers zu Friedrichsthal mit Magdalena einer gebohrnen Heglerin, ehelich erzeügten ledigen Tochter.

p. 282

Jahr	Monath	Personen so Copulirt worden
1791	den 22 Febr.	Jean Pierre Groos weil Jean Pierre Gros gewesenen hiesigen Bürgers mit Margretha, geb. Zimmermännin von hier erzeügten ehel. led. Sohn, und Magdalena, Jean Jaques Crocol hiesigen Bürgers u Anciens mit Jeanne Marie Thyry erzeügte ehel. led. Tochter.
1791	den 29 Merz	Johann Thibaud, weil. Jean Philipp Thibaud gewesenen Bürgers zu Friedrichsthal, mit der ebenfalls verstorbenen Agnes Manzin erzeügter ehelich led. Sohn, mit Marie Susanne, Hs Georg Buchleiters hiesigen Bürgers und Hufschmidts, mit weil. Susane Margr. einer geb. Clourin ehelich erzeüg. led. Tochter.
	eodem	Jean Danjel Marche, Danj. Marche hiesigen Bürgers mit weil Susanne Gobet ehel. erz. led. Sohn, mit Marie Catherine, Hs Georg Buchleiters, hiesig. Bürgers u Hufschmidts mit weil Susanne Margr eine gebohrnen Clourin ehel. erz. led. Tochter.

p. 283

Jahr	Monath	Personen so Copulirt worden
1791	den 29 Nov.	Jean Jaques Groos, weil. J. Jaq. Gros, gewesenen hiesigen Bürgers mit Marie Lucrese Racine ehel. erzeügter led. Sohn, mit Margreth Schempin, weil Johannes Schempen, gew. hiesigen Bürgers und Webers mit Anne Margr. Paget ehel. erz. led. Tochter.
1792	den 10 Jan.	Jean Frederic Marche, weil Danj Marche mit weil Susanne Gobet ehel erz. lediger Sohn, mit Rebeqque Durand, weil. Danj. Durand mit weil. Rebeqque Schanzin ehel. erz. led. Tochter.
1792	den 5 Febr.	Johann Thibaud von hier mit Susanna Salome geb. Armand weil Jak. Michel Beks gewes. hies. Bürgers hinterlass. Wittwe.
1796	den 12 Jenn	Jean Pierre de Jean Jaques Gros, dahiesiger Bürger und Wittwer, mit Susanna, Friedrich Renaud, dahiesigen Bürgers mit Barbara Stammlerin erzeügten ehel. led. Tochter.

p. 284

Jahr	Monath	Personen so copulirt worden
1796	d 30 8br.	Henry David Mounier, David Mounier dahiesigen Bürgers u Strumpfwebers mit Maria Catherina geb Durandin ehel. erz. led Sohn, mit Johanna Margretha Clourin, weil Christian Clour gewesenen hiesigen Anwalds u Zimmermans mit Johanna Margretha geb. Crocolin ehel. erz. led Tochter. Mit Oberamtl Erlaubniss.
1797	d 10ten Merz	Johannes Mounier, David Mounier dahiesigen Bürgers u Strumpwebers mit Maria Catharina geb. Durandin ehel erzeügter lediger Sohn, mit Maria Catharina Feÿrerin, Christof Feÿrers mit M. Cathrina geb Wurmin ehelich erz. led. Tochter. Mit Oberamtl. Erlaubniss.
1797	d 29ten Aug.	Andreas Angelberger, Andreas Angelbergers dahiesigen Bürgers mit weil. Rosina, einer geb. Schnürlerin ehel. erzeügter led. Sohn, mit Margaretha Barbara Schmidtin, weil. Joh. Georg Schmidts, gewesenen heisigen Bürgers, mit Eva Margretha einer gebohrnen Bommerin ehel. erzeügten led. Tochter.

p. 285

Jahr	Monath	Personen so copulirt worden
1798	Febr d. 20ten	Christian Clour, w. Christian Clours mit Jeanne Margretha geb Crocollin ehel erz led Sohn, mit Maria Margaretha Buchleiterin, w. Hs Gerg Buchleiters mit weil Susanna Margr. geb Clourin ehel erz. led. Tochter.
	Merz den 13ten	Joh Georg Angelberger, Andreas Angelbergers mit ... Schnürlerin ehel erz. lediger Sohn, mit Maria Magdalena, weil Christian Durand mit Magd. Margr geb Schönthalerin ehel erz. led Tochter.
	Merz den 20 †14 Januar 1830	Jean Pierre Durand, weil Paul Durand, gewesenen heisigen Schulmeisters mit Maria Elisabetha einer geb. Grünin ehel. erz. led Sohn, mit Kathrina Elisabetha Klenertin weil Adam Klenerts mit Barbara geb Dunkin ehel erz. led Tochter.

p. 286

Jahr	Monath	Personen so Copulirt worden
1799	den 8ten Jenner	Christof Heid Ev. Luth Jakob Heiden, dahiesiegen Bürgers und Webers mit Margaretha, einer geb Heinzin, ehel erz led Sohn, mit Margretha einer geb. Poppin, weiland Georg Friedrich Buchleiters hinterlassner Wittwe. {Wurden auf Ersuchen des kranken Herren Pfarrers beÿ deütschNeureuth in unsere Kirch copuliert.}
	Oct d. 17ten	Paul Gros, daheisiger Bürger und Wittwer, mit Barbara geb Stammlerin, weil Friedr. Renaud hinterlass. Wittwe.
1800	Febr. den 18ten	Heinrich Gros Paul Willhelm Groos dahiesigen Bürgers und Gerichts Verwandten mit weil Susanna Renaud ehel erz led Sohn, mit Anna Margretha Crocolin, weil Heinr. Crocol gewes. hies. Bürgers mit Susanna Marchin ehel. erz. led. Tochter.

[no pp. 287-290]

p. 291

Jahr	Monat	Personen so kopulirt worden
1800	Febr. den 18tn	Joh. Friedrich Groos, Paul Wilhelm Groos dahiesiger Bürgers und Gerichts Verwandtin mit weiland Susanna Renaud ehel. erzeugter lediger Sohn; mit Kristina Durand, weiland Jean Pierre Durand, gewesenen hiesigen Bürgers und Anwalds mit Kristina Hornung erz. led. Tochter.
1801	Januar den 13tn	Joh. Peter Durand, weiland Jean Pierre Durand gewesenen dahiesigen Anwalds, mit Kristina, einer geb. Hornungin, ehl. erz. lediger Sohn, mit Lukrezia Buchleiterin, weiland Georg Buchleiters gewesenen hiesigen Bürgers und Schmidtmeisters, mit weil. Susanna, einer geb. Clourin ehl. erzeugten ledigen Tochter.

p. 292

Jahr	Monat	Personen so copuliret worden
1801	December den 15ten	Jakob Feÿerer, das gegenwärtigen Kirchenvorstehers, Kristof Feÿerer's dahier mit seiner Ehefrau Catarina Wurmim von Eschelbronn, erzeugter ehel. led. Sohn mit Maria Catarina, des Georg Adam Berold von Knielingen mit seiner Ehefrau Barbara, geb. Ermelerin ehelig erzeugten ledigen Tochter.

p. 293

Verzeichniss
derjenigen Personen, die von
mir Fr. L. Rettig, p. t. Pfarrer
dahier seit dem Antritt meines Amtes
am 16. Mai 1802. sind getraut worden

Verzeichniss der Copulirten
im Jahre 1802

In diesem Jahre wurde kein einzige Paar in des reformirten Gemeinde copuliret.

p. 294

Verzeichniss
der Copulirten im Jahre 1803.

Dienstag den 29. März wurde Philipp Heinrich Sutter, gebürtig von Eppingen, dermahliger reformirter Schuladjunkt dahier, Sohn des weiland Joh. Michaël Sutter's, 2[t] Schullehrer's und Glockner's in gedachtem Eppingen und Sophia Catarina Weberin, eius uxoris, mit
Catarina Magdalena Durand, ehl Tochter des Georg Heinrich Durand, gegenwärtigen reformirten Schullehrer's dahier und Anna Catarina Höhnin von Wörth more solito copuliret.

Sonntag den 26. Junius wurde in der hiesigen Kirche Herr Wilhelm Reinhard, geheimer Sekretarius, Sohn des Herr Maximilian Wilhelm Reinhard, Kurfürstlich Badischen geheimen Raths zu Karlsruhe und Frau Jakobina, geb. Pastert, eius uxoris, mit
Jungfr Amalia des Herrn geheimer Raths Emanuel Meier zu Karlsruhe und Frau Wilhel

p. 295

Verzeichniss
der Copulirten im Jahre 1803.

helmina, geb. Malerin, eius uxoris, eheligen ledigen Tochter copulirt.

Samstags den 4ten December wurde nach der Kirche, ohne vorhergegangene Proklamation – weil die Braut schon um die Hälfte schwanger war – Joh. Peter Durand dermahlige Mousquetier, des Johannes Durand von hier mit seiner Ehefrau Elisabetha, geb. Giroin, erzeugter ehel Sohn mit Katarina Barbara Clourin weil. Christian Clour, gewesenen Anwalds dahier mit seiner Ehefrau Margaretha geb. Krokollin, erzeugter ehl Tochter more solito copuliret.

Verzeichniss
der
Copulirten im Jahre 1804.

Dienstags den 17[t] Jenner wurde Jakob Dunke, des Joh. Georg Dunke's Gerichtsmanns dahier, mit seiner Ehefrau Maria geb. Beckin erzeugter ehl lediger Sohn mit Christina Barbara Groos, des Paul Groos dahier u. Susanna Renaud ehl ledig.

p. 296

Verzeichniss der
Copulirten im Jahre 1804.

Tochter more solito copuliert.

Dienstags den 13. März wurde Johann Michael Clour, ein angehender Bürger und Zimmermeister, Christian Clour's, gewesenen Anwalds dahier, mit Johanna Margaretha, gebohrnen Crocoll, ehel. erzeugter lediger Sohn, mit Katarina Raupin von Rintheim, weiland Jacob Raups, gewesenen Bürger's daselbst mit Eva Elisabetha gebohrnen Palmerin, ehelich erzeugten ledigen Tochter more solito copuliret.

Sonntags den 17. Junius wurde Johannes Tibaud, Bürger und Wittwer dahier mit Johanna Margaretha, geb. Crocollin, weiland Anwald Clouren Wittib dahier more solito copuliret.

NB. Auf der nächstfolgenden Seite wird das Eintragen der Getrauten und ehelich eingesegneten nach dem Vorherrschafts und reform Rathsregen vorgeschreibenen Formular pro 1805 angefangen.

p. 297

Im Jahr Christi 1805 wurde in hiesiger Pfarrei W. Neureuth getraut und ehelich eingesegnet

7. Aprill	Peter hiesiger Bürger und Wittwer, 40 Jahre alt und Margaretha des weil. Jakob Friedrich Meinzer, Bürgers zu Teutsch=Neureuth seit seiner Ehefrau Eva, geb. Nugelin, ehel. erzeugte ledige Tochter, alt 25. Jahr	Groos Meinzerin
1. Sept.	Jakob des weiland Daniel Marche's, Anwalds dahier, und Eva Sutterin ehl. Sohn, 23 J. alt und Dorothea, geb. des weiland Jakob Stolz Schäfers im T. Neureuth mit seiner Ehefrau Rosina Katarina, geb. Schmidtin, ehl. Tochter, alt 25. Jahre.	Marche Stolzin

p. 298

Im Jahr Christi 1805 wurde in hiesiger Pfarrei W. Neureuth getraut und ehelich eingesegnet

24. Sept.	Christian des alt Jean Durand mit seiner Ehefrau Elisabetha, geb. Schiroin ehel. erzeugter Sohn, alt 23 ½ Jahr mit Margaritha Tochter des weiland Jakob Beck und Susanna Solome Armand, seiner Ehefrau.	Durand Beckin
	1806	
21. Sept.	Peter des Paul Grossen, Bürger und Gerichtsmann dahier, mit seiner Ehefrau Susanna, geb. Renaud, ehel. erzeugter Sohn, alt 25. Jahre mit Anna Maria des weiland Christian Clour, Bürgers und Einwohners dahier, mit seiner Ehefrau Margaretha, geb. Crocolin, ehel. erzeugten Tochter.	Gros Clour

p. 299

Im Jahr Christi 1806 wurde in hiesiger Pfarrei W. Neureuth getraut u. ehelich eingesegnet

26. Oct. Andreas — Dunke
des Joh. Georg Duncke, Bürgers und Gerichts Manns dahier, mit seiner Ehefrau Catarina, geb. Beckin, ehel. erzeugter Sohn, alt 21. Jahre

mit

Lucretia — Groos
des Paul Groos, Bürger's u Gerichtsmann daheir mit seiner ersten Ehefrau Susanna, geb. Renaud, ehel. erzeugten Tochter.

1807

29ten Sept. Carl — Boeuf
des weiland Johannes Boeuf dahier mit Anna Maria, einer gebohrner Weinhartin ehel. erzeugter lediger Sohn, alt 27. Jahre

mit

Anna Maria Marsche, des weiland Daniel Marsche, gewesenen Bürgers u. Anwalds dahier mit Maria Eva, einer gebohrner Sutterin von Au bei Durlach ehel. erzeugten lediger Tochter.

p. 300

Im Jahr Christi 1808 wurde in hiesiger Pfarrei W. Neureuth getraut und ehelich eingesegnet

8ten März Jakob Friedrich — Häfele
des Balthasar Häfele, gegenwärtigen Ev. luther. Bürgermeisters und Kirchenvorstehers mit seiner 1t Ehefrau Johanna Margaretha Crocol ehel. erzeugter lediger Sohn, alt 25. Jahre

mit

Elisabetha — Pfründer
des Jacob Pfründers, Bürgers und Einwohners zu Eppingen mit Anna Elisabetha, geb. Schweder, ehel. erzeugten ledigen Tochter.

15ten März Karl Jacob — Hattich
des Georg Adam Hattich's zu Grünenwettersbach und Eva Kristina Jakobina, geb. Gerhardtin, ehel. erzeugter lediger Sohn, 40. Jahre alt

mit

Lukrezia — Crocolin
geb. Renaud, hinterlassene Wittwe von weil. Felix Crocol dahier.

p. 301

Unter der Bedienung des Pfarrers Gaa wurden folgend Personen getraut.

Im Jahr 1808 wurde in hiesiger Pfarreÿ
Welsch Neureuth getraut u ehlich eingesegnet

4ten Oct. Georg — Marche
Unterofficier bey den grosshl. Garnisons Regiment in Warburg
des weyland Georg Marche, Bürgers dahier ehl. led. Sohn

mit

Katherina — Seufertin
von Hochstätten gebürtig u. an luth. Rel.

p. 302

Im Jahr 1809 wurde in der hiesiger Pharreÿ W. Neureuth getraut u. ehelich eingesegnet

7ten Merz	Johann des Jean Pierre Renaud, Bergers dahier u. ref. Rel. u. Elisabethe einer geb. Schlatterin, ehelich erzeugter lediger Sohn, ebenfalls ref. mit Margarethe Catherine, des weiland Johannes Feiler B. u. Webermeisters dahier u. Salome, einer geb. Halberin, ehelich erzeugte ledige Tochter, luth. Rel.	Renaud
7ten Nov.	Jean Pierre Bürger u. Wittwer dahier mit Eva Christina Herlan, weyland David Herlans gewesener Schulteisser in Friedrichsthal mit weyl. Ester, einer gebohrnen Herlan ehelich erzeugter lediger Tochter, beyde reform. Religion.	Gross

[no pp. 303-321]

p. 322

Rolle

Des Personnes Qui Sont Morte
&
Enterrée dans La Cimetières Lutherienne
de
Muhlbourg

Du tems

de Mons. Le Pasteur

Daniel Lotier

Depuis Le Mois de Novembre
1699
Jusqu'a ce aux d'Aoust 1700

p. 323

1699

Mort Novemb. 2e Enterré Nov. 2	Daniel Bonard Cordonnier de Proffesion. Agée de 60 Ans & fut Enteres Dans La ditte Cimitière
Morte X[bre] 14e. 1699 Enterré le 15e.	Une Fille à Nicolas Patron Elle est Morte avant davoir Eté Battisés & fut Selon La Coutume
Mort Jeanv 26e. 1700 Enterré le 27e.	Un Garçon à Jean Coti agée de 15 Mois Et fut Selon La Coutume
Morte 1700 Enterré Fevrier 2e.	Une Fille à Jean Lortion Agées Environs Deux Années & Fut Enterré Selon La Coutume
Mort 1700 Enterré Fevrier 28e.	La Veuve de Feu Pierre Ponset Agées De 60 Années & fut Selon La Coutume

p. 324

Mort	Un Garçon a Isaac Definaud Agées
1700	De 15 années & Fut
Enterrée Mars 15e.	Selon La Coutume
Morte	La Femme de Isaac Definaud Agées
1700	De 55 années & Fut
Enterré Mars 18e.	Selon La Coutume
Mort	Anthoine de L'Arigaldie agées de
1700	[blank] années & Fut
Enterré Mars 18e.	Selon La Coutume
Morte	La Femme de Pierre Campredon
1700	Agées 40 année & Fut
Enterré Mars 21e.	Selon La cCoutume
Mort	Le Petit Garçon de La Femme de Hectort
1700	Gontart agées de [blank] année & Fut
Enterrée Avril 1e.	Selon La Coutume

p. 325

Mort	Isaac Definaud et agées de [blank] années
1700	& fut
Enterré Avril 5e.	Selon La Coutume
Morte	Une Fille a La Veuve de feu Anthoine
1700	Delarigaldie agées de [blank] années
Enterrée Avril 23e.	Selon La Coutume
Morte	La Femme de Hectort Gontart agées
1700	De [blank] & Fut
Enterré Maÿ 25e.	Selon La Coutume
Morte	La Feme de Bernard Colcol Agées
1700	De 30 ans & Fut
Enterré Avril 18e.	Selon La Coutume
Morte	La Veuve d'Antoine Delarigaldie agées
1700	De [blank] années
Enterré Aoust 10e.	Selon La Coutume

p. 326

Mort	Un Petit Enfant à Pierre Brun
1700	Agées de 18 Mois & Fut
Enterré Aoust 10e.	Selon La Coutume

[no p. 327]

p. 328

Rolle

Des Personnes Qui Sont Morte
&
Enterré dans La Cimetière Luthérienne

Du Vilage Allemand Neüreüth

Aux temps de Monsieur

Daniel Lotier

Premier

Ministre

1700

p. 329

Mort 1700 Enterré aoust 10e.	Nicolas Fils de Jaques Durand Agées de [blank] années & Fut Selon La Coutume
Morte 1700 Enterré 7bre 12e.	Un Enfant à Jean Pierre Saunier Agées de [blank] année & Fut Selon La Coutume
Morte 1701 Enterré aoust 14e.	Une Fille à Anthoinne Olive agées De 12 années & Fut Enterré Selon La Coutume
Mort 7bre 7e. 1701 Enterré Le 8e.	François Salleés Natif de Fortunas En Vivarets agée de [blank] année Selon La Coutume
Morte Mars 31e. 1702 Enterré avril 1e.	Jeanne Martine Natives de Genges En Languedoc agées de [blank] annés & Fut Selon La Coutume

p. 330

Morte avril 17e. 1702 Enterré Le 4e.	La Femme de Pierre Caubet Talier De Son Altesse Madame & Fut Selon La Coutume
Morte Maÿ 5e. 1702 Enterré Le 7e.	La Femme du Sr. Daniel Perret Gentil Agées de [blank] années & Fut Morte & a Mulbourg dans Leur Cimitière
Morte 1702 Enterré 7bre 6e.	Une Fille Nammée Madelaine a Jean Coti agée de un ans Selon La Coutume
Morte 1702 Enterré 7bre 6e.	Anna Sare Fille de Jeaques Durand Agée de [blank] années & Fut Enterré Selon La Coutume
Morte 7bre 20e. 1702 Enterré 7bre 21e.	Vinceant Brun Natif de la Motte Bailliage d'Yverdon en Suisse agées de [blank] année Selon La Coutume

p. 331

Morte	La Fille de Samuel Marche agées de
1702	[blank] années & Fut
Enterré 8bre 20e.	Selon La Coutume
Morte	à Grötzingen Jean Caubet Natif de Cleirac
1703	En Guiene agées de [blank] années & Fut
Enterré Jeanv. 12e.	à Neüreüth Selon La Coutume
Morte Jeanv 17e.	Ellie Fils de Moÿse Baumians agées
1703	De [blank] années & Fut
Enterré Le 18e.	Selon La Coutume
Morte Jeanv. 31e.	Marie Tereze Fille De François
1703	Prefontene Metre Celier, agées de [blank] anées
Enterré Fevrier 1e.	Selon La Coutume
Morte Fevrier 2e.	Anne Vilco Veuve de Feu Jean Prevo
1703	Bourgois de Hanau agée de [blank] année & Fut
Enterré Le 3e.	Selon La Coutume

p. 332

Mort Jeanv. 17e.	Ellie Fils de Moÿse Baumiant Bourgois
1703	d'icy. il estoit agées de [blank] anées & Fut
Enterré Le 18e.	Selon La Coutume
Morte Mars 16e.	Isabau Du Seré Feme Du S. Renéz
1703	Maillet & agées de [blank] années & Fut
Enterré Mars 17e.	Selon La Coutume
Mort Avril 26e.	Claude Pecou un Suisse agées de
1703	[blank] année & Fut
Enterré Le 27e.	Selon La Coutume
Morte Juin 29e.	Marie Catherine Guÿ agées de 19 Jours
1703	& Fut
Enterré Le 30e.	Selon La Coutume
Morte 7bre 16e.	Anne Beson Veuve de feu Pierre Pommerat
1703	Agées de [blank] années & Fut enterré
Enterré Le 17e.	Selon La Coutume

p. 333

Mort X^{bre} 13e.	Nicolas Roy agées de [blank] années
1703	& Fut
Enterré Le 14e.	Selon La Coutume
Morte X^{bre} 25e.	Un Enfant à Jean Ulric de Zurich agées de
1703	[blank] années & Fut
Enterré Le 26e.	Selon La Coutume
Morte Mars 18e.	Susanne Crevesac Fille de François
1704	Crevesac & de Rachel Colomb & agées de 3 ans & 4 mois
Enterré Le 18e. dit	Selon ---
Morte avril 11e.	Pierre Crevesac Fils de François Crevesac
1704	& de Rachel Colomb & agées de 7 mois
Enterré Le 11e. dit	
Morte avril 27e.	Marguerithe Marau Fille de Jaques
1704	Marau & de Madelaine Maillet agée de 16. Jour
Enterré avril 28e.	

p. 334

Morte Maÿ 3e. 1704 Enterré Le 4e.	Madelaine Lutera Veuve de defunt Jean Chandion agées de [blank] années & Fut Selon La Coutume
Morte Juillet 7e. 1704 Enterré Le 8e.	Marie Jeanne Fille de Jean Pierre Tibaud & de Eve Colomb agées de [blank] années Selon La Coutume
Morte Juillet 24e. 1704 Enterré Le dit Jour	Un Enfant à Michel Rouvier & Susanne Caubet & Fut
Morte aoust 8e. 1704 Enterré Le 9e.	Catherine Coutty Fille de Jean Coutty & de Jeanne Balane & Fut Selon La Coutume
Morte aoust 15e. 1704 Enterré aoust 15e.	Deux Enfans à René Maillet & De Marguerithe Chandion & Furent gar Ils Sont Mort Dabord En Venant au Monde

p. 335

Morte aoust 15e. 1704 Enterré Le dit Jour	Une Fille à Abraham Dubois agées de [blank] années & Fut Selon La Coutume
Morte 7bre 30e. 1704 Enterré Le dit	Un Enfant à Jaques Beau âgée de [blank] année & Fut Selon La Coutume
Morte 8bre 2e. 1704 Enterré Le 3e.	Catherine Alberge agées de [blank] années & Furent Selon La Coutume
Mort 9bre 26e. 1704 Enterré Le 27e.	Jean chandion agées de [blank] années & Fut Selon La Coutume
Mort Mars 4e. 1705 Enterrez Le dit Jour	Un Enfant à Jean Pierre Voiron Et Fut gar cest Enfant & mort dabord En Tenant aux Monde

p. 336

Morte Mars 25e. 1705 Enterré Le 26e. dit	Une Fille Jaques Durand agées de 2 années & Fut Selon La Coutume
Morte 8bre 5e. 1705 Enterér	La Femme du'un Tambour Laqu'elle a Eté Enterré au pres du'un chemin Mais En Suitte on La hauté de la et Visité Par ordre de S.A.S. – aprés cella Elle a Eté Enterré dans La Cimetière
Mort avrill 14e. 1706 Enterré Le 15 dit	Un Enfant à Pierre Rouge agées de 7 ans & Fut Selon La Coutume
Mort Maÿ 1e. 1706 Enterré	Un Enfant a Barbe Rieck née Allemande & Fut Selon La Coutume

p. 337

Morte Juillet 27e. 1706 Enterré Le 28e.	Un Enfant à Claude Aymar agées de Trois Mois & Fut Selon La Coutume
Morte 7bre 3e. 1706 Enterré Le 4e. dit	Isabau Balif Veuve de feu Pryeur & Fut Selon La Coutume
Morte 9bre 28e. 1706 Enterré Le 29e.	Marie Madelaine Guy Fille de Pierre Guy & d'Isabeau Pryeur agées de 28 mois Selon La Coutume
Mort Fevrier 18e. 1707 Enterré Le 20e.	Jean Pierre Tibaud à Neuf Heures du Soir & Fut Selon La Coutume
Morte 7bre 12e. 1707 Enterré Le 13e. par	La Femme d'Anthoinne Olive agées de [blank] années & Fut Selon La Coutume

p. 338

Morte 7bre 20e. 1707 Enterré Le 21e.	André Marche Fils de Samuel Marche & Fut Selon La Coutume
Morte [blank] 1707 Enterré Le 21e.	Un Enfant à Claude Aymarc agées de [blank] années & Fut Enterré Selon La Coutume
Mort Jeanv. 1e. 1708 Enterré Le 2e.	Un Enfant à François Generoux agées de [blank] années & Fut Selon La Coutume
Morte Jeanv. 21e. 1708 Enterré Le 22e.	Un Enfant à Jaques Marau agées de [blank] années & Fut Selon La Coutume
Mort Fevrier 25e. 1708 Enterré Le 25e.	Marc Maillet agées de 28 années & Fut Selon La Coutume

p. 339

Mort Mars 4e. 1708 Enterré Le 5e.	Un Enfant à Claude Aymar agées de 3 années & Fut Selon La Coutume
Mort Mars 29e. 1708 Enterré Le 30e.	Pierre Pansû agées de 67 années & Fut Selon La Coutume
Mort Avril 5e. 1708 Enterré Le 6e.	Renée Maillet agées de 52 années & Fut Enterré Selon La Coutume
Mort 7bre 8e. 1708 Enterré Le 9e.	Un Enfant à François Crevesac agées de onze Mois Selon La Coutume
Mort 7bre 9e. 1708 Enterré Le 10e.	Un enfant à Jean Pierre Saunier agées d'unne années & Fut Selon La Coutume

p. 340

Mort 8bre 3e.	Jean Pierre Saunier agées de 60 ans
1708	& Fut Enterré
Enterré Le 4e.	Selon La Coutume
Mort 9bre 21e.	Anthoine Olive de Provence agées
1708	de [blank] années & Fut
Enterré Le 22e.	Selon La Coutume
Mort X^{bre} 14e.	Un Enfant Aux S^{r}. Jean Calmée Nommes
1708	Abraham agées de 14 Mois
Enterré Le 15e.	Selon La Coutume
Mort Fevr. 5e.	Madelaine Maillet Femme de Jaques
1709	Marau agées de 24 années & Fut
Enterré Le 6e.	Selon La Coutume
Mort Aoust 6e.	François Granger agées de [blank] année
1709	& Fut
Enterré Le 7e.	Selon La Coutume

p. 341

Mort 9bre 14e.	Un Enfant à André Targe agées
1709	de [blank] Mois & Fut en
Enterré Le 15e.	Selon La Coutume
Mort 9bre 25e.	Un Enfant à la Veuve Tibaud agées
1709	de [blank] années & Fut
Enterré Le 26e.	Selon La Coutume
Morte 9bre 26e.	Marie N. Femme de S^{r}. André Targe
1709	Agées de [blank] années & Fut
Enterré Le 27e.	Selon La Coutume
Morte X^{bre} 3e.	Jeanne Balane Femme de Jean Coutty
1709	Agées de [blank] années & Fut
Enterré Le 4e.	Selon La Coutume
Mort Jeanv. 6e.	Daniel Calmée Fils de Jean Calmée
1710	& de Susanne Jacob & agées de 4 mois & Fut
Enterré Le 7e.	Selon La Coutume

p. 342

Morte Fevrier 17e.	Marie Aymar Native du Village
1710	Des Maisson Paroisse Dervie en Dauphine
Enterré Le 18e.	Selon La Coutume
Mort Mars 6e.	Jaques Delarigardie Orphelin agées
1710	de [blank] années & fut
Enterré Le 7e.	Selon La Coutume
Morte Mars 17e.	Susanne Elisabeth Fille de Matias
1710	Gage agées de [blank] années
Enterré Le 18e.	Selon La Coutume
Morte avril 13e.	Catherine Marguerite Fille de
1710	Jaques Durand & agées de 26 mois
Enterré Le 14e.	Selon La Coutume
Mort avril 30e.	Mathieax Coineau Natif de Pas en
1710	Base Guiere & Furent
Enterrée Maÿ 1e.	Selon La Coutume

p. 343

Morte Maÿ 10e. 1710 Enterré Le 11e.	Une Fille à Claude Aymarc agées du un ans & Fut Selon La Coutume
Morte Maÿ 28e. 1710 Enterré Maÿ 29e.	Jeanne D'arbré Veuve de Feu Mathieu Coinau & Fut Selon La Coutume
Mort Aoust 21e. 1710 Enterré Le 22e.	Un Enfant à Jaques Beau agées De 3 Semaines & Fut Selon La Coutume
Morte 7bre 26e. 1710 Enterré Le 27e.	Jeanne Marmilot Femme de S^{r}. Pierre Maillet agées de 60 années Selon La Coutume
Mort 8bre 18e. 1710 Enterrée Le 19e.	M^{r}. Marc Apotiquaire à Mulhbourg Et Fut à Mulhbourg

p. 344

Mort X^{bre} 22e. 1710 Enterré Le 23e.	Un Enfant à Jaques Marau agées De 4 ans & Fut Selon La Coutume
Mort X^{bre} 28e. 1710 Enterré Le 29e.	Jean Estohs Fils de Loreland agées De 12 années & Fut Selon La Coutume
Morte Fevr. 3e. 1711 Enterré Le 4e.	Louisse Marguerithe Fille de François Generoux agées de 8 années & Fut Selon La Coutume
Mort Maÿ 9e. 1711 Enterré Le 10e.	André Esthos Fils de Loreland agées De 7 années & Fut Selon La Coutume
Mort Maÿ 15e. 1711 Enterré Le 16e.	François Generoux Bourgois de Morges En Suisse agées de 50 années & Fut Selon La Coutume

p. 345

Morte Maÿ 21e. 1711 Enterrée Le 22e.	Anne Esther Fille de Loreland agées de Six Années & Fut Selon La Coutume
Mort Juin 27e. 1711 Enterré Le 28e.	Un Enfant à Mathieu Gaies agées de un Jour & Fut Selon La Coutume
Morte Juillet 8e. 1711 Enterrée Le 9e.	Anne Offemen Femes de Mathieux Gages & Fut Selon La Coutume
Mort Juillet 14e. 1711 Enterré Le 15e.	Jean Henry Wagner de Veimister du Paÿs de Veilbourg & Fut Selon La Coutume
Mort Juillet 20e. 1711 Enterrée Le 21e.	Un Homme du Paÿs de Suabe Qui demandoit Son Pain & Fut Selon La Coutume

p. 346

Morte Aoust 16e.	Un Enfant à Jean Calmée Namée
1711	Susanne Jacobine agées de Six Semaines
Enterré Le 17e.	Selon La Coutume
Morte Aoust 31e.	Une Fille à Jean Stohs Oberländer
1711	Agées de 3 années Et Fut
Enterrée Le 1e.	Septembre et Selon La Coutume
Morte 7bre 2e.	Une Fille à Jean Stoller agées de
1711	2 années & Fut
Enterré Le 3e.	Selon La Coutume
Morte 7bre 24e.	Anne Barbe Dupré Femme de
1711	Simond Galoües et Fut
Enterré Le 25e.	Selon La Coutume
Morte 8bre 2e.	Marie Coutty Femme du S^{r}. Jean
1711	Caubet agées de Vingt années
Enterré Le 3e.	Selon La Coutume

p. 347

Morte 9bre 9e.	Anne Käffer Veuve de Jean Quech
1711	Agées de [blank] années & Fut
Enterré Le 10e.	Selon La Coutume
Mort Fevrier 16e.	Un Enfant à Pierre Voiron agées
1712	du'un Jour & fut
Enterré Le 17e.	Selon La Coutume
Mort Mars 13e.	David Bellet agées de [blank] années
1712	& Fut Enterré
Enterré Le 14e.	Selon La Coutume
Mort avril 12e.	Un Enfant à Mathieux Gages
1712	agées de 3 années & 6 mois & Fut
Enterré Le 13e.	Selon La Coutume
Morte Juin 8e.	Marie Flamant Veuve de feu Isaac
1712	Pierson & Fut
Enterré Le 9e.	Selon La Coutume

p. 348

Mort Juillet 23e.	Marie Chewendh Veuve de defuunt
1712	François Generoux & Fut
Enterré Le 24e.	Selon La Coutume
Morte Aoust 17e.	La Femme de Jean Stoths Oberlander
1712	& Fut
Enterré Le 18v	Selon La Coutume
Morte 7bre 7e.	Une Petite Fille à Claude Michelin
1712	& Fut Enterré
Enterré Le 8e.	Selon La Coutume

Jeu Suivent Ceux Qui ont été Enterré
Pendant Le tems donet il ne avoit
Point de Pasteur dans Cette Collonnie

pp. 349-351 [blank pages]

p. 352

Rolle
Des Perssonnes Qui Sont Morte
&
Enterré Dans La Cimetiere
Lutherrienne
Du Village Allemand Neüreüth
Aux temps de Monsieur
Louis Malherbe
Second
Ministre
1712

p. 353

Morte 9bre 14e. 1712 Enterré Le 15e.	Anne Kequel Femme de François Louis Le Sène & Fut Selon La Coutume
Mort X^{bre} 5e. 1712 Enterré Le 6e.	Un Enfant à Defu'unt Claude Michel & Fut Selon La Coutume
Mort X^{bre} 9e. 1712 Enterré Le 10e.	Un Enfant à Anthoine Bézar & Fut Enterré Selon La Coutume
Morte Jeanv. 6e. 1713 Enterré Le 7e.	Une Fille agées de 19 années à Jean Stoths Oberläder Selon La Coutume
Mort Jeanv. 16e. 1713 Enterré Le 17e.	Un Garçon ches Mathieux Gaus Le quel Démandoit Son Pain Selon La Coutume

p. 354

Mort Jeanv. 29e. 1713 Enterré Le 31e.	Marie Moula Femme de Pierre Campredon agées de [blank] années & Fut Selon La Coutume
Mort Jeanv. 30e. 1713 Enterré Le 31e.	Un Enfant à François Boyer agées de 3 Jour & Fut Selon La Coutume
Jeanv. 31e. 1713 Enterré Le dit Jour	Et Venu Mort aux Monde un Enfant à Samuel Marche & Fut
Mort Jeanv. 31e. 1713 Enterré Fevrier 1e.	Un Enfant François Boyer Agées de 4 Jour & fut Selon La Coutume
Mort Mars 2e. 1713 Enterré Le 3e.	S^{r}. Pierre Maillet Nôtre Regent Ecolles Et Fut Selon La Coutume

p. 355

Morte avril 1e. 1713 Enterré Le 2e.	Marguerithe Maro Fille Jaques Maro agées de [blank] années & Fut Selon La Coutume
Mort Maÿ 18e. 1713 Enterré Le 19e.	Jean Nicolas Fils d'Abraham Dubois agées de [blank] années & Fut Selon La Coutume
Mort Juin 10e. 1713 Enterré Le 11e.	Samuel Marche agées de [blank] années & Fut Selon La Coutume
Morte Juillet 1e. 1713 Enterré Le 2e.	Helizabet Fille d'Abraham Dubois agées de [blank] années & Fut Selon La Coutume
Morte Xbre 4e. 1713 Enterré Le 5e.	Madelaine Fille d'Abraham Dubois agées de [blank] années & Fut Selon La Coutume

p. 356

Morte Juin 7e. 1715 Enterré Le 8e.	Susanne Jacob Femme du Sr. Jean Calmet agées de [blank] années & Fut Selon La Coutume
Morte Juin 14e. 1715 Enterré Le 15e.	Susanne Charlotte Fille de Jean Calmet agées de Jour Selon La Coutume
Mort Maÿ 5e. 1717 Enterré Le 7e.	Pierre Caubet agées de années & Fut Selon La Coutume
Mort Fevr. 15e. 1719 Enterré Le 17e.	Jean Pierre Voiron agées de années & Fut Enterrée Selon La Coutume
Mort Maÿ 20e. 1720 Enterré Le 21e.	Jean André Fils de Jean Bonnet Agées de 4 années & Fut Selon La Coutume

p. 357

Mort Jeanv. 25e. 1721 Enterré Le 26e.	Charle Lemblin agées de [blank] années & Fut Selon La Coutume

p. 358

Rolle
Des Perssonnes Qui Sont Morte
&
Enterré dans La Cimétieré
Lutherrienne
Du Village Allemand de Neüreüth
Aux temps de Monsieur
Jonas Icker
Troissième
Ministre
1721

p. 359

Mort May 6e.	Estienne Borel agées de
1721	& Fut
Enterré Le 7e.	Selon La Coutume
Morte Aoust 7e.	Jeanne Marie Fille de Pierre
1721	Durand agées de [blank] années
Enterré Le 8e.	Selon La Coutume
Mort 7bre 8e.	Un Enfant à Nicolas Clour
1721	agées de Six Semaine
Enterré Le 9e.	Selon La Coutume
Mort Janv. 28e.	Abraham David Michel Dubois
1722	Fils de Philip Dubois
Enterré Le 29e.	Selon La Coutume
Mort Mars 15e.	Simon Galloirai agées de
1722	& Fut
Enterré Le 17e.	Selon La Coutume

p. 360

Morte Fevrier 18e.	Marguerithe Montet agées
17[blank]	& Fut
Enterré Le 19e.	Selon La Coutume
Mort avril	Le Feme de David Armand agées de
1723	[blank] années & Fut
Enterré	Selon La Coutume
Morte Aoust 23e.	Anne Madelaine Durand agées
1723	de années & Fut
Enterré Le 24e.	Selon La Coutume
Morte Aoust 26e.	Anne Elisabeth Dubois Fille de
1724	Philip Dubois
Enterré Le 27e.	Selon La Coutume
Mort X^{bre} 28e.	Nicolas Clour agées de
1724	& Fut
Enterré Le 29e.	Selon La Coutume

p. 361

Morte Febrier 27e.	Une Fille à de Feu Nicolas Clour
1725	agées de [blank] années
Enterré Le 28e.	Selon La Coutume

p. 362

Rolle
Des Personnes Qui Sont Morte
&
Enterré dans La Cimetière Nouvelle
Du Village Francoisses de Neüreüth
Aux tems de Monsieur
Jean Jaques Wolff de Zurich
Le
Quatrième
Ministre
1726

p. 363

Mort Maÿ 31e.	Jean Calmet Nôtre Anwald
1728	agées de [blank] années & Fut
Enterré Le 1e. Juin	Selon La Coutume
Morte 9bre 14e.	Jaques Salomon Durand Fils de
1728	Pierre Durand agées de un ans et 11 mois
Enterré le	Selon La Coutume
Morte Jeanv 1e.	Marie Ester Fille de Paul Le Sené
1729	& Fut
Enterré Le 2e.	Selon La Coutume
Mort 7bre 30e.	Jean Louis Durand agées de [blank] années
1731	& Fut
Enterré Le 2e. 8bre	Selon La Coutume
Mort Avrill 27e.	Jaques Boeuf agées de [blank] années
1732	& Fut
Enterré Le 28e.	Selon La Coutume

p. 364

Mort Mars 1e.	Jean Pierre Racine Bourgeois de
1732	Ce Lieu agées de [blank] années & Fut
Enterré le	Selon La Coutume
Morte Mars 6e.	La Veuve Pansû agées de [blank] années
1733	& Fut
Enterré	Selon La Coutume
Mort Maÿ 12e.	Christophle Rothacker agées
1733	De [blank] années & Fut
Enterré	Selon La Coutume
Morte Mars 30e.	Feme de
1733	Paul Renaud & Fut
Enterré	Selon La Coutume
Mort May 5e.	Samuel Baraire agées de [blank] années
1733	& Fut
Enterré	Selon La Coutume

p. 365

Mort 9bre 5e.	Michel Rouvier Bourgeois du
1733	Lieux agées de [blank] années & Fut
Enterrée	Selon La Coutume
Mort X^{bre} 9	Barbara Krieguerin Femme de
1733	Albrecht Schantz & Fut
Enterré	Selon La Coutume
Mort Jeanv 5e.	Susanne Marguerithe Fille de Pierre
1734	Paget agées de 11 mois
Enterré	Selon La Coutume

p. 366

Rolle
Les Perssones Qui Sont Morte
&
Enterré dans La Cimitierré
Du Village Françoisse Neüreüth
Aux temps de Monsiur
Stantz de Basle
Cinquieme
Ministre
1734

p. 367

Morte 9bre 20e.	Jeanne Marie Fille de Paul
1734	Renaud et de Madelaine Borle
Enterré Le dit Jour	gar cest Enfant est Mort dabord
Morte X^{bre} 5e.	Madelaine Borle Feme de Paul
1734	Renaud agées de 25 ans
Enterré Le 6v	Selon La Coutume
Morte Juin 2e.	Anne Krebs Feme de Feu Benoit
1735	Schantz agées de 56 ans et à Eté
Enterré Le 3e.	Selon La Coutume
Mort 9bre 4e.	Louise Cochin de Brenonville en
1735	Champagne Feme de Jaques Durand
Enterré Le 6e.	Selon La Coutume agées de 50 ans
Mort 9bre 8e.	Susanne Claris de Feu Mons. d'Ecouvr
1735	De Languedoc agées de 50 ans & quelques Mois
Enterré Le 10e.	Selon La Coutume

p. 368

Mort Maÿ 7e.	Claude Aymar Bourgeois de ce Lieu
1736	agées de 60 ans et Fut
Enterré Le 8e.	Selon La Coutume
Mort Maÿ 18e.	Jaques Pierre Crevesac Fils d'Isaac
1736	Crevesac Bourgois de ce Lieu agées de 5 ans
Enterré Le 19e.	Selon La Coutume
Mort Juin 3e.	André Widmer Fils de Taeso Widmer
1736	Natif d'Elfingen du Canton de Berne
Enterré Le 4e.	Selon La Coutume agées de 3 ans
Mort Juillet 17e.	Samuel Schantz Fils de Jean Schantz
1736	Bourgois de ce Lieu agées de 2 ans
Enterré Le 18e.	Selon La Coutume
Mort Aoust 27e.	Marguerithe Raissin Veuve de Feu
1736	Isaac Barraire Bourgeois d'icy
Enterré Le 28e.	Selon La Coutume agées de 55 ans

p. 369

Mort 8bre 1e.	François Sauvages Bourgeois de ce Lieu
1736	agées de 60 ans et Fut
Enterré Le 2e.	Selon La Coutume
Mort Jeanv 12e.	Paul Crevesac Fils d'Isaac Crevesac
1737	Bourgeois de ce Lieu & Fut
Enterré Le 13e.	Selon La Coutume agées de un Jour
Morte Jeanv 10e.	Anne Barbe Caspard de la Religion
1737	Lutherienne Fille de Feu Melchior
	Caspar du Canton Berne
Enterré Le 11e.	dans Nôtre Cimetierè Malgré Les
	oppositions de Mons. Dürr Ministre
	du Vilage Allemand.
Mort Maÿ 19e.	Albrecht Schantz Bourgeois agées
1737	de [blank] années & Fut
Enterrée Le 20e.	Selon La Coutume

p. 370

Mort 8bre 5e.	Jaques Louis Racine Fils de Jean
1737	Pierre Racine et de Marie Couchat
Enterré Le 6e.	Selon La Coutume agées de 19 ans

p. 371 [blank page]

p. 372

Rolle
Des Personnes Qui Sont Morte
&
Enterré dans Nôtre Cimètieré
Aux temps de Monsieur
Benoit Rÿhiner de Basle
Le
Sixième
Ministre
A Neüreüth Le François 1738

p. 373

Mort 8bre 15e. 1738 Enterré Le 16e.	Jean Joseph Fils de Zacharie Boeuf & de Catherine Bonnet & Fut agées de 8 Jour.
Morte 8bre 27e. 1738 Enterré Le 28e.	La Veuve de Simon Galloy qui ètoit Le Noms de Son dernier Maris Elles Etoit de La Religion Lutherienne Mais Elles Fut Enterré Sur Nôtre Cimètieré Malgré Les Oppositions de Mons. Dürr Ministre du Village Allemand & J'ay fait Sonner à L'Enterrement & J'ay fait un discour Funebre.
Morte Jeanv 25e. 1739 Enterré Le 26e.	La Veuve de Feu François Sauvage agées de 60 ans & Fut et j'ay fait un discours Funebre.

p. 374

Morte Mars 3e. 1739 Enterré Le 4e. dit	Marie Françoise, Fille de Pierre Bourdailler et de Jeanne Marie Baraire agées de 2 Jour
Mort Aust 15e. 1739 Enterré Le 16e. dit	André Märtel Meÿer Catholique de Religion Bourgeois d'Icy & Fut àgées de 50 ans
Morte 7bre 12e. 1739 Enterré Le 13e. dit	Jeanne Morell Veuve de Feu Jean Bonnet Bourgeois de ce lieu & Fut àgées de 56 ans
Morte 7bre 17e. 1739 Enterré Le 18e. dit	Catherine Barbe Schantz Fille de Jean Schantz et de Anne Marie Schmidt àgées de 4 ans

p. 375

Morte Jeanv. 2e. 1740 Enterré Le 3e. dit	Marie Salome Zindel de Vendenheim d'Alsace agées de 22 ans et de la Religion Lutherrienne Qui Loges de Ches Bauman Bourgeous d'Icy
Mort Fevrier 8e. 1740 Enterré Le 9e. dit	Jaques Durand Natif de Villere En Champagne et Bourgeois d'Icy agées de 74 ans
Mort Fevrier 21e. 1740 Enterré Le 22e. dit	Un Enfant à Sr. Gallandre Agées de 9 jours
Morte Fevrier 25e. 1740 Enterré Le 26e. dit	Marguerithe Vieux La Veuve de Feu Isaac Casabone agées de 55 ans

p. 376

Mort Mars 22e. 1740 Enterré Le 23e.	François Roguette, qui etoit en Vieux Garçon agées de 50 ans. Il demeuroit a part dans Sa Baraque Tout Seul est ne vouloit jamais frequenter aucune, Sans aucun Sonage, et Sermon Eglises
Morte Avril 6e. 1740 Enterré Le 7e. dit	Pauline Elizabeth Fille de Jean Frideric Le Grenadier de la Religion Catholiques Romaine agées de 1 ½ j
Mort Avrill 23e. 1740 Enterré Le 24e. dit	Jean Ulric fils Légitime de Jean Dünckl in et de Barbe Aymar & Fut agé de 8 jour
Mort 8bre 25e. 1740 Enterré Le 26e. dit	Anne Barbe Clour Fille de Feu Nicolas Clour et Susanne Tibaud agées de 25 ans

p. 377

Morte 9bre 16e. 1740 Enterré Le 17e. dit	Anne Barbe Fille illegitime de Anne Barbe Clour agées de 24 Heures Le Pere de cest Enfant doit etre un Grenadier
Morté Mars 6e. 1741 Enterré Le 7e. dit	Susanne Marie Lait de Beurre Fille de Daniel Lait de Beurre et de Susanne Lemblein agées de 5 ans
Mort Mars 22e. 1741 Enterré Le 23e. dit	Charles Caubet Maitre Tailleur Agées de 28 ans
Morte Avril 9e. 1741 Enterré de 10e. dit	Susanne Marche Veuve de Feu Pierre Durand agées de 36 ans
Morte Avril 18e.. 1741 Enterrée de 19e. dit	Marguerithe Tibaud Femme d'Isac Crevesac agées de 45 ans

p. 378

Mort May 26e. 1741 Enterré Le 27e. dit	Jean Daniel Baraire Fils Legitime d'Abraham Baraire agées de 5 Jour
Mort 9bre 9e. 1741 Enterré Le 12e. dit	Jean Durand Maitre d'Ecolle Agées de 47 ans
Morte X^{bre} 22e. 1741 Enterré Le 23e. dit	Barbe Aymar Femme de Jean Duncklin agées de 35 ans
Mort Jeanv. 30e. 1742 Enterré Fev. 2e.	Jean Jaques Fils Legitime de M. Guillaume Thierry Anwalt Agées de 18 mois

p. 379

Mort Juin 15e. 1742 Enterré Le 16e.	Jaques Paul Lait de Beurre Fils Legitime de Daniel Lait de Beurre et Susanne Lemblin Agées de 1 Jour
Morte Juin 18e. 1742 Enterré Le 20e. dit	Susanne Lemblain Femme de Daniel Lait de Beure agées de 40 Années
Morte Juillet 10e. 1742 Enterré Le 12e. dit	Guillaume Borle Natif de Renan Habitans d'Icy Tourneur de Proffesion agé de 63 ans.
Mort 7bre 1742 Enterré Le 4e. dit	Jean Daniel Fils de Daniel Lait de Beure et de Susanne Lemblain agées de 18 mois
Morte Juillet 5e. 1742 Enterré Le 7e. dit	Jeanne Marcelle Veuve de Jean Coutty agées de 73 ans

p. 380

Morte 7bre 16e. 1742 Enterré Le 17e. dit	Ause Matin Anne Susanne Fille Legitime de Daniel Lait de Beurre agées de 4 ans 7 mois 15 jour
Mort 8bre 10e. 1742 Enterré Le 12e. dit	Ludwig Weinhard Bourgeois Lutherein de ce Lieu agées de 58 ans.
Morte 9bre 27e. 1742 Enterré Le 28e.	Une Fille Lutherrienne Logée chés la Maitresse d'Ecolles ètoit Natif du Paÿs de Wirtenberg Nomis Elizabeth Krüger
Mort X^{bre} 22e. 1742 Enternré Le 23e.	Benoit Schantz Bourgeois de ce Lieu agée de 52 ans le dit
Mort Jeanv. 1e. 1743 Enterré Le 2e. dit	George Locher Natif d'Eichholtz Territoire de Rötelm Lutherien agée de 50 ans

p. 381

Mort 7bre 5e. 1743 Enterré Le 6e. dit	François Joseph Buch Fils de François Jacob Buch de Religion Romaine agée de 2 annee ½ demy, il logoit chés Joh. Martin
Morte 9bre 1743 Enterré Le 21e. dit	Susanne Marie Fille Legitime de Pierre Paget et d'Anne Calmet agée de 2 année 5 mois
Mort Jeanv. 1744 Enterré Le 5e. dit	Jaques Marot Natif en Gasgonie et Bourgois d'Icy agée de 73 ans
Mort Mars 1744 Enterré Le 23e. dit	Samuel Fils Legitime de Samuel L'orange et de Barbe Weinhard agée de 2 ans et 6 mois
Mort Avril 1744 Enterré Le 20e.	Juliane Töffling Nommé et Natif dans le Paÿs de Wirtenberg et des Schweinhirten Femme et Lutherien et agée de 70 ans

p. 382

Mort Maÿ 1744 Enterré Le 31e. dit	Marguerithe Derreux Femme de George Rotharcker Bourgeois de ce lieu agées de 35 ans
Mort Aoust 1744 Enterré Le 2e.	André Marx Fils du'un Homme de La Religion Romaine et qui Logoit chés Gottlieb Nicolas agées de 2 ½
Morte 9bre 1744 Enterré Le 25e. dit	Anne Catherina Femme de Jean Melchoir Aüers elle logoit Chés des Schweinhirten Elles est née à Wingarten
Mort Jeanv 1745 Enterrré Le 5e. dit	Daniel Lait de Beurre Bourgeois de ce Lieu agées de 38 ans
Morte Mars 1745 Enterré Le 16e.	Elizabeth Fille dė Barthelemy Gallandre et de Lucresse Badevin agées de 10 ans et 5 mois

p. 383

Morte Mars 1745 Enterré Le 18e. Mars	Anne Zwoll Natif dans Le Cantons de Berne et Femme de Feu Jacobs Rothacker agée de 50 ans
Mort Mars 1745 Enterré Le 21e. dit	Jaques Pansû Vieux Garçon agées de 73 ans
Morte Maÿ 1745 Enterré Le 4e. dit	Julianne Fille de André Angelberger et Catherina Albrecht agée de 3 ans et Quelque
Mort Maÿ 1745 Enterré Le 18e.	François Henry Charles Fils Legitime de Feu Benoit Schantz et de Anne Widmer agée de 6 ans et 3 mois
Morte Juin 1745 Enterré Le 15e.	Jeanne Marie Marcelle Femme de Abraham Barraire Bourgeois d'Icy agées de 42 ans

p. 384

Morte 9bre 1745 Enterrée Le 17e.	Susanne Hermand fille de Feu David Herman et de N. N. agées de 19 ans
Morte Avril 1746 Enterré Le 22e.	Jeanne Monsieaux Veuve de Feu Jean Durand Maitre D'Ecolles agées de 47 ans
Morte Juillet 1746 Enterré Le 12e.	Anne Marie Gaspard Feme d'Isaac Servas Bourgeois d'Icy agées de 53 ans
Mort 8bre 1746 Enterrée Le 18e.	Samuel L'orange Boulanger et Bourgeois d'Icy agées de 38 ans

p. 385

Morte Jeanv. 1747 Enterré Le 22e.	Rachel Marguerithe Fille Legetime de Jean Racine et de Susanne Çasabone agées 1 ans et 4 mois
Mort Jeanv. 1747 Enterré Le 27e. dit	Jean Daniel fils Legitime de Pierre Bourdailler et de Jeanne Barraire agées de 2 ans 10 mois & 11 Jour
Morte Fevrier 1747 Enterré Le 5e. dit	Marie Rachel Filles de Henry Charles Renaud & de Susanne Racine agée de 1 ans et 5 mois
Morte Mars 1747 Enterré Le 5e. dit	Une Pauvres Femes Nomé Marie Elisabeth Conrad Fischer de Landau agées de 63 ans de la Religion Lutherien
Mort Mars 1747 Enterré Le 10e. dit	Zacharie Boeuf Bourgeois de ce lieu agées de 45 ans

p. 386

Morte Mars 1748 Enterrée Le 20e. dit	Catherine Schantz Fille de Jean Schantz & d'Anne Marie Schmid àgée de 8 mois et 20 Jour
Morte Junÿ 29e. 1748 Enterrée Julÿ 1e.	La Veuve de feu Claude Aymar agée de 70 ans & Fut Mons. Stickelberger à fait Le Sermon
Mort 7bre 5e. 1748 Enterré Le 6e. dit	Pierre Paget Bourgeois de ce lieu agées de [blank] ans
Morte 7bre 12e. 1748 Enterré Le 13e. dit	Une Feme Catholiques donet ont ne Sait pas le Noms Cette Feme logoit chés Michel Weinhard
Mort 8bre 15e. 1748 Enterré le 17e.	Lorentz Schmid Bourgeous d'Icy àgées de 30 ans

p. 387

Morte Avril 1749 Enterré le 16e. dit	Rebecca Salome Fille de Jean Racine & de Susanne Cazabon Sa Femme agées de 8 mois
Morte Avril 5e. 1749 Enterré le 7e. dit	Anne Susanne Fille de feu Pierre Paget & d'Anne Calmet Sa Femme agées de 12 ans & 3 mois
Mort 7bre 1e. 1749 Enteré le	Daniel Christian Fils de Frideric Durand & d'Anne Ester Crevesac agées de 1 ans & 7 mois
Mort 7bre 16e. 1749 Enterré le dit Jour aux Soir	Franciscus aprantif chés un Maso et Natif Zück dans Tirol agées de 21 ans

p. 388

Morte 8bre 10e. 1749 Enterrée le 12e. dit	La Veuve de Jean Albrecht Nomme Elizabeth N. du Cantons de Berne agées de 70 ans
Morte 7bre 11e. 1749 Enterrée le 13e. dit	Rachel Colom Veuve de feu Jean Calmet Nôtres S^{r}. Awald agées de 81 ans
Mort X^{bre} 14e. 1749 Enterrée le 16e. dit	François Louis Barraire Bourgeois d'Icy & Fut agée de 32 ans
Mort X^{bre} 19e. 1749 Enterré le 21e. dit	Un Enfant aux dit S^{r}. Bairraire Nomé de même François Louis agées de 2 ans & 9 mois
Mort Jeanv. 23e. 1750 enterré le 24e. dit.	Un Enfant à Une femme Catholique qui Logoit Chés Michel Weinhard ageé de [blank] ans

p. 389

Morte Mars 2e. 1750 Enterré le dit	Lorentz Schmid Fils de feu Lorentz Schmid & de Catherina Bonnet agées de 11 mois
Mort Avrill 10e. 1750 Enterré le 12e. dit	Isaac Crevesac Bourgeois de ce lieu & Fut agées de 45 ans 4 mois
Mort Avril 16e. 1750 Enterré le dit aux Soir	Une Fille elle et Venu Mort aux Monde et le Pere est David Munier et Lucrece Badevin
Morte Maÿ 3e. 1750 Enterré le 5e. dit	Anna Louise Baraire Fille de Abraham Baraire & de J. M. Marcel agée de 13. ans & 4. mois
Mort Maÿ 22e. 1750 Enterré le 23e. dit	Abraham Baraire Bourgeois & Bourguemaitre de ce lieu agées de 47 ans & 5 mois

p. 390

Mort Juin 5e. 1750 Enterré le 5e. dit	Une fille aux feu Abraham Barraire & de Salome Marcklin & Fut Nomé Susanne Madelaine agées de 14. Jour
Mort Juin 25e. 1750 Enterré le 26e. dit	George Rothacker Bourgeois de ce lieu & Fut agées de 40. ans
Morte 7bre. 26e. 1750 Enterré le 28e. dit	Margrette Fille de feu Zacharie Boeuf & de Catherine Bonnet & Fut agées de 3 ans et demÿ
Morte 8bre 1e. 1750 Enterré le 3e. dit	Anne Barbe Fille de Jean Schantz & d'Anne Marie Schmid & Fut agées de 10. mois
Mort X^{bre}. 12e. 1750 Enterré le 13e. dit	Abraham Baraire Fils de feu François Louis Barraire & de Catherine Lawetter agées de 2 ans & 9 mois

p. 391

Mort Jeanv. 4e. 1751 Enterré le 5e. dit	Jean Henri Racine Fils de Jean Racine & de Susanne Cazabone agée de 4 Semaines
Morte Jeanv. 5e. 1751 Enterrée le 7e. dit	Marie Catherine Fille de Feu Jean Louis Durand & de Catherine Borle agée de 19. ans & 3. mois
Mort Mars 9e. 1751 Enterré le 11e. dit	Salomon Durand Bourgeois de ce Lieu & Fut agée de 23. ans & 8. mois.
Morte Maÿ 13e. 1751 Enterrée le 14e. dit	Anne Barbe Fille de Jean Crocol & de Verena Düncklin & Fut agées de 4 ans & 8 mois

p. 392

Liste des Morts durant
le Ministére
de
Monsieur Jean Jaques Merian
7me Pasteur

p. 393

Mort 1751 Enterrée	Aout 5 7	Marguerite fille de Frederic Jaques Durand et Anna Ester Crevesac fut agée de 10 semaines
Mort 1751 Enterré	Août 14 15	François Louis Crocol Bourgeois de ce lieu ancien et Justicier et fut agé de 67 ans
Morte 1751 Enterrée	Oct 26 27	Anne Jeanne Marguerithe fille d'Abram Crocol et de Charlotte Dorothée Rohtacker agée de 2 semaines
Mort 1751 Enterré	Octob. 31 Novemb. 2	Frederic Abram Gros Fils de Jean Pierre Gros et d'Anne Schantz agé 6 ans et 8 mois
Mort Enterré	Dec. 29 31	Caspar Wagner von Reinsheim aus dem Bistum Rein Römisch Catholischer Religion so beÿ acht Tagen hier krank gelegen
Mort [1752] Enterré	Janv. 20 21	Jean Benoit Durand Fils de Paul Durand Maitre d'Ecole et d'Anne Crocol agé d'un an et 3 mois
Mort Enterré	Fevr. 1 2	Jaques Guillaume Thierry Notre Anwald et fut agé 67 ans et demi

p. 394 [pages used out of order]

Morte 1757 Enterrée	Janvier 17 19	Anne Ester Crevesac Femme de Frederic Jaques Durand Bourgeois d'ici agée 28 ans et 4 semaines
Morte Enterrée Morte Enterrée	Jan. 3 4 Fevr. 17 18	Rebecque agée de [blank] semaines Durand Anne Marie de 8 semains Durand [Filles de ce F. J. Durand et d'Anne Ester Crevesac]
Morte Enterrée	Mars 23 25	Susanne Marguerithe Tibaud Femme de Paul Renaud Bourgeois d'ici agée 64 ans et 5 mois
Morte Enterrée	May 2 3	Charlotte Dorothee Rothacker Femme d'Abraham Crocol Bourgeous d'ici agée 29 ans et 15 jours
 Morte Enterrée	Oct 1 1	Marie Salome Durand Fille de Paul Durand et Anne Crocol Bourg. d'ici agée 8 jours
gestorben 1758 begraben	Jan 21. 23.	Sophia Maria Rothacker Michael Weinhards gebohrne eheliche Hausfrau alt 36 Jahr 7 Monat
 Morte Enterée	Fevr. 8. 10.	Anne Susanne Durand Fille de Frederic Jaques Durand et de feu Anne Ester Crevesac agée 3 ans. 2 ½ Mois.
 Morte Enterrée	Avr. 3 4	Anne Marie Gros Fille de Pierre Gros et de feu Anna Schanz agée 5 ans 9 mois

p. 395

Mort 1752 Enteré	Juin 23 24	Jean Baraire fils de feu Abraham Baraire et de Salome Märklin agé 3 ans et 5 mois et demi
Morte Enterrée	25 27	Marie Ester Crevesac Fille de feu Isaac Crevesac et de Marie Aymar agée 4 ans et 9 mois
Mort 1752 Enterré	Juil 16 17	Jean Abraham Durand Fils de feu Salomon Durand et d'Elisabeth Schontahler age 2 ans et 3 mois
Morte 1753 Enterré	Jan 4 5	Verena Dunklin Femme de Jean Crocol Bourgeois d'ici agée pres de 29 ans
 Mort Enterré	May 25 27	Henry Jacob Clour Bourgeois de ce lieu et fut age 33 ans
 gestorben begraben	Oct 13 14	Claus Wurtz von Diepfligen aus dem Canton Basel Hintersass allhier war alt ohngesehn 43 Jahr
Morte 1754 Enterrée	Juin 26 27	Marie Aymar Femme de Pierre Bourdailler Bourgeois d'ici agée 43 ans et 10 mois
Morte 1755 Enterrée	Jan 2 3	Catherine Bonnet Femme de feu Lorenz Schmid Bürgers von hier agée 38 ans et quelques mois

p. 396

Mort 1755 Enterré	Janv. 3 5	Christian Meunier fils de David Meunier et Lucrece Badovin agé 6 ans. 8 ½ mois.
Morte Enterré	Mars 4 6	Anne Susanne Meunier fille de David Meunier et Lucrece Badovin agée 9 ans
Mort Enterré	Avril 14 15	Jean Jaques Crevesac fils d'Isaac Crevesac et de Marie Aymar tous deux defunts agé 10 ans.
Mort Enterré	Juin 24 25	Isaac Servas Bourgeois et Justicier du Lieu agé 48 ans.
Morte 1756 Enterrée	Fevr. 20 22	Marie Madeleine Gros Femme de feu Jaques Guiliaume Thierry anwald du lieu agée 55 ans 7 mois.
gestorben begraben	Mart 13. 14.	Anna Schanz Peter Gros gebehrne ehliche Hausfrau alt 43 Jahr 10 Monat.
 Morte Enterrée	Juin 26 27	Marie Barbe Renaud fille de Paul Henry Charle Renaud et d'Augusta Maria Carolina Brückerin agée 5 mois
 Morte Enterée	Oct. 4 6	Marguerithe Charlotte Durand Fille de Paul Durand Maitre d'Ecole et d'Anne Crocol agée 1 an 4 ½ mois.

p. 397

gestorben 1758 begraben	Apr. 9. 10.	Anna Maria Schanz Hans Schanzin und Anna Maria Schmid ehelich ledige Tochter. alt 16. Jahr 5 Monate.
Mort 1760 Enterré	Jan. 7. 9.	Jean Pierre Racine fils de Jean Racine et de Susanne Casabone agé 5 ans 6 ½ mois.
Mort 1760 Enterré	Fevr. 24 25	Carl Friederich Gros fils de Pierre Gros et Margareth Zimmermann alt 1 Jahr 6 Wochen und 3 Tag.
gestorben 1759 [sic] begraben	May 23. 24.	Pierre Bourdailler Bürger allhier alt 65 Jahr
gestorben 1760 begraben	May 19. 21.	Friederich Durand fils de Fred. Jaques Durand et Marie Eugène Schönthaler alt 1 Jahr weniger 3 Wochen.
gestorben 1760 begraben	Junii 23. 24.	Susanna Margareth Schemp Johannes Schemp und Jeanne Marguerithe Paget ehel. Kind alt 8 Tage

pp. 398-401 [blank pages]

p. 402

Liste des Morts durant
le Ministére
de
Monsieur Samuel Wettstein
8me Pasteur

p. 403

Mortui

A° 1760

Paul Renaud, der Vater dess Henri Charle Renaud
mortuus est d. 3. X^{bris}.
Terrae mandatus d. 5. X^{bris}.

A° 1761

Johann Geörg Feÿrer, seines Alters 61. Jahr u. hier gar Neun Monate.
mortuus est d. 20. Februarÿ.
Terrae mandatus d. 22. Februarÿ.

Anna Maria Schmied, Johannes Schanzen Ehefrau.
mortua d. 4. Augusti.
Terrrae mandata d. 6. Augusti.

Johannes Schanz, der Wittwer.
mortuus est d. 30. Septembris.
Terrae mandatus d. 3. Octobris.

A° 1762

Anne Crocol, dess Schulmeisters Frau.
mortua est d. 18. Septembris.
Terrae mandata d. 21. Septembris.

p. 404

Jean Daniel Baraire, dess Abraham Baraire sel. mit weÿland Jeanne Marie Marcelle ehlich erzeugter Sohn.
mortuus est d. 12. X^{bris}.
Terrae mandatus d. 15. X^{bris}.

A° 1763

Albertina Katarina Feÿrerin, dess Joh. Georg Feÿrer sel. nach Tode hinterlassene ehliche Tochter.
mortua est d. 22. Aprilis.
Terrae mandata d. 24. Aprilis.

A° 1764

Jeanne Marie Coucha, dess Jean Pierre Racine sel. nach Tode hinterlassene Wittib.
mortua est d. 27. Martÿ.
Terrae mandata d. 29. Martÿ.

Ein Kind, Maria Susanna Schanzin, dess Daniel Schanzen mit Ester Calendre ehlich erzeugtes Töchterlein.
mortua est d. 16. Aprilis.
Terrae mandata d. 18. Aprilis.

p. 405
Johannes Dünklein.
mortuus est d. 9. Maji.
Terrae mandatus d. 11. Maji.

Ein Kind, Daniel Gros, dess Jean Pierre Gros, mit Margareta Zimmermännin ehlich erzeugtes Söhnlein.
mortuus est d. 4. Junÿ.
Terrae mandatus d. 6. Junÿ.

Ein Kind Nomens Jean Pierre Gros, dess obigen Jean Pierre Gros, mit Margareta Zimmermännin ehlich erzeugtes Söhnlein.
mortuus est d. 8. Junÿ.
Terrae mandatus d. 10. Junÿ.

1764 Anna Magdalena Chocarde gebürtig von Wurmberg Eberhart Schneiders gewesene ehliche Hausfrau starb den 2ten 8bris und ward begraben den 4ten ihres Alters 34 Jahr und etliche Wochen.[36]

p. 406

Liste des Morts
Sous le Ministére
de
Jean Rodolphe Liechtenhan
9me Pasteur

p. 407

1765		
morte enterrée	le 31. Janv. le 2. fevr.	Rebecca Raisin femme de Daniel Marche Anwald de ce lieu agée de 60 ½ Ans.
mort enterré	le 25. 7bre le 27.	Jean Louis Durand Fils legitime de Paul Durand Maitre d'Ecole agé de 17. ans 3. mois.
morte enterrée	le 17. 9bre le 18.	Maria Elisabetha Durand fille legitime de Paul Durand Maitre d'Ecole & de Maria Elisabetha Grünin agée de 18. Jours
1766 morte enterrée	 le 14. fevr. le 16.	Marie Susane Gros fille legitime de Pierre Gros Ancien & de Margaretha Zimmermannin agée de 5. ans & 9. mois.
morte enterrée	le 5. 9bre le 7.	Anne Calmet Veuve de feu Piere Paget agée de 65. ans & deux mois.
mort enterré	le 17. 9bre le 19.	Jean Abraham Crocol fils legitime de Abraham Crocol & de Maria Barbara Schanz agé de 9. mois & 8. Jours.
morte enterrée	le 16. Xbre le 17.	Jeane Madelaine Crocol fille legitime de Jean Jaques Crocol Ancien & de Jeanne Marie Thiery agée d'un an & 9. Semaines.
gest. begr. gest. begr.	den 26. Xbre. den 27. den 27. den 28.	Maria Magdalena Maria Catharina — zwei unehliche Zwillinge der Ana Maria Rothaker Henri Jaques Clour hinterlassene Wittib.

[36] This entry is in a different handwriting.

p. 408

1767 gestorben begraben	Jenner den 14. den 15.	Hans Martin Bidemer von Niderlauterbach aus dem Elsass cathol. Religion
morte enterrée	le 29. Aout le 30.	Jeane Marguerithe Durand fille legitime de Paul Durand Maitre d'Ecole agée de 20. Ans & 8. mois
mort enterré	le 14. 7bre le 15.	Daniel Guillaume fils legitime de Daniel Bourdaillez & de Jeane Susanne Thiery agé de 4. Semaines.
mort enterré	le 3. 8bre le 6.	Christian Clour Bourgeois de ce lieu agé de 49. Ans & six Mois.
mort enterré	le 17. X^{bre} le 18.	Abraham Isaac Armand Bourgeois de ce lieu agé de 43. Ans 5. Mois.
1768 gestorben begraben	den 21. Febr. den 23.	Heinrich Feÿrer Johan Georg Feÿrer sel. hinterlassner ehlich lediger Sohn alt 16. Jahr 7. Monats. Ihm wurde von einem Baum die Hirnschale zerschelten. Er wurde operiert bekam auch den volligen Gebrauch seines Verstands und seines Sinnen. Er starb aber nach 16. Wochen an dieser todlichen Wunde.
morte enterrée	le 29. Juill. le 31.	Jeane Marie fille legitime de Jean Henri Crocol & de Susanne Barbe Marche agée d'un An & 6. Semaines.

p. 409

1768 morte enterrée	Aout le 2. le 4.	Lucrece Badovin femme de David Munier Bourgeois d'ici agées de 60. Ans.
1769 gestorb. begrab.	Jenner den 10. den 11.	Maria Catharina ein Töchterlein Heinrich Zorns und Susanne Marie Crocol. alt 4. Wochen.
 mort enterré	Janv le 22. le 24.	Abraham fils legitime d'Abraham Crocol & de Maria Barbe Schantz agé 9. Mois 10. Jours.
morte enterrée	Janv le 24. le 26.	Marie Susanne ein Töchterlein Daniel Schanzen und Ester Gallendre alt 3. J. 9. Monath 20. Tage
morte enterée	le 29. le 30. Janv.	Jean Pierre fils legitime de Paul Durand Maitre d'Ecole & de Maria Elisabetha Grünin agé de 2. Ans 3. Mois 26. Jours Susanne Marie ein Töchterlein Heinrich Zorns und Susanne Marie Crocol. alt 1. Jahr 11. Monath 19. Tag.
mort enterré	le 5. le 6. Fevr.	Jean Frederic fils legitime de Jean Daniel Marche & de Susanne Gobet agé de 3. Ans 3. Mois & 27. Jours.
morte enterrée	le 11. le 12. Fevr.	Rebeque Lucrece fille legitime de Jean Daniel Marche & de Susane Gobet agée de 4. Ans 9. Mois & 13. Jours
gestorb. begraben	den 10. den 11. Merz	Maria Francisca ein Töchterlein Augustiner Beÿer und Susanna Schuler auf dem Wurtenberg alt 8. Monath und 11. Wochen.

p. 410

1769 mort & enterré	Maj le 20.	Henri Jaques fils legitime de Paul Durand Maitre d'Ecole & de Maria Elisabethe Grunin agé de 8. Jours.
 mort enterré	Juin le 25. le 26.	Jean fils legitime de Jean Boeuf & de Maria Barbara Weinhart agé de 1. an 2. mois & 3. semaines.
morte enterrée	X^{bre} le 11.	Marie Susanne Fille legitime de David Munier & de Marie Catharine Durand agée de 11. Jours.
1770 morte enterrée	Janv. le 19. le 21.	Susanne Marie Crocol feme de Henri Zorn agée de 33. Ans 7. Mois 17. Jours. elle mourut en couche.
 mort enterré	Juin le 4. le 5.	Jean Racine Bourgeois & Justicier agé de 54. Ans 2. Mois 3. Semaines.
 mort enterré	Juillet le 30. le 31.	Jean Daniel fils legitime de Jean Boeuf & de Maria Barbara Weinhart agé de 12. jours.
1771 mort et enterré	Janv. le 21.	Ein todgebohrnes Söhnlein der Daniel Schantz und Estre Galandre.
 mort le enterré	Fevr. 21. 22.	Christian fils legitime de Daniel Schantz & Estre Gallandre agé de 4. Semaines & 1. jours.
 mort enterré	Mars le 28. le 29.	Paul Henri Charles Renaud Bourgeois de ce lieu agé de 45. Ans & dix Mois.

p. 411

1771 morte enterrée	7bre le 15. le 17.	Jeane Marie Boeuf Christof Schnurlein Bürgers und Schneidermeisters Ehfrau. alt 35. Jahr 4. Monath 9. Tag.
1772 mort enterré	Janv. le 9. le 11.	Daniel Schanz Er zog von hier naher Konigs Au im Halberstadtischen kam zurück um seiner Gulher zu verkaufen ward aber krank und starb. S. alters 33. ½ Jahr.
 morte enterrée	Janv. le 26. le 27.	Magdalena Catharina ein Töchterlein Meister Christof Schnurleins Bürgers und Schneiders und weyl. Jeane Marie Boeuf alt 1. J. 8. M.
 mort enterré	Mars le 17. le 19.	Daniel Crocol fils legitime de feu François Louis Crocol & de Augustine Marguerithe Pansû agé de 32. Ans 10. Mois & 17. Jours.
 mort enterré	Avril le 14. le 15.	Jean Pierre Gros Bourgeois & Ancien de nôtre Eglise age de 63. Ans & 3. Mois.
 morte enterrée	Avril le 29. Maÿ le 1.	Maria Rosina Feÿrer. alt 44. Jahr 4. Monath. 10. Tag.
1773 morte enterrée	Mars le 29. le 30.	Johana Margaretha ein Töchterlein Christian Clour und Johanna Margaretha Crocol alt 8. Tage.
 morte enterrée	Avril le 24. le 25.	Maria Catharine ein Töchterlein Tobias Feÿlers und Marie Catharine Boeuf. alt 7. Jahr 6. Wochen 4. Tag.

p. 412

1774 mort enterré	Janv. le 30. le 31.	Jakob Willhelm ein Söhnlein Daniel Bourdaillez und Jeanne Susane Thiery. alt 2. J. 4. M. 12. Tag.
	Mertz den 26.	Ein Knäblein Henri Charles Renaud und Eva Girod. Sie kam ungleikl. nider, und des sind starb gl. nach der Geburth.
mort enterré	le 18. le 20. 9^{br}.	Christian ein Söhnlein Jean Durand und Elisabeth Giraud. alt 4. Jahr 2 Wochen.
1775 gest. begr.	den 20. den 21. Febr.	Magdalena Pfeifferin aus dem Canton Schaffausen. alt etlich und 60. Jahr.
gest. begr.	den 4. den 6. Maÿ	Michael ein Söhnlein Abraham Crocols und Maria Barbara Schantz alt. 4. J. 5. M. 14. Tage.
gest. begr.	den 6. den 7. Juny	Georg Jakob ein Söhnlein Georg Crocol und Margaretha Barbara Bek alt 6. Jahr 4. Monath 13. Tage.
	begraben den 6. 8^{br}.	Ein Todtgebohrnes Töchterlein Hans Martin Buchliter und Anne Rachel Rouvier.
gest. begr.	den 9. den 11. 8^{br}.	Christian ein Söhnlein Jean Durand und Elisabeth Giraud alt 26. Wochen.
mort enterré	le 6. le 8. 9^{br}.	Henri Charles Renaud Justicier agé de 53. Ans. 7. Mois. 3. Semaines. 4. Jours.
mort enterré	le 28. le 30. 9^{br}.	Jean Pierre Durand Ancien de notre Eglise agé de 54. Ans. 8. Mois. 3. Semaines. 5. Jours.
morte enterrée	le 3. le 4. X^{bre}	Susanne Magdelaina fille legitime de Henri Crocol & Susanne Barbe Marche agées de 4. Jours.

p. 413

1775 morte enterrée	X^{bre} le 12. le 13.	Rachel Rouvier Hans Martin Buchleiters Ehfrau alt 45. Jahr 4. Wochen. 2. Tag.
1776 gestorb. begraben	Jenner den 1. den 2.	Daniel ein Söhnlein Jean Durand und Eva Giraud alt 2. Jahr 4. Monath.
mort enterré	le 5. le 7. Janv.	Jean Crocol Bourgeois de ce lieu agé des 53. Ans. 10. Mois. 10. Jours.
gest. begr.	den 25. den 26. Jenner	Elisabetha Willhelmina ein Töchterlein Paul Durand und Maria Elisabeth Grunin. alt 3. Jahr 4. Monath 7. Tag.
gest. begr.	den 22. den 23. Aprill	Jean Daniel ein Söhnlein Jean Daniel Durand und Rebekka Schanz. alt 7. Jahr. 9. Monath. 23. Tag.
morte enterrée	le 25. le 27. Maj	Augustine Marguerithe Pansû Veuve de feu François Louis Crocol. agée d'environ 88. Ans.
gest. begraben	den 21. den 22. Augst	Johann Fridrich ein Söhnlein Henri Charles Renaud und Eva Giraud. alt 3. Wochen.
gestorben begraben	den 8. den 10. 9^{br}.	Catharina Carolina Dorothea ein Töchterlein Mag. R. Lichtenhan Pfr und Frau Eleonora Stikelberger alt. 1. Jahr. 4. Monath. 25. Tag.
gestr. begr.	den 21. den 22. 9^{br}.	Salome ein Töchterlein Jakob Bek und Susanne Salome Armand alt 2. Jahr. 2. Monath. 23. Tag.

p. 414

1776 gestorben begraben	9^{br}. den 24. den 25.	Jean Pierre ein Söhnlein David Munier und Maria Catharina Durand. alt. 8. Tag.
gestorben begraben	X^{br}. den 15. den 17.	Marie Susanne ein Töchterlein Anna Margaretha Paget weÿl Johannes Schempen Wittib. alt 2. Jahr. 7. Monath. 17. Tag.
gestorben begraben	X^{br}. den 26. den 27.	Jean Louis ein Söhnlein Henri Crocol und Susanne Barbe Marche. alt. 11. Tag.
gestorben begraben	X^{br}. den 29. den 31.	Johan Georg Jakob ein Söhnlein Christof Feÿrer und Catharina Wurmin alt. 3. Jahr. 3. M. 25. Tag.
gestorben begraben	den 30. X^{br}. den 1. Jan.	Elisabeth Schönthaler weÿl Abraham Isaac Armand hinterlassne Wittib alt. 58. J. 27. Tag.
1777 gestorben begraben	Jenner den 7. den 9.	Johann Rudolf ein Söhnlein Paul Durand des Schulmeisters und Anna Maria Elisabeth Grünin alt. 1. Jahr. 4. Monath 10. Tag.
gestorben begraben	Jenner den 10. den 12.	Willhelm Heinrich ein Söhnlein Daniel Bourdaillez und Jeanne Susane Thiery. alt. 2. Jahr. 3. Monath. 27. Tag.
gestorben begraben	Hornung den 20. den 22.	Maria Susanna ein Töchterlein Jean Christian Durand und Lucrece Armand alt. 8. Wochen.
gestorben begraben	Hornung den 22. den 24.	Maria Susanna ein Töchterlein Jean Jaques Gros und Lucrece Racine alt 1. Jahr 1. Monath.
gestorben begraben	den 10. den 12. Merz	Daniel fils legitime de George Daniel Thiery Anwald & Marie Elisabethe Aubussire age de 3. Ans 5. Mois 3. Semaines.

p. 419 [sic]

1777 morte enterrée	le 30. Mars le 1. Avril	Jeanne Susanne Gobet femme de Jean Daniel Marche. agée de 37. Ans. 1. Mois & 28. Jours.
gestorben begraben	den 12. den 13. Juny	Paul Christian ein Söhnlein David Munier und Maria Catharina Durand. alt 1. J. 10. M. 3. Wochen.

p. 414 [sic]
1776

Liste
des Morts
sous le Ministere
de
Jaq. Christofle de Gachnang.
10me Pasteur.

p. 419

Jahr	Monath	
1777 N° 8.	Aug.	Maria Elisabetha. Ein Töchterl. Jean Durand des Bürgers u Bärrenwirths in
gest.	d^n 29^t	Deutschneureuth ref. Rel. u. Elisabet Giraud auch ref. Rel. alt. 11 Tag.
begr.	d^n 30^t	
N° 9.	8^{br}.	Fr Catharina Gourdon, weiland Hl. Ulrich Schlittharts von Elmendingen nach Tod
gestorb.	d^n 18^t	hinterlassener Wittib, alt 68 Jahr 4 Mon. 9 Tag.
begraben	d^n 19^t	
N° 10.	X^{br}.	Frau Maria Elisabeth Grünin, Paul Durand des Schulmeisters allhier, gewesene ehliche
gestorben	d^n 20^t	Hausfrau. Alt. 41 Jahr 8 Monath 15. Tag.
begraben	d^n 22^t	
1778 N° 1.	Jan.	verstorben einem Alter von 47 ½ J. 3. W. und 2 Tag. Margaretha, weil. Georg Feÿrers eines
gestorben	d^n 1^t	gewesen allhiesigen Beÿsizers, von Leimersheim aus der Churpfalz gebürtig, nach Tod
begraben	d^n 4^t	hinterlassene ehelich ledige Tochter.
N° 2.	Januar	Ana Maria Amborst von Hundsbach eine hiesige Beÿsizerin. alt ohngefehr 68 Jahr.
gestorben	d^n 22^t	
begraben	d^n 23^t	

p. 420

1778 N° 3.	Febr.	Joh Adam Weichel, ein Söhnlein J. Adam Weichels, Ref. und Barb. Aal Luth Rel. alt 2
gestorben	d^n 27^t	Monath 19 Tag.
begraben	d^n 28^t	
N° 4.	Febr.	Anna Maria Barbara ein Töchterlein Christian Clour und Joh. Marg. Crocol, alt 27 Tag.
gestorben	d^n 27^t	
begraben	d^n 28^t	
N° 5.	Martii	Christina Barbara, ein Töchterl. Paul Gros und Susanna Renaud. alt 6 Monath 3 Wochen 2
gestorben	d^n 2^t	Tag.
begraben	d^n 3^t	
N° 6.	Mart.	Jeanne Marie, ein Töchterlein George Danjel Thiery des Anwalds, und Marie Elisabethe
gestorben	d^n 21^t	Aubussier alt 2 Jahr 10 Tag.
begraben	d^n 23^t	
N° 7.	Aug.	Lucretia Armand, Christian Durands gewesene eheliche Hausfrau. Alt 22 Jahr 2 Wochen 5.
gestorben	d^n 31^t	Tag. Kindbett.
begraben	d^n 2^t Sept.	
N° 8.	Sept.	Jakob Friedrich, ein Söhnlein Christian Durands und weil. Lucretia Armand. Alt 9 Wochen
gestorben	d^n 3^t	5 Tag.
begraben	d^n 4^t	

p. 421

1778 N° 9.	Sept.	Susanna Racine, weil Henry Charles Renauds nach Tod hinterlassene eheliche Hausfrau.
gestorben	d^n 21^t	Alt 55 Jahr 11 Monath 3 Tag.
begraben	d^n 23^t	
N° 10.	Dec.	Jeanne Marie Racine, weil Christian Clour gewesenen Bürgers allhier nach Tod
gest.	d^n 30^t	hinterlassene Wittwe. Alt 66 Jahr 2 Monath 3 Tag.
begraben	d^n 31^t	
1779 N° 1.	Febr.	Jean Danjel, Jean Boeufs Ref. mit A. M. Weinhart geb. ehl. Sohnl. Alt 6 Tag.
gest.	d^n 26^t	
begr.	d^n 27^t	
N° 2.	Aug.	Abraham Crocol gewesener heisiger Bürger. alt 55 Jahr weniger 1 Wochen.
gest.	d^n 12^t	
begr.	d^n 14^t	
N° 3.	Sept.	Margretha Magdalena, ein Töchterlein Henry George Durand des Schuladjunct und Jeanne
gest.	d^n 13^t	Marie Racine. Alt 6 Wochen 6 Tag.
begr.	d^n 14^t	

p. 422

1780 N° 1. gestorben begraben	Sept. d^n 19^t d^n 21^t	Anna Margaretha ein Töchterl. Mag. Jakob Christof von Gachnang Pfr; und Frau Anna Margaretha Gnöpf. Alt 2 Jahr 3 Wochen 5 Tag 5 Stund. Blau Husten.
1781 N° 1. gest. begr.	May d^n 2^t d^n 4^t	Hs. Georg Schmidt gewesener hiesiger bürger. Alt 28 Jahr 11 Wochen 1 Tag.
N° 2. begr.	Aug. d^n 11^t	Ein eodem todgebohrnes Mäydchen. Vatter: David Meunier. Mutter: Maria Kathrine Durand.
N° 3. gest. begr.	Aug. d^n 30^t eod.	Jeanne Marie ein Töchterlein H. George Durand und J. Marie Racine, alt 7 Stund.
1782 N° 1. gest. begr.	Mart d^n 9^t d^n 10^t	Georg Heinrich, ein Söhnlein Christian Clour u Joh. Margr. Crocol, alt 3 Jahr weniger 4 Tag.
N° 2. gest. begr.	May d^n 10^t d^n 11^t	Magdalene, ein Töchterlein Jak. Michel Bekens dahiesigen Bürgers u Zimmermanns, u Salome Armand. alt 1 Jahr 7 M. 10 T.

p. 423

1782 N° 3. begr.	Aug. d^n 17^t	Ein todgebohrnes Söhnlein. Vatter: Henry George Durand, Schuladjunctus. Muter: Jeanne Marie Racine.
N° 4. gestorben begraben	Sept. d^n 18^t d^n 19^t	Valeria ein Töchterlein Mag. Jakob Christof von Gachnang, Pfr; und Frau A. Margaretha Gnöpf. alt 1 Jahr weniger 1 Tag 18 Stund. Hahnpuhs.
N° 5. gestorben begraben	Octob. d^n 21^t d^n 22^t	Joh. Friedrich Willhelm Lipphart hiesiger Bürgers und Gürters alt 71 Jahr wenigen 1 Mon. 2 Tag.
1783 N° 1. gestorben begr.	Jan. d^n 9^t d^n 11^t	Jeane Marie Racine, Henry George Durand des Schuladjuncti gewesene ehel Hausfrau. alt 22 Jahr 5 Monath 3 Wochen 3 Tage. Ausszehrung.
N° 2. gest. begr.	Mart d^n 24^t d^n 25^t	Anna Maria Rothacker Ref, Michael Gutknechts L. hiesigen Bürgers gewesene ehel. Hausfrau, alt 58 J. 7 M. 11 T.
N° 3. gest. begr.	July d^n 28^t d^n 30^t	Rebekka Schantz, Joh. Danjel Durand gewesene eheliche Hausfrau alt 39 Jahr 8 Wochen. Weissfriesel.
N° 4. gest. begr.	Octob. d^n 10^t d^n 12^t	Johan Danjel Durand hiesiger Bürger. alt 37 Jahr weniger 11 Wochen 3 Tag. Hizige Krankheit.

p. 424[37]

1783 N° 5 Octob. gest. dⁿ 16ᵗ begr. dⁿ 18ᵗ	A. Marie Geseau weil Jakob Sutter gewesenen Bürgers zu DeutschNeüreüth hinterlassene ehel Hausfrau, alt 80 Jahr weniger ohngefehr 9 Wochen.
1784 N° 1 May gestorben dⁿ 10ᵗ begraben dⁿ 12ᵗ	Gertraut, ein Töchterlein Mag. Jakob Christof von Gachnang Pfr. und Fr. Anna Margaretha Gnöpf. 37 Wochen 1 Tag 10 ½ Stund. Hahngichten.
N° 2 Xbr. gestorben dⁿ 30ᵗ begraben dⁿ 31ᵗ	Margaretha, ein Töchterlein Balthasar Häfelein und Margr. Crocol, alt 1 ½ Tag.
1785 N° 1 Febr. gest. 25ᵗ begr. 27ᵗ	Jeanne Marguerithe Crocol, Balthaser Häfelein, dahiesigen Bürgers gewesene eheliche Hausfrau, alt 26 J. 5 M. 3 W. 4 T. Nach der Kindbett.
N° 2 Marti gestorben dⁿ 4ᵗ begraben dⁿ 6ᵗ	Maria Margretha Zimmermann, weil Pierre Gros nach Tod hinterlassene Wittwe. alt 60 J. 4 W. 2 T. Brustwassersucht.
N° 3 Aprl begraben dⁿ 11ᵗ	Ein Todtgebohrnes Söhnlein. Vatter: J. Pierre Durand Anwald, Muter: Christina Hornung.

p. 425

1785 N° 4 Juny gest. dⁿ 18ᵗ begr. dⁿ 19ᵗ	Joh. Jakob, Margretha Bommer, des Weber Kraustens Ehefrau, mit Filipp Jgel ein Ehebruch erzeugtes Söhnlein. alt 7 Tag.
N° 5 Aug. begr. dⁿ 30ᵗ	Ein todgebohrnes Töchterlein, Vatter weiland Heinr. Siegmann, ein Kurzwaarenschaudler aus Ripzig welcher dⁿ 10 May zu Niedersfeld bey Amburg verstorben. Muter Anna Barbara Jlgin, von Ermatingen aus dem Thurgau am Boden See gebürtig.
N° 6 Novemb. gest. dⁿ 29ᵗ begr. Dec. 1ᵗ	Jean Pierre Durand, gewesener hiesiger Bürger und Alt Anwald. Alt 29 Jahr, 27 Wochen 4 Tag; am der Wassersucht.
1786 N° 1 Januar gest. dⁿ 7ᵗ begr. dⁿ 8ᵗ	Joh. Rudolf Ein Söhnlein M. Jakob Christof, von Gachnang Pfr., und Frau Anna Margretha Gnöpf. Alt 39 Wochen 1 Tag 17 Stund. Huhngicht.
N° 2 Aprl gest. dⁿ 10ᵗ begr. dⁿ 12ᵗ	Lucretia ein Töchterl Christof Feÿrers u Cathrina Wurmin. alt 2 J. 2 W. 3 T. Blatern.

p. 426

1786 N° 3 Aprl gestorben dⁿ 29ᵗ begraben dⁿ 1ᵗ May	Maria Lucretia Racine, Jean Jaques Gros des hiesigen Kirchenältesten gewesene ehel Hausfrau, alt 42 Jahr, 9 Mon. 3 W. 1 T. Auszehrung.
N° 4 Juny gest. dⁿ 23ᵗ begr. dⁿ 25ᵗ	Joh. Georg, ein Söhnlein weil Joh Georg Schmidts gewesenen hiesigen Bürgers und Leinenwebers und Margretha Bommerin. fiel in einer Scheues zu tod. alt 7 Jahr 1 Mois 23 Tag.
N° 5 Aug begr dⁿ 17ᵗ	Ein todtgebohrnes Söhnlein, Vatter Andreas Angelberger, Muter Eufrosina Hängerin.
1787 N° 1 Jan. gest. dⁿ 4ᵗ begr. dⁿ 5ᵗ	Cathrina Barbara, ein Töchterlein Michel Gutknechts u Cathr Barb Crocol. alt 6 Wochen 2 Tag. Ward von so kleinen brüderl. alldie weil die Muter an der Waschbach und der Vatter auf der Frohn war, gewagete die Wage fiel, das grosse auf das kleine Kind u bis die Elter dazu kommen war es erstilet.
N° 2 Feb. gest. dⁿ 12ᵗ gebr. dⁿ 14ᵗ	Susanne Margr. Clourin, Hs Georg Buchleiters des hiesigen Bürgers und Hufschmidts gewesene ehel. Hausfrau. alt 45 Jahr weniger 3 W. 4 T. Ausszehrung.

[37] The format of the church book does not change at this point, rather I have changed how I depict the format.

p. 427 1787 N° 3 Sept. gestorben d^n^ 21^t^ gebraben d^n^ 22^t^	Filipp Jakob, ein Söhnlein weil. Jean Pierre Durand des gewesenen hiesigen Anwalds, und Christina Hornung, alt 5 Jahr, 6 Wochen, 4 Tag. Fleken.
N° 4 Nov. gest. d^n^ 6^t^ begr. d^n^ 7^t^	Cathrina, ein Töchterl. weil Jakob Michel Bekens und Susanna Saloma Armand alt 11 Jahr 38 Wochen. Fieber u Schwulst.
N° 5 Dec. gestorben d^n^ 20^t^ begraben d^n^ 21^t^	Hs Georg, ein Söhnlein J. Heinrich Clour und Kathrina Grossmännin, alt 3 Wochen 5 Tag.
N° 6 Dec. gestorben d^n^ 24^t^ begraben d^n^ 25^t^	Christian, ein Söhnlein David Meunier und M. Kathrina Durand. Alt 10 ½ Tag.
1788 N° 1 Febr. gest d^n^ 5^t^ begraben d^n^ 6^t^	Joh. Christian Durand, gewesener hiesiger Bürger und Ancien. Alt 36 Jahr, weniger 11 Wochen 2 Tag. Ausszehrung.
p. 428 N° 2 Junius gestorben d^n^ 23^t^ begraben d^n^ 25^t^	Susanne Cazabon, weiland Jean Racine gewesenen hiesigen Bürgers nach Tod hinterlassene Wittwe. Alt 69 Jahr und ohngefehr 11 Wochen. Schwulst.
N° 3 Aug. gestorben d^n^ 2^t^ begraben d^n^ 3^t^	Christian, ein Söhnlein Jean Pierre Renaud, und Elisebeth Schlatterin, alt 4 Wochen 1 Tag. Gichter.
N° 4 Sept. gest. d^n^ 13^t^ begr. d^n^ 14^t^	Christian, ein Sohnlein Joh. Flanz von Becherbach, Soldat in CRuhe, und Mar. Margr. Gengenbachin von Huchenfeld. alt 3 Wochen 6 Tag. Gichter.
N° 5 Sept. gest. d^n^ 27^t^ begr. d^n^ 29^t^	Jean Henry Crocol, gewesener hiesiger Bürger, alt 59 Jahr 10 Wochen 3 Tag. Brust-Wassersucht.
N° 6 Octobr. gestorben d^n^ 9^t^ begraben d^n^ 11^t^	Friedrich Jaques Durand, gewesener hiesiger Bürger und Gerichtsmann, alt 64 ¼ Jahr. Ausszehrung.
N° 7 Dec. gestorben d^n^ 7^t^ begraben d^n^ 8^t^	Kathrina, ein Töchterlein weil Johan Christian Durands, u Magdalena Margretha Schönthalerin. Alt 4 Jahr 17 Wochen 4 Tag. Fleken.
p. 429 1789 N° 1 Febr. gestorben d^n^ 24^t^ begraben d^n^ 26^t^	Marie Jeanne geb. Schönthalerin, weil. Friederich Jacob Durands gewesenen hiesigen Bürgers nach Tod hinterlassene Wittwe. Alt 68 J. 10 M. 2 W. 3 Tag. ward Jahr lang Contracte.
N° 2 Apr. gest. d^n^ 17^t^ begr. d^n^ 18^t^	David Christian Racine, gewesener hiesiger Bürger und Gerichts-Mann. Alt 32 Jahr 18 Wochen 5 Tag. Gallenfieber.
N° 3 Juny gestorben d^n^ 9^t^ begr. d^n^ 10^t^	Susanna Margaretha, Heinr. Georg Durand des hiesigen Bürgers u Schuladjuncti, mit Cathrina Höhnin ehel. erzeugtes Töchterlein. alt 3 Jahr 9 wochen 5 Tag. Ruhe.
N° 4 July gestorben d^n^ 26^t^ begraben d^n^ 27^t^	Maria Magdalena, Georg Martin Bekens des hiesigen Bürgers, mit Maria Dorothea Buchleiterin ehelich erzeugtes Töchterlein. alt 4 Jahr 19 Tag. Ruhe.
N° 5 Aug. gestorben d^n^ 3^t^ begraben d^n^ 4^t^	Michael, Michael Gulass mit Cathrina Sabina Schneiderin ehelich erzeugtes Söhnlein. alt 8 ¾ Jahr. Ruhe.

p. 430

1790 Febr. gestorben d^{n} 6^{t} begraben d^{n} 7^{t}	Johan Boeuf, Bürger von hier. alt 47 Jahr 4 Monaht.
N° 2 März gestorben d^{n} 8^{t} begraben d^{n} 10^{t}	Jean Jaques Gros, Bürger von hier, alt 51 1/4 Jahr.
N° 3 Juny gestorben d^{n} 5^{t} begraben d^{n} 6^{t}	Paul Durand gewesener hiesiger Schulmeister, alt 70 Jahr, 2 Monaht, weniger 2 Tag. Ausszehrung.
N° 4 Aug. gestorben d^{n} 22^{t} begraben d^{n} 23^{t}	Barbara, ein Töchterlein Christian Clours, des hiesigen Anwalds, und Margr. Crocolin, alt 4 Jahr, weniger 2 Wochen und 4 Tag. Blatern.
N° 5 gestorben d^{n} 31^{t} 8^{br}. begraben d^{n} 2^{t} 9br.	Margaretha, ein gebohrne Barrier Michael Schempen des hiesigen Bürgers gewesene ehel. Hausfrau. Starb im Gebähren.
1791 N° 1 März gestorb. d^{n} 10^{t} begraben d^{n} 12^{t}	Maria Barbara, eine geb. Schanzin, weil Abraham Crocols gewesenen hiesigen Bürgers nach Tod hinterlassene Wittwe. Alt 56 Jahr.

p. 431

1791 N° 2 Juny gestorben d^{n} 19^{t} begraben d^{n} 21^{t}	Jeanne Susane née Thierry, Danj Bourdaillez daheisigen Bürgers u Anciens gewesene ehel Hausfrau. Alt 55 Jahr weniger 1 Monath. Blutsturz.
N° 3 8^{br}. gestorben d^{n} 13^{t} begraben d^{n} 17^{t}	Jean Danjel Marche, gew. hiesiger Bürger, alt 58 Jahr, weniger 11 Wochen. Wassersucht.
N° 4 9^{br}. gest. d^{n} 2^{t} begr. d^{n} 4^{t}	Marie Susanne née Buchleiterin Jean Tibaud des hiesigen Bürgers gewesene ehel. Hausfrau. Alt 21 J. 8 M. 2 W. 2 T. Wassersucht.
1792 N° 1 Febr. gest. d^{n} 13^{t} begr. d^{n} 14^{t}	Christina, ein Töchterlein Georg Friedrich Willhelm Weiss & Rachel Durand. Alt 4 M. 2 W. 5 T. Gichter.
N° 2 Mertz gestorben d^{n} 1^{t} begraben d^{n} 2^{t}	Joh. Danjel, ein Söhnlein Johann Danjel Bourdaillez un Maria Kathrina, eine gebohrne Manzin. Alt 13 ½ Stund. Gichter.

p. 432

1792 N° 3 April gestorben d^{n} 28^{t} begraben d^{n} 29^{t}	Joh Heinrich, ein Söhnl. J. Piere de J. Jaq. Gros u. Anne Marie Crocolin. alt 2 Wochen 1 Tag. Gichter.
N° 4 July gestorben d^{n} 3^{t} begraben d^{n} 5^{t}	Margretha Barbara, ein Töchterlein Georg Friedrich Buchleiters und Maria Barb. Poppin. alt 7 Monath 4 Tag. Ruhe.
N° 5 July gestorben d^{n} 9^{t} begraben d^{n} 11^{t}	Marie Susana Crocolin, weil. Hein. Crocols mit Susanne Barbe Marchin ehel. erzeugte ledige Tochter. Alt 19 Jahr 6 Wochen 2 Tag. Starb in Geburtsnothele.
N° 6 July gestorben d^{n} 16^{t} begraben d^{n} 17^{t}	Heinrich, ein Söhnlein |angegebener Vatter Melchior Dum, Mühlers & gebürtig von Durlach| Marie Susanne Crocolin, w. Heinr. Crocols hinterlassene u, wie ob steht verstorbener Tochter. Alt 8 Tag. Gichter.
N° 7 July gestorben d^{n} 31^{t} begraben d^{n} Aug 1^{t}	Anna Margretha, ein Töchterlein Jakob Christof von Gachnang Pfr. und Fr. Anna Margr. geb. Gnöpfin. alt 2 Jahr, weniger 4 Wochen 1 Tag. Ausszehrung und zulezt Ruhe.

p. 433

1792 N° 8 Dec. begraben d^n^ 13^t^	ein den 12^t^ todgebohrnes Söhnlein Vater Joh. Tibaud Muter Salome Armand.
N° 9 Dec. gestorben d^n^ 20^t^ begraben d^n^ 22^t^	Maria Kathrina eine geb. Mäderin, weiland Kaspar Poppens gewesenen hiesigen Hirschenwirths nach Tod hinterlassene Wittwe. Alt 63 J. 4 M. 6 T. Husten u Stechen.
1793 N° 1 Januar gestorben d^n^ 14^t^ begraben d^n^ 16^t^	Michael, ein Söhnlein Michael Guler u Sabina Kathrina Schneiderin. alt 8 Tag. Gichter.
N° 2 Febr. gestorben d^n^ 15^t^ begr. d^n^ 17^t^	Danjel Marche, gewesener Anwald und Kirchenältester. Alt 84 Jahr 7 Tag.
N° 3	suche auf der folgen den Seite unten
N° 4 May ---- d^n^ 16^t^ begraben d^n^ 18^t^	Joh Christian, ein Söhnlein weil. Danj. Marche u Eva Suterin. Alt 2 Jahr 16 Wochen 1 Tag. Auszehrung.
N° 5 May gest. d^n^ 22^t^ begr. d^n^ 24^t^	Joh. Heinrich, ein Söhnl. Christian Clour, hiesigen Anwalds u. Joh Margr. Crocolin. Alt 3 Jahr 18 Wochen 6 Tag. Stekfluss.

p. 434

1794 N° 1 Merz gest. d^n^ 19^t^ begr. d^n^ 21^t^	Christian Clour gewesener hiesiger Anwald und Zimmermann. Alt 43 J. 6 M. 6 T. Faulfieber.
N° 2 Merz gest. d^n^ 30^t^ begr. d^n^ 31^t^	Eine durchreisende arme Frau Namens Margaretha geb. Traubin Ev. Ref. gebürtig von Weilerbach beÿ Kaiserslautern, weil Joh. Ewald Schülers von Erzenhausen beÿ Kaiserslautern zurückgelassene Wittwe. Faulfieb.
N° 3 Apr. gest. d^n^ 23^t^ begr. d^n^ 24^t^	Danjel Bourdaillez gewesener Kirchenältester. Alt 53 Jahr, 11 Mon. Faulfieber.
N° 4 May gest. d^n^ 6^t^ begr. d^n^ 8^t^	Juliana Heinriette geb Höhnin Georg Meÿers Bürgers und Schumachers von Wörth gewesene ehel. Hausfrau. Alt 37 J. 3 M. 3 W. 3 T. Faulfieber.
Nachtrag zu 1793 N° 3 Apr. gest. d^n^ 29^t^ begr d^n^ 1^t^ May	Susanna Margretha geb. Ehrmännin weil Joh. Heinrich Höhn gewesenen Reform. Schulmeisters zu Wörth hinterlassene Wittwe.

p. 435

1794 N° 5 Juny gest. d^n^ 19^t^ begr. d^n^ 20^t^	Margaretha, ein Töchterlein Henry George Durand, des hiesigen Schulmeisters, und Katharina geb. Höhnin. Alt 5 J. 5 M. 3 W. Faulfieber.
N° 6 Aug. gest. d^n^ 13^t^ begr. d^n^ 14^t^	Johann Danjel, ein Sohnlein Johann Danjel Bourdaillez, des hiesigen Anwalds und Margr. Kathrina Manzin. Alt 1 Jahr 9 Wochen. Auszehrung zulezt Ruhe.
N° 7 Nov. gest. d^n^ 3^t^ begr. d^n^ 5^t^	Georg Peter, ein Söhnlein Georg Meÿers, Bürgers u Schuhmachers von Wörth, und weil Juliana Henriette geb. Höhnin. Alt 9 J. 6 M. 2 W. Schwindsucht.
N° 8 X^br^. gest. d^n^ 4^t^ begr. d^n^ 6^t^	Susanna geb. Renaud Paul Willhelm Gros gewesene ehel. Hausfrau. Alt 47 J. 4 W. 1 T. Faulfieber.
1795 N° 1 Jan. gestorben 23^t^ Jan. begraben 25^t^ Jan.	Anna Maria geb. Riedmännin weil Danj Marches Anciens gewesene eheliche Hausfrau, alt 68 J. 1 M. 3 W. Auszehrung.

p. 436

1795 N° 2 Apr. gest. d^n^ 10^t^ begr. d^n^ 12^t^	Kathrina eine geb. Bonetin Tob Feiler hiesigen Bürgers u Webers gewesene eheliche Hausfr. Alt 61 J. weniger 1 Monath. Faulfieber.
N° 3 Maÿ geb. u gestorben d^n^ 10^t^ begraben d^n^ 11^t^	Ein 5 ½ Monaht Kind mänl Geschlechts welches bei seiner Geburt einen Sehrer gelassen, ehe getefe ½ Stund darauf gestorben. Vatter Jean Pierre Gros Kirchenältester. Muter Anna Maria Crocolin.
N° 4 Julÿ gest. d^n^ 26^t^ begr. d^n^ 28^t^	Maria Magdalena, ein Tochterlein Georg Friedrich Buchleiters und Margra. Barbara Poppin. Alt 1 ¾ Jahr. Kinderblaten.
N° 5 Sept. gest. d^n^ 7^t^ begr. d^n^ 8^t^	Michel Guler gewesener hiesiger Einwohner. Alt 38 J. 3 W. 1 T. Gallenfieber, Ruhe, Blutsturz.
N° 6 Nov. gest. d^n^ 4^t^ begr. d^n^ 6^t^	Joh Friedrich, ein Söhnlein Jean Frederic Marche, Ancien et Rebeqque Durand. Alt 3 J. 1 W. 1 T. an einen Fall vom Wagen.

p. 437

1795 N° 7 Nov. gestorben d^n^ 7^t^ begraben d^n^ 9^t^	Anna Maria geb. Crocollin, Jean Pierre Gros Kirchenältesten gewesene ehel Hausfrau. Alt 23 J. 8 M. 1 W. 6 T. an den Folgen einer zu frühen Niederkunft.
N° 8 Nov. gest. d^n^ 12^t^ begr. d^n^ 14^t^	Joh Jacob, ein Söhnl. Heinr. de Heinr. Crocols und Rachel Buchleiterin. Alt 1 J. 17 W. 6 T. Gichter.
1796 N° 1 gestorben d^n^ 24^t^ begraben d^n^ 25^t^ Merz	Susanna Maria ein Töchterlein Jung Joh. Buchleiters und Susanna geb. Marchein. Alt 5 Tag. Gichter.
N° 2 Aprill gestorben d^n^ 9^t^ begraben d^n^ 11^t^	Margretha Rachel, ein gebohrne Racine, weil Jean Pierre Durand gewesenen hiesigen Bürgers nach Tod hinterlassene Wittwe. alt 69 Jahr, 7 Mon. 2 W. 1 T. Schnellen Tod.
N° 3 Aug. gest. d^n^ 7^t^ begr. d^n^ 9^t^	Margretha, ein Töchterlien Michel Schempens und weil. Margr. Barrié, alt 6 Jahr weniger 12 Wochen 1 Tag. Gichter.
N° 4 Aug gest. d^n^ 23^t^ begr. d^n^ 25^t^	Joh Peter, ein Söhnlein Joh Peter Gros u Maria Magd. Crocolin. Alt 2 Jahr, weniger 11 Wochen. Gichter.

p. 438

1796 N° 5 Oct. gest. d^n^ 6^t^ begr. d^n^ 7^t^	Christina, ein Töchterlein Michael Schempens und Magdalena Barrié. alt 3 Wochen 3 Tag. Gichter.
N° 6 Nov. gest. d^n^ 9^t^ begr. d^n^ 11^t^	Joh Danjel, ein Söhnlein Heinrich de Heinrich Crocols u Rachel geb. Buchleiterin. Alt 4 J. 3 M. 6 T. Stekfluss.
1797 N° 1 Febr. gest. d^n^ 13^t^ begr. d^n^ 15^t^	Kathrina Barbara, ein geb Crocolin, weil Michel Gutknechts, daheisigen Bürgers zurükgelassene Wittwe, alt ohngefehr 37 Jahr. Lungengeschwüre.
N° 2 Oct. gest. d^n^ 20^t^ begr. d^n^ 21^t^	Andreas Wucewach /Wutschewash/ Soldat beÿ dem löbl K. K. Slavonischen Infanterie Regiment Broder gebürtig von … in Slavonien Katholischer Relig. Alt ohngefehr 25 Jahr.
N° 3 Nov. gest. d^n^ 5^t^ begr. d^n^ 7^t^	Joh. Heinrich, Joh. Heinrich Clour dahiesigen Bürgers mit Kathrina geb. Grossmännin erzeugter ehel led Sohn, alt 19 Jahr 3 M. 1 T. Faulfieber.

p. 439

1797 N° 4 Nov. mort d 8t sepalt d 10t	Carl Willhelm, Paul Willhelm Gros dahiesigen Bürgers mit weil. Mar. Susanna née Renaud ehel erz lediger Sohn, alt 25 J. 9 Monath weniger 2 Tag. Faulfieber.
1798 N° 1 Febr. gestorben dn 24t begr. dn 25t	Friedrich, weil Christian Clours mit Joh. Margr. einer geb. Crocollin ehel. erz. Söhnlein, alt 4 J. 10 M. 2 W. Auszehrung.
N° 2 Febr. gest. dn 26t begr. dn 28t	Friederika, weil Christian Durand mit Magd. Margr. geb. Schönthalerin ehel erz. Töchterl. alt 11 J. 3 M. 3 W. Schwarze Blatern an Händ u Füssen zulezt Gichter.
N° 3 Apr. gest. dn 18t begr. dn 19t	Maria Cathrina ein Töchterlein Joh Durands u Elisabeth Durandin. Alt 4 Monath 1 Tag. Blauhusten.
N° 4 Aug. gest. dn 1t begr. dn 3t	Mar. Magdalena, ein Töchterl. Peter Grossens u Mar. Magd Crocolin. alt 6 Jahr 4 Wochen 5 T. Hizig Fieber.
N° 5 Oct. gest. dn 11t begr. dn 12t	Jakob, ein Söhnl. Heinr. Georg Durands des Schulmeisters und Kathrina Höhnin. alt 2 Wochen 5 Tag. Gichter.

p. 440

1799 N° 1 Febr. dn 14t begr. dn 16t	Maria Susanna, ein Töchterlein Joh. Jakob Grossens und Margr. Schempin alt 1 Jahr 4 M. 3 W. 3 T. Gichter.
N° 2 Merz gest. dn 17t begr. dn 19t	Jeanne Marie, geb. Thierÿ, Joh Jakob Crocols gewesene Ehefrau. alt 67 J. 7 M. 1 W. 2 T.
N° 3 Apr. gestorben dn 17t begr. dn 19t	Joh. Friedrich Renaud, gewesener heisiger Bürger und nach seiner Zurükkunft nach seiner Ausswanderung nach Pohlen Hintersass, alt 43 Jahr 6 Monaht 2 Wochen 1 Tag, 7 Stund. hizig Gallenfieber.
N° 4 Juny gest. dn 9t begraben eod abends	Joh Georg, Joh Georg Angelbergers mit Mar. Magd geb Durands ehel erz. Söhnlein. Alt 7 Tag 5 ½ St. Gichter.
N° 5 Oct gest. dn 13t begr. dn 14t	Jakob, J. Pierre Renaud mit Elisabeth, einer geb Schlatterin ehel erz. Söhnlein. alt 3 J. 3 Wochen 5 Tag.
1800 N° 1 Jan gest. dn 7t begr. dn 9t	Jean Jaques Crocol gewesener hiesiger Bürger und Wittwer. Alt 68 J. 3 M. 4 T. Brustfieber.

p. 441

1800 N° 2 Jan. gest. d^{n} 30^{t} begr. d^{n} 1^{t} Febr.	Magdalena Margaretha geb. Schönthalerin, Joh. Martin Rufs gewesene ehel Hausfrau. Alt 47 J. 3 M. 3 W. 1 T. Schwindsucht.
N° 3 Jan. gest. d^{n} 31^{t} begr. d^{n} 1^{t} Febr.	Christian, Christian Clours mit Mar. Margaretha geb. Buchleiterin ehel. erz. Söhnlein. Alt 5 Monath 3 Tag. Blater.
N° 4 Febr. gest. d^{n} 25^{t} begr. d^{n} 27^{t}	Georg Jakob, weil. Christian Clour mit Joh. Margaretha geb. Crocolin ehel. erz. Söhnlein alt 12 Jahr, weniger 12 Tag. Flekfieber.
N° 5 Merz gest. d^{n} 5^{t} begr. d^{n} 7^{t}	Elisabetha, Johann Mounier mit Mar. Kathrina geb Feürerin ehel erz. Töchterlein. Alt 1 Jahr 7 W. 6 T. Blatern.
N° 6 Merz gest. d^{n} 7^{t} begr. d^{n} 8^{t}	Kathrina Barbara, alt Heinrich Crocol dahiesigen Bürgers u Gerichtsverwanden mit Christina geb Hornungin ehel erz Töchterl. Alt 2 Jahr 6 M. 2 W. 3 T. Blatern.
N° 7 Merz gest. d^{n} 10^{t} begr. d^{n} 12^{t}	Christina, Joh Tibaud mit Susanna Salome Armand ehel. erz. Töchterlein. Alt 2 J. 6 M. 3 Wochen. Blatern.

p. 442

1800 N° 8 Merz gest. d^{n} 19^{t} begr. d^{n} 21^{t}	Joh Friedrich, ein Söhnlein Jean Pierre Gros und Susanna geb. Renaud. Alt 3 Jahr 5 W. 3 T. Blatern u Fleken.
N° 9 Merz gest. d^{n} 23^{t} begr. d^{n} 25^{t}	Magdalena, Joh Jakob Buchleiter hiesigen Bürgers u Wagners mit Elisabeth geb Poppin ehel erz Töchterlein. Alt 3 J. 3 M. 2 W. 1 T. Blatern.
N° 10 Merz gest. d^{n} 24^{t} begr. d^{n} 26^{t}	Susanna Margr. Johann Buchleiters ältern, dahiesigen Schmidts mit Rebekka geb Crocollin ehel erz Töchterlein, Alt 4 J. 3 M. 2 W. Blatern.
N° 11 Merz gest. d^{n} 26^{t} begr. d^{n} 28^{t}	Heinrich, Heinrich David Mounier mit Joh. Margr. Clourin ehel erz. Söhnl. Alt 3 J. 2 M. 2 W. 3 T. Blatern.
N° 12 Apr. gest. d^{n} 16^{t} begr. d^{n} 18^{t}	Joh. Jakob ein Söhnlein alt Heinr Crocols u Christina geb Hornungin; alt 4 J. 11 Mon. 14 Tag. Folg. den Fleken.
N° 13 Maÿ gest. d^{n} 26^{t} begr. d^{n} 28^{t}	Elisabeth, Michel Schemppens dahiesigen Bürgers mit Magdalena geb. Barrie ehel erz. Töchterlein. Alt 8 Monath 1 Woche 5 Tag. Gichter.

p. 443

1800 N° 14 Nov. gest. d^{n} 17^{t} begr. d^{n} 19^{t}	Anna Maria, weil Jean Danj Durand mit Rebekka geb Schanzin ehel erz led Tochter. Alt 18 J. 10 W. 1 T. Faulfieber.
N° 15 16 17 gest. u begr. d^{n} 15^{t} Dec.	Dreÿ Kinder, ein Söhnlein u 2 Töchterlein, des Joh Jakob Schemp, dessen Frau Maria Esther, geb Barrié ihm Montags den 15ten Dec morgens zwischen 2 u 4 ¼ Uhr auf ein mal 4 Kinder zur Welt gebohren hatte. Das erste Töchterlein war todgebohren, u das nadere Töchterlein lebte ¼ Stund, und das Söhnlein, als das lezte war auch todgebohren.
N° 18 Dec. gest. u begr. d^{n} 16^{t}	Maria Esther ein Töchterlein Joh Jak Schempens und Maria Esther geb Barrié. alt gerade 24 Stund. Dis ist das von obbemaldten 4 Kindern Zweÿtgebohrnes.

p. 444

1800 N° 19 Dec. gestorben d[n] 22ten begraben d[n] 24ten	Jean Henry Clour, dahiesigen Bürger. Alt 46 Jahr 11 Monath.
N° 20 Dec. gestorben d[n] 22ten begraben d[n] 23ten	Joh Friedrich, ein Söhnlein Joh. Friedrich Gros, u Christina geb. Durandin. Alt 2 Wochen 1 Tag.
1801 Jan gest. d[n] 12ten begr. d[n] 14ten	Kathrina geb. Albrechtin, weil Jean Crocols, gewesenen hiesigen Bürgers hinterlassene Wittwe. Alt ungefehr 84 ¼ Jahr.
N° 2 Jan. gest. d[n] 30ten begr. d[n] 31ten	Margaretha Heinrich Grosses mit Margr. geb Crocolin ehel erz Töchterlein. Alt 1 Tag.
N° 3 Merz gestorben d[n] 18ten begraben d[n] 20ten	Christof Feürer Maurermeister, Christof Feürer dahiesigen Bürgers Maurers und Kirchenzensers mit Kathrina geb Wurmin ehel erz led Sohn. Alt 24 ½ J. hizige Krankh.
July gest. d[n] 25 begraben d[n] 27ten	Jeanne Marguerithe geb Paget, weil Joh. Schemp gewes hies Bürgers u Webers zurückgelassene Wittwe. Alt 66 ½ Jahr, u etl Tage. Brustwassersucht.

p. 445

Sterbregister vom Jahre
1801

gestorben d[n] 28. Xbris begraben 29. eiusd	Maria Magdalena, eine Tochter des Peter Gros von hier und seiner Ehefrau Magdalena Crocol. Alt 3 Jahre weniger 17 Tage.

Sterbregister vom Jahre
1802

gestorben d[n] 13. Oct. begraben d[n] 15. eiusd.	David Mounier ein Strumpfweber feines Handwerks gebohrne den 29 März 1725 in der reformierten Wallonischen Colonie Simsem sonst Neu Hengstett im Wirtembergischen Oamt Mecklinger. Seine Aeltern waren: Etienne Mounier und Marie Salmon samt Piemont gebürtig. Ao 1745 den 11[t] Mai verrfligte er sich mit Lukrezia Badevin, der hinterlassenen Wittwe des Barthelemy Gallandre lebte mit derselben bis den 2. Aug. 1768 in der Ehe und zeugte 2 Kinder mit ihr, die aber beide erstorben sind. den 11[t] Oct 1768 verrfligte er sich zum 2ten Mahle mit Maria Catarina, des weiland Paul Durands Schulmeisters dahier ehl. ledige Tochter lebte mit derselben 34 Jahre in der Ehe, und zeugte 6 Kinder mit ihr, wodan nach 1. ledige Tochter.

p. 446

Sterbregister vom Jahre
1802

zeit des Todes u der Beerdigung	ter, und 2. dahier verheirathete Söhne leben. Seine Krankheit war die Geschwulst oder Wassersucht. Alter 77 Jahre 6 Monate und 12 Tage.
gestorben 29 Xbris beerdigt 31 eiusd.	Anna Maria Elisabetha Thierrÿ. Ihre Eltern waren: Matthieu Auboussier, ein Hutmacher in Karlsruhe und Eva, eine gebohrne Autraud. Ihr Gebürts Jahr fällt in annum 1743 den 15ten Decemb. Ihr Ehemann, Daniel Thierrÿ, zeugte 2. Kinder mit ihr, die aber beÿde von ihr starben. Nachdem sie 12-14 Jahren mit diesem Thierry in der Ehe gelebt hatten, ward sie von demselben verlasten, und ist auch nachher ein mehr etwas von ihm gehört warden.

1803

gestorben 16 Febr. beerdigt 18 eiusd.	Susanna Salome Tibaud. Sie war gebohren den 6. Julÿ 1754. Ihre Eltern waren Abraham Isac Armand, und Elisabetha Schönthalerin, eius uxor. Anno 1773 verrfligte sie sich mit Jakob Beck von hier, lebte mit demselben 11. Jahre in der Ehe, gebahr 5. Kinder, wovon noch 1. Tochter ein leben ist. Nachdem sie 8. Jahre als Wittwe zugebracht, verrfligte sie sich zum 2ten Mahle mit Johannes Tibaud von Friedrichsthal, gebahr 2. Kinder, die aber frühzeitig starben. Sie starb an einer hitzigen Krankheit. Leben alte: 48 Jahre 7 Monat.

p. 447

Sterb Register vom Jahre
1803

Am 7ten März starb dahier dem Balthasar Häfele, Kramer, und seiner Ehefrau Anna Maria geb. Durand, ihr jüngstes Kind, namens Georg Jakob, das am 31. Mai 1802 gebohren war, an einer Auszehrenden, 11. Wochen lang angehaltenen Krankheit, und ward den 9[t] eiusd. beerdiget. alt 9. Monat und 6. Tage.

Mittwoch den 29. Junius auf Peter und Paul morgens 3 Uhr starb dahier Katarina Barbara Clour, geb. Grossmännin (so gab die Mutter Maria Catarina, geb. Matthesin von Güglingen, den Vater zu diesem ihrem unehеligen Kind an) in ihrem 47ten Lebenjahre. Sie war mit Heinrich Clour von hier 21. Jahre lang verheirathet, und hatte von demselben 3. Kinder, die aber aller starben, daher ihr ganzes Vermagen ihren Erben zufiel. Auch unsere reformiert Kirche bedachte sie mit 50 fl unter der Bedingung dass sie die luther. Confession war, und also nach T. Neureuth hätte beerdigt werden sollen, auf dem hiesigen Kirchhofe neben ihren Mann, der reformirt war, begraben wurde was dann auch geschähe.

p. 448

Sterbregister vom Jahre
1804

Sonntags den 8[t] Jenner starb dahier Maria Ester, Ehegattin des Jakob Schempp's dahier. Sie war eine geb. Barrier von Friedrichsthal, des dasigen Bürgers u Einw. Onophre Barrier und Catarina Barbara eius uxoris, geb. Calmet, ehl. Tochter. Sie war geborne am 5. Nov. 1761. Ao 1784 den 13. April verheÿrathete sie sich mit genanntem Schempp von hier, lebte mit demselber beinahe 20. Jahre in der Ehe, gebahr 15. Kinder worunter einmahl Zwillinge und einmal sogar 4. Kinder auf einmahl gebohren wurden, wovon aber nur noch 2. Söhne u 2. Töchter leben. Neber 4. Monate lang siechte sie als eine Schwangere an einem Fieber, wozu seh zuletzt nach die Brustwassersucht gefellte. Am 10[t] Jenner ward sie beerdiget, ihres Alters 42. Jahre 2 Monate und 3 Tage.

Den 1. Nov. euj. ai starb dahier Anna Elisabeth Kolbin, gebürtig zu Pferdsfelds im ehemaligen Badischen Amt Winterburg im Sponhinnischen, eine Tochter des weiland Johannes Bernhardt daselbst und Anne Elisabetha N.N., desselbe Ehefrau. Sie war verheirathet mit einem gewissen Karl Kolb von Lettweiler das dem ehemalig Zweÿbrücker Oamt Obermoschel, Sohne des weiland Valentin Kolb und Margaretha, geb.

p. 449
Hofmännin von Lauschiedt, eius uxoris. Sie lebte nur 4. Jahre in die Ehe gebahr 2 Kinder, 1 Sohn, und 1 Tochter, die nach leben. Sie starb hier auf der R?e an den Folgen eines Fiebers, das sie bald nach ihrem Kindbette durch eine Erkältung sich zugezogen hatte, ihres alters 29. Jahre.

den 24 Xbris starb dahier Christoph Feÿerer, Mauerer seiner Perf. an Engbaüstigkeit u. Steckfluss. alt 56. Jahre, 2. Monate, u. 18. Tage, und wurd den 26. auf den 2[t] WFeiertag beerdiget.

Anmerkung:
Von gdgste Herrschaft sowohl als auch von einen Hochpreisl ev. reform. K Rathe zu Heidelberg wurde der Geistlichkeit beÿder Religiuestheile ein neues Formular sowohl zum Einschreiben der Verstorbenen als auch beÿm Einschreiben die Getauften und Copulirten vorgeschrieben. Da hier um pro 1804 dess Formular war nicht zum Grund gelegt worden, wiewohl er bei dem Verzeichniss die Gebohrnen bereits geschafen ist, so mache ich nunmehr mit dem Jahre 1805. Den Anfang damit, und es folget demnächst auf der folgenden Seite die Einschreibung der Verstorbenen nach gedachten Formular, das es dem Kurbadischen Regierungs blatt von 1803. Nov. 24 und 25. gedrucht zu lesen ist.

p. 450

Im Jahr Christi 1805 starb in hiesiger Pharrai W. N.

den 16. Januar morgens 3 Uhr, u wurde den 18. ej. vorm. um 10. Uhr begraben.	Maria Magdalena deren Ehemann war Peter Bürger und Einwohner dahier. Alt 35. Jahre weniger 5 Tage. Krankheit: ein 11 Wochen angehaltenes schleimigtes Nervenfieber.	Crocolle Groos
den 9. Aprill mittags 12. Uhr u wurde den 11[t] ejusd. Vormittags 9. Uhr beerdiget.	Johann Zacharias Bürger und Einwohner dahie, Wittwer Alt 65. Jahr und 6 Wochen. Krankheit: Alters Schwäche u Entkräftung.	Boeuf
den 2. August nachts und wurde den 4[t] ej. vormittags 11 Uhr begraben.	Maria Christina Vater: Heinrich Crocol, d. J. Br. und Einw. dahier. Mutter: Rahel, geb. Buchleiterin Alt 1 Jahr 3 Monate und 18 Tage. Krankheit: Gichtern.	Crocollin

p. 451

Im Jahr Christi 1805 starb in hiesiger Pfarrei

den 21. August abends 7 Uhr u. wurde den 23 ej. vormittags 11. Uhr beerdigt	Christina Vater: Christoph Br. u. Leinenweber dahier (luth. conf.) Mutter: Pernette, geb. Pourtif Alt 1 Jahr weniger 4 Wochen. Krankheit: Auszehrung.	Rouf

Anno 1806

den 21. Mai Nachts 12 Uhr, und wurde den 23. ejusd. morgens 7. Uhr beerdiget.	Johann Vater: Jung Heinrich Crocol, Bürger und Einwohner dahier. Mutter: Rahel, geb. Buchleiterin. Alt 5. Jahre und 5. Monate. Krankheit: Gichter.	Crocol

p. 452

	Im Jahre Christi 1806 starb in hiesiger Pfarrei	
den 12. Nov. vormitt. u. wurde den 14. ejusd. nachmitt. 1. Uhr beerdiget	Johann Felix Bürger und Einwohner dahier. Alt 50. Jahre, 6 Monate, 25. Tage. Krankheit: Lungensucht.	Crocol
den 18. Dec. nachmitt. 1. Uhr u. wurde den 20. ej. beerdiget	Maria Catarina Wittwe von dem Ao 1802. dahier verstorbenen David Mounier, Tochter des weiland Paul Durand, reform. Schullehrers dahier u. seiner Ehefrau Anna, geb. Crocol. Alt 62 Jahre, 2 Monate 3 Wochen. Krankheit: Brustfieber u. Nachlass der Natur.	Mounier

p. 453

	Im Jahre Christi 1807 starb in hiesiger Pfarrei	
den 28. März mittags 12 Uhr, und wurde den 30. ej. vormittage 9 Uhr beerdiget.	Susanna 2te Ehefrau des Jean Pierre Groos, Bürgers und Einwohners dahier, Tochter des weiland Friedrich Renaud, Bürgers u. Einw. dahier und Barbara geb. Stammlerin, nunmehriger Ehefrau des Paul Wilhelm Groos dahier. Alt 31 Jahre. Krankheit: Nervenfieber.	Groos
den 4ten Aprill morgens um 7. Uhr und den 6ten abends 3. Uhr beerdiget.	Anno 1808 Jean Durand, alt Bürger u. Einwohner dahier. Alt 57. Jahr 11. Monat 3. Tag. Krankheit: Fieber.	Durand

p. 454

	Im Jahr Christi 1808 starb in hiesiger Pfarrei	
den 11ten Aprill morgens früh am 2. Uhr u. den 12ten ej. abends um 7. Uhr beerdigt.	Peter der Vater war Peter Durand, Bürger u. Kurbadischer Soldat. Die Mutter: Katharina, gebohrne Clour, reform. conf. Alt 2. Jahr 6. Mona. Auszehrung.	Durand
den 29ten April morgens 7 Uhr u. den 1ten May beerdigt.	Christian Vater: Christian Feüerer weiland B. u. Maurermeister. Mutter: Katharina, eine geb. Wurmin. Alt 21 Jahr 7 Monate u. 4 Tage. Krankheit: Auszehrung.	Feürer

p. 455

Unter der Bedienung des Joh. Pf. Gaa sind nachstehende Personen gestorben u. beerdigt worden

	Im Jahr Christi 1808 starb in hiesiger Pfarrei	
den 3tenJuly morgens 4 Uhr u. wurde den 6ten beerdigt	Christina Vater: Johann Müller, Bürger dahier. Mutter: Katharina, eine geb. Feüerin. Alter: 3 Monath, 9 Tage. Krankheit: Zehrung.	Müller
	1809	
den 19ten Mai 1809 vormitt. u. wurde nachmitt. 1 Uhr den 2ten1 ejd. beerd.	Maria Susanna geb. Gros[38] Ehefrau des Johannes Schemp, Bürger u. ev. luth. Kirchenvorhers dahier. Alt: 39 Jahren, 3 Monathe u. 13 Tage. Krankheit: Sie starb in der Folgen des Wochenbettes.	Schempin

[38] Handwriting for *geb. Gros* is different.

p. 456

Im Jahr Christi 1809 starb in hiesiger Pfarrei

den 8ten Oct. abends 5 Uhr und wurde den 10ten beerdigt.	Margaretha Vater: Johannes Schemp, Bürger u. Wittwer dahier. Mutter: weiland Maria Susanna, eine geb. Grooss. Alter: 5 Monath. Krankheit: Zehrung.	Schemp

pp. 457-460 [blank pages]

p. 461

Fortsetzung des Verzeichnises der Getauften im Jahre
1803
des pag. 221 wegen Mangel des Baums abgebrachen werden musste

Zeit der Geburt und Taufe	Namen der Kinder	Namen der Aeltern	Namen der Taufzeugen
11ten Febr. get. den 13. eiusd.	Peter †20 Sept. 1854 in Algierya	Isak Herlang und Susanna Durand, eius uxor.	Phil Heinr. Sutter Schuladjunct dahier; Michel Schemp von hier; Catarina, des erstere, und Magdalena, geb. Barrié von Friedrichstal, des letztere Ehefrau.

p. 462

Verzeichnis der Getauften im Jahre 1803

Zeit der Geburt und Taufe	Namen der Kinder	Namen der Eltern	Namen der Taufzeugen
geb. den 22. Febr. get. den 24. eiusd.	Elisabetha †3. Nov. 1859.	Johann Mounier und Maria Catarina Feÿrer, eius uxor.	Joh. Pet. Durand, Bürger und Schuhmacher dahier; Kristof Heid von hier; Elisabetha Klenert, des erstere, und Margaretha Barbara Poppin, des letztere Ehefrau.
gebohren den 18 Aprill, getauft den 25 ejusd.	Ludwig Georg August	Fr. Ludw. Rettig, der Zeit Pfarrer dahier, und Wilhelmina, geb. Nuding, meine Ehefrau.	August Nuding, mein Schwager, des Leibesirungen und Kammerdiener Fr. A. Nuding zu Karlsruhe ehl. led. Sohn; Georg Groos, auch mein Schwager, Legadienst Raths, wohnl. zu Karlsruhe; Catarina Mehlin, des eh. Oberforster Mehlin von Eckenstein Jungfr Tochter, und Friederika Nuding, benannten Groos Ehefrau, Schwester meiner Frau.

p. 463

Zeit der Geburt und Taufe	Namen der Kinder	Namen derEltern	Namen der Taufzeugen
geb. den 13. Mai, get. den 15. ejusd.	Margarithe obiit den 27. Aug. 1804.	Michel Schemp, luther. conf. und Magdalena Barrié von Friedrichsthal.	Heinrich Durand, gegenwärtiger Schullehrer dahier; Isak Herland, auch von hier; Catarina, des erstere, und Susanna, des letztere Ehefrau.
geb. den 26. Mai, get. den 29. ej.	Susanna †14. Jul. 1826.	Georg Angelberger, und Magdalena geb. Durand, eius uxor.	Conrad Merz, Schuhmacher, Isak Herland und Andreas Dunke, alle von hier, und dieser 3. Männer ihre Weiber.
geb. am 8. Juni, get. am 12. ej.	Elisabetha †3 Mai 1849.	Heinrich Mounier, altester Sohn des weil. David Mounier, und Margaretha, geb. Clourin eius uxor.	Anwald Marche; Johann Durand; Rebecca, des erstere und Elisabetha, des 2ten Ehefrau (sind 2 rechten Schwestern.)
geb. den 16. Jul., get. den 18. ej.	Johann Heinrich †	Andreas Duncke und Catarina, geb. Vortischin von Grözingen, eius uxor.	Jean Pierre Durand, Schuhmacher dahier; Georg Angelberger von hier; Elisabethe, des erstere, und Magdalena, des letztere Ehefrau.

p. 464

Verzeichniss der Getauften im Jahre
1803

Zeit der Geburt und Taufe	Namen der Kinder	Namen der Eltern	Namen der Taufzeugen
geb. den 21. Aug., get. den 23. ej.	Johann †	Christian Clour, Zimmermann und Margaretha, geb. Buchleiterin, eius uxor.	Daniel Marche (Schwager von des Kindes Vater); Kristoph Weinhard, beÿde von hier; Catarina, des erstere Ehefrau, Schwester von der Kindes Mutter, und Maria, geb. Erbin vom Hagsfeldt, des 2ten Ehefrau.
geb. den 31. Aug., get. den 3. Sept.	Heinrich †16. Dez. 1831.	Friedrich Marche gegenwärtig Anwald dahier, und Rebecca, eius uxor.	1.) Daniel Marsche, des vorgenante, 2.) erzter Ehefrau Catarina, geb. Buchleiter, 3.) Heinrich Müller, B. L. Weber dahier, 4.) dessen Ehefrau Margaretha, geb. Crocol.

p. 465

Im Jahr Christi 1803 wurde in hiesiger Pfarrei WelschNeureuth

den 10. Nov. mittags um 2 Uhr geboren, und den 13. getauft.	Friedrich Vater: Jakob Groos, gegenwärtiger reform. Kirchenvorsteher dahier. Mutter: Margaretha gebohren Schempin. Taufzeugen: 1.) Balthasar Häfele, Br. und Krämer dahier (luther. conf.), 2.) dessen Ehefrau Anna Maria geb. Durand, 3.) denn Pierre Groos, Br. u. Einw. dahier (Bruder von dem Vater des Kinds) 4.) dessen Ehefrau Susanna, geb. Renaud.	Groos † dessen Kind ist nach dem Zeugnis der Ältern u an deren hiesigen Einwohner im August 1804 gestorben. W. N. den 1. Juli 1822 T. F. Grohne Pfarrer.
	1804	
gebohren den 7. Januar mittags 3 Uhr und den 8ten desselben getauft.	Carolina Augusta Vater: Philipp Heinrich gegenwärtiger Schuladjunct dahier. Mutter: Catarina geb. Durand. Taufzeugen: 1.) Hl August Friedrich Schneider Kaufmann in Karlsruhe (aber hier wohnhaft) 2.) desser Ehefrau Carolina Louisa Augusta geb. Reutherin aus Carlsruhe.	Sutter Sutter

p. 466

Im Jahr Christi 1804 wurde in hiesiger Pharrei WelschNeureuth

	Taufzeugen: 3.) Jean Pierre Durand, Br. und Schuhmachermister dahier, 4.) dessen Ehefrau Katarina Elisabethe, geb. Klenert (luther. conf.)	
den 22. Januar mittags 3. Uhr gebohren und den 25. desselben getauft †26 Febr. 1876.	Christina Barbara Vater: Heinrich (Sohn von Paul Jacob dahier) Mutter: Margaretha, geb. Crocoll. Taufzeugen: 1.) Georg Buchleiter, Br. und Schmidt dahier (luther. conf.) 2.) dessen Ehefrau Christine, geb. Kenslerin von Singen (luther. conf.) 3.) Johannes Schempp, Br. u. Einw. dahier (luther. conf.) 4.) dessen Ehefrau Susanna, geb. Groos (Schwester von dem Vater des Kindes)	Groos

p. 467

Im Jahr Christi 1804 wurde in hiesiger Pharrei W. Neureuth

den 5. Febr. morgens 6 Uhr geb. und den 7. ej. get.	<u>Catarina Barbara</u> Vater: Conrad Br. und Schuhmacher dahier (luther. conf.) Mutter: Barbara, geb. Crocoll. Taufzeugen: 1.) Jacob Duncke, Br. und Einw. dahier, 2.) Jacob Friedrich, das Balthasar Häfele von hier ältester Sohn, ledig und Soldat unter den badischen Canoniers 3.) Margaretha, des Jacob Schempp von hier ehl. ledige Tochter.	Merz
den 7. März vormittags 10. Uhr und den 11[t] ej. get. †11 Januar 1875	<u>Christina Barbara</u> Vater: Georg Friedrich (luther. conf.) Mutter: Rahel, geb. Durand (reform. conf.) Taufzeugen: 1.) Balth. Häfele, Br. und Krämer dahier luther. conf. 2.) dessen Ehefrau Anna Maria geb. Durand (Stiefschwester von der Mutter des Kindes.)	Weiss

p. 468

Im Jahr 1804 wurde in hiesiger Pharrei WelschNeureuth

	Taufzeugen: 3.) Michael Joho, Br. und Einw. dahier 4.) dessen Ehefrau Barbara, gebohrne Beckin (beide luth. conf.)	
den 26. März nachts 11 Uhr gebohren, und den 29. desselber auf den Gründenischen getauft.	<u>Johann Philipp</u> Vater: Jean Pierre Br. und Schuhmacher dahier. Mutter: Elisabetha, geb. Klenertin (luther. conf.) Taufzeugen: 1.) Philipp Heinrich Sutter, gegenwärtig Schuladjunct dahier, 2.) dessen Ehefrau, Catarina geb. Durand, 3.) Jacob Duncki, Br. und Einw. dahier, 4.) dessen Ehefrau, Barbara, geb. Grossin.	Durand

p. 469

Im Jahr Christi 1804 wurde in hiesiger Pfarrei WelschNeureuth

den 1. Aprill mittags 11 Uhr geb. und den 4. ej. getauft †25. Mai euj. ai	<u>Maria Sussanna</u> Vater: Peter Gros, Br. u. Einw. dahier. Mutter: Maria Magd., geb. Crocollin. Taufzeugen: 1.) Jean Pierre Groos, Br. u. Einw. dahier, 2.) dessen Ehefrau, Sussanna, geb. Renaud, 3.) Balth. Häfele, Br. u. Krämer dahier (luther. conf.), 4.) dessen Ehefrau, Anna Maria geb. Durand.	Groos †
den 6. Aprill mittags 5 Uhr gebohren, und den 8. ej. getauft.	<u>Catarina</u> Vater: Peter Durand, Mousquetier, Sohn des Jean Durand's von hier. Mutter: Catarina Barbara, gebohrne Clourin. (Siehe Pag. 295.) Taufzeugen: 1.) Johannes Clour, Br. u. Zimmermann dahier, 2.) dessen Ehefrau, Catarina, geb. Raupin von Rintheim. (luther. conf.) 3.) Jakob Feÿerer, Br. u. Zimmermann dahier, 4.) dessen Ehefrau, Maria Catarina, geb. Beroldin von Knielingen.	Durand † 29. Mrz 1835.

p. 470

	Im Jahr Christi 1804 wurde in hiesiger Pfarrei W. Neureuth	
den 9. Aprill nachts 11 Uhr geb. u. den 11. ej. get.	Maria Margaretha Vater: Daniel Marche, Br. u. Einw. dahier. Mutter: Catarina, geb. Buchleiterin. Taufzeugen: 1.) Christian Clour, Br. u. Zimmermann dahier, 2.) dessen Ehefrau Maria Margaretha, geb. Buchleiterin (Schwester von der Mutter des Kindes.) 3.) Friedrich Marche, gegenwärtig Anwald dahier, 4.) dessen Ehefrau Rebecca, geb. Durand.	Marche †
den 16. Aprill morgens 7 Uhr gebohren, u. den 20. ej. getauft. starb den 2. Aug. 1805.	Maria Christina Vater: Heinrich Br. und Einwohner dahier. Mutter: Rahel, gebohrne Buchleiterin. Taufzeugen: 1.) Friedrich Groos, Br. u. Einw. dahier, 2.) Christina, geb. Durand, desselben Ehefrau, 3.) Christoph Weinhart von hier (luther. conf.), 4.) dessen Ehefrau Anna Maria, geb. Erbin von Hagsfeldt (auch luther. conf.)	Crocolle †

p. 471

	Im Jahr Christi 1804 wurde in hiesiger Pfarreÿ W.Neureuth	
den 28. Aprill gebohren und den 1. Mai getauft † von den 6. Mai ej. ai	Carl Friedrich Vater: Johann Martin Br. und Schneidermeister dahier. Mutter: Margaretha Barbara, geb. Duncke. Taufzeugen: 1.) Jacob Friedr. Hauer von Teutsch Neureuth, 2.) dessen Ehefrau Magdalena, geb. Probstin, 3.) Carl Hattig von Hohenwettersbach, ledig und gegenwärtig Knechts dahier, 4.) Anna Maria Boeuf, des Kindes Vaters ledige Schwester.	Boeuf †
den 13. Mai gebohren und den 16. ej. getauft. † 7. Junius 1844.	Johann Friedrich Vater: Friedrich Br. und Einw. dahier. Mutter: Christina, geb. Durand. Taufzeugen: 1.) Jacob Feyerer, Br. u. Zimmermann dahier, 2.) dessen Ehefrau Maria Catarina, geb. Beroldin von Knielingen,	Groos

p. 472a

Im Jahr Christi 1804 wurde in hiesiger Pfarreÿ W.Neureuth

Taufzeugen:

3.) Heinrich Crocolle jun. Br. u. Einw. dahier,
4.) desen Ehefrau Rahel geb. Buchleiterin.

---

den 15. Jul. ohngefähr um 8 Uhr abends geb. u. den 22. ej. get.	**Christoph** Vater: Andreas Br. und Einw. dahier Mutter: Catarina geb. Vortischin von Grötzingen (luthr. conf.) Taufzeugen: 1.) Christian Kern, Br. u. Einw. zu Grözing 2.) dessen Ehefrau N. N. 3.) Heinrich Kern, des vorigen Bruder (beide Stiefbrüder von der Mutter des Kindes.) 4.) dessen Ehefrau Barbara, geb. Beckin.	Duncke
den 24. Aug. mittags 3 Uhr geb. u. den 26. ej. get. †27. Febr. 1811.	**Christina Barbara** Vater: Jacob Duncke, Br. u. einw. dahier. Mutter: Christina Barbara, geb. Groos. Testes: 1.) Conrad Merz, Br. und Schuhmacher dahier, 2.) dessen Ehefrau Barbara, geb. Crocolle.	Duncke

p. 472b

Im Jahr 1804 wurde in hiesiger Pharreÿ

den 15ten Maÿ geb. und den 17. ej. get.	**Christian** (†2 febr. 1870) Vater: Christian Einwohner und Hintersass dahier. Mutter: Margaretha, geborne Beck. Taufzeugen: 1.) Daniel Dunke, Bürger und Einwohner dahier, 2.) dessen Ehefrau Friederike, geb. Lipphart, 3.) Christian Feÿrer, lediger Sohn des Christoph Feÿrers dahier, ein Maurersgesell, 4.) Anne Marie Clur, ledig.	Durand
den 2ten Junÿ geb. u. den 4ten get.	**Jakob** Vater: Johann Bürger und Einwohner dahier Mutter: Elisabetha, geb. Durand.	Durand

472c.

Taufzeugen:

1) Friederich Marche, Anwald dahier,
2) Rebekka, geb. Durand, desselber Ehefrau,
3) Heinrich Müller, Bürger u. Einwohner dahier,
4) Margaretha, geb. Clur, dessen Ehefrau.

Diese beÿden Kinder, welche vor meinem Amts vorsehe Phfarrer Rettig eingetragen vergessen wurden sind, habe ich hiermit, nach gewissenhafter Urkunderhebung beÿ bewährten zeugen, nun Amts weger nachgetragen.
Welsch Neureuth den 13ten September 1817
J. B. Hormuth, Pfarrer

p. 473

Im Jahre Christi 1804 wurde in hiesiger Pharrei

Taufzeugen:

3.) Andreas Duncke, lediger Sohn von Joh. Georg Duncke dahier, ein Mauerergesell,

4.)Lukritia Groos, ledige Tochter von Paul Groos dahier (Schwester von der Kindesmutter.)

---

19. Sept. gebohren, den 23. ej. getauft. †21. August 1805. an der Auszehrung	<u>Christine</u> Vater: Christoph Mutter: Pernette geb. Pourtif, gebürtig von Chatel aus die welschen Schweiz. Taufzeugen: 1.) Michael Fulb, Br. u. Einw. dahier (gegenwärtig Dorfbüttel dahier.) 2.) dessen Ehefrau Christine geb. Siegler von Grossbottwar im Wirtembergischen.	Rouf †

p. 474

Im Jahr Christi 1804 wurde in hiesiger Pharreÿ

den 1. Oct. nachmittags um halb 2. Uhr gebohren, u. den 5. ej. getauft	<u>Maria Augusta</u> Vater: Herr August Friedrich Br. und Kaufmann in Karlsruhe (aber hier wohnhaft) Mutter: Frau Carolina Louisa Augusta, geb. Reutherin von Karlsruhe. Taufzeugen: 1.) Herr Johann Jacob Schneider, Kurfurstl. bad. Hoffourier 2.) dessen Ehefrau Maria Jacobina, geb. Saulin (beide die Aeltern von dem Vater des Kindes) 3.) Frau Theresia Burjaeger, eine geb. Rädlich aus Mittenwalden das Isar in Tirol, Handelsfrau in Karlsruhe, 4.) Jungf. Augusta Menzer aus Karlsruhe, 5.) Augusta Margaretha Wagensin, eine geb. Audler, gewesene Stadtschreiberin zu Nurenbürg.	Schneider

p. 475

Im Jahr Christi 1804 wurde in hiesiger Pharreÿ

den 5. Oct. mittags 3 Uhr gebohren und den 8. ej. getauft	<u>Magdalena</u> Vater: Christoph Heid, Br. und Einw. dahier (luther. conf.) Mutter: Margaretha Barbara, geb. Boppin. Taufzeugen: 1. Michael Joho, Br. u. Einw. dahier, 2. dessen Ehefrau Barbara, geb. Beckin (beide luther. conf.), 3.) Johannes Müller, Br. und Strumpfwerker dahier, 4.) dessen Ehefrau Catarina, geb. Feÿerer.	Heid
den 17. Oct. morgens 2 Uhr gebohren u. den 21. ejusd. getauft	<u>Magdalena</u> Vater: Johann Peter Durand, Bürger und Einw. dahier. Mutter: Lukrezia, geb. Buchleiterin. Taufzeugen: 1. Georg Angelberger, Bürger und Einw. dahier, 2. dessen Ehefrau Magdalena geb. Durandin, 3. Johannes Buchleiter, Bürger u. Einw. dahier (luth. conf.), 4. dessen Ehefrau Susanna, geb. Marschin.	Durand †22 März 1867.

p. 476

	Im Jahr Christi 1804 wurde in hiesiger Pfarrei W. Neureuth	
den 15. Nov. mittags 5 Uhr gebohren, und den 18. ejusd. getauft	Margaretha †11 Merz 1832. Vater: Michaël Bürger und Einw. dahier (luther. Conf.). Mutter: Magdalena, gebohren Barrier von Friedrichsthal (reform conf.). Taufzeugen: 1.) Isack Herlang, Bürger und gegenwärtig reform Kirchenvorsteher dahier, 2.) dessen Ehefrau Susanna, geb. Durand, 3.) Heinrich Durand, reform. Schullehrer dahier, 4.) dessen Ehefrau Catarina geb. Höhnin von Wörth uber dem Rhein.	Schempp
den 26. Dezemb. mittags 2 Uhr geb. und den 28. ej. getauft	Johann Michaël Vater: Johann Michaël Br. und Zimmermann dahier. Mutter: Katarina, geb. Raupin von Rintheim (luther. conf.). Taufzeugen: 1.) Christian Clour, Br. und Zimmermann dahier, Brüder von dem Muter des Kindes, 2.) dessen Ehefrau, Margaretha, geb. Buchleiterin,	Clour †

[Note between pp. 476 and 477]

den 27. November 1804. abends 10. Uhr wurde vom Dorothea Stolzin von T. Neureuth ein uneheliges Kind gebohren, und den 1. Dezember Johann Jakob getauft. Der Vater ist Jakob Marsche von hier. Testes: Georg Marsche, Brüder von dem Vater des Kindes, ledig; Barbara Pfulbin, Georg Merz, auch von hier, und Catarina Mainzerin des Jakob Mainzer in T. Neureuth ehl. ledige Tochter. Die Eltern des Kindes sind endlich am 1. Sept. 1805 copuliert worden.
†26 März 1868.

p. 477

	Im Jahr Christi 1804 wurde in hiesiger Pharrei	
	3.) Peter Durand, Br. und gegenwärtig nach Karsruhe Bad. Mousquitier, 4.) dessen Ehefrau Catarina geb. Clourin Schwester von dem Vater des Kindes.	
21. Januar morgens um ?[39] Uhr geb. und den 23. ej. getauft	1805 Barbara Vater: Heinrich Müller, Bürger und Einwohner dahier. Mutter: Margaretha, geb. Clourin. Taufzeugen: 1.) Friedrich Marsche, gegenwärtig Anwald dahier, 2.) dessen Ehefrau, Rebecca, geb. Durandin, 3.) Jean Durand, jun., Br. und Einw. dahier, (des Anwalds Schwager), 4.) dessen Ehefrau Elisabetha, geb. Durandin (des Anwalds Schwester.)	Müller †3. Sept. 1861.

[39] Hidden during microfilming by placement of loose note.

p. 478

Im Jahr Christi 1805 wurde in hiesiger Pfarrei

den 7. Aprill früh morgens am 2 Uhr gebohren, und auf Gründonnerstag den 11. ej. get.	Friedrich Vater: Jean Pierre Bürger und Einwohner dahier. Mutter: Susanna, geb. Renaud. Taufzeugen: 1.) Friedrich Marsche, gegenwärtig Anwald dahier, 2.) dessen Ehefrau Rebecca, geb. Durand, 2.) Peter Groos, Bürger und Einw. dahier, 3.) dessen Ehefrau Margaretha, geb. Mainzerin von Teutsch Neureuth (lutherl. conf.).	Groos †5 Aug. 1814.
den 19. Aprill morgens 8 Uhr gebohren, und den 21. ejusd. get.	Margaretha Barbara †12 Januar 1834. Vater: Johannes Bürger und Strumpfwirker dahier. Mutter: Katarina, geb. Feÿerer. Taufzeugen: 1.) Jean Pierre Durand, Br. und Schuhmacher dahier, 2.) Elisabetha, geb. Klenertin (luth. conf.) eius uxor, 3.) Janus. Max Einwohner und Kurbad. Mousquetier, 4.) Maria Catarina, geb. Huberin von Spöck, eius uxor. (beide luth. conf.)	Müller

[Note between pp. 478 and 479]

Im Jahr 1805 wurde in hiesiger Pharreÿ

den 26t Juli geb u den 27 get. †17. Febr. 1827	Philipp Vater: Friedrich Marche, Anwald dahier. Mutter: Rebecca, geb. Durand, ref. Taufzeugen: 1. Heinrich Müller, u. dessen Ehefrau Margaretha, eine geb. Clurin. 2. Jean Pierre Groos u. dessen Ehefrau Susanna, eine geb. Renaud. 3. Daniel Marche u. dessen Ehefrau Catherina eine geb. Buchleiter.	Marche

Dieses Kind, welches von meinem Amts vorfuhrer Pfr. Rettig eingeschrieben vergessen worden ist, habe ich hiermit nach Angabe seines Vaters der seine Gebürt, nebst Zeugen in sein Hausbuch eingetragen, nachgetragen u. hat eben die ? sein ? es, Hl. Pfr. Rettig selbst eingeschrieben hätte.

W. Neur. d 12t Merz 1809 J.P. Gaa Pfr. dahier

p. 479

Im Jahr Christi 1805 wurde in hiesiger Pharrei

den 13. Mai abends 10 Uhr geboren und den 19. ej. get.	Jakob Vater: Isack Herlan, Br. und gegenwärtig reform. Kirchenvorsteher dahier. Mutter: Susanna, geb. Durand. Taufzeugen: 1.) Michel Schemp, Br. und Einwohner dahier, 2.) dessen Ehefrau Magdalena geb. Barrier von Friedrichsthal (beide luth. conf.), 3.) Phil. Heinr. Sutter, gegenwärtiger reform. Schuladjunctus dahier, 4.) dessen Ehefrau Catarina, geb. Durand.	Herlan
den 26. July morgens früh 2 Uhr gebohren und eod. getauft	Carl Vater: Jean Pierre Bürger und Einwohner dahier. Mutter: Elisabetha, geb. Schlatterer. Taufzeugen: 1.) Paul Groos, Bürger und Einw. dahier, 2.) dessen Ehefrau Barbara, geb. Stammlerin, 3.) Felix Crocol, Bürger und Einw. dahier, 4.) Lucrezia, geb. Renaud, desselben Ehefrau, rechte Schwester von dem Vater des Kindes.	Renaud

p. 480

Im Jahre Christi 1805 wurde in hiesiger Pfarrei W. Neureuth

den 16. Sept. abends 8 Uhr geb. u. den 22. ej. getauft.	Catarina Vater: Johannes Br. u. Einw. dahier. Mutter: Rebecka, geb. Crocollin. Taufzeugen: 1.) Wilhelm Mainzer von TeutschNeureuth, 2.) dessen Ehefrau Catarina, geb. Crocol, 3.) Jacob Adam von Teutsch=Neureuth, 4.) dessen Ehefrau, geb. Zornin.	Buchleiter †18 Nov. 1892.
den 25. Oct. mittags halb 3 Uhr geb. und den 27. ejusd. getauft. †11 April 1808.	Peter Vater: Peter Bürger und gegenwärtig Kurbadischer Soldat. Mutter: Katarina, gebohrne Clour. Taufzeugen: 1.) Johann Clour, Br. und Zimmermann dahier, 2.) dessen Ehefrau Catarina, geb. Raupin, 3.) Jacob Feÿerer, Br. u. Zimmermann dahier, 4.) dessen Ehefrau Maria Catarina geb. Beroldin von Knielingen.	Durand

p. 481

Im Jahre Christi 1805 wurde in hiesiger Pfarrei W. Neureuth

den 23. Sept. morgens 8 Uhr geb. den 29. ejusd. getauft.	Friedrich Heinrich Philipp Vater: Phillip Heinrich dermaliger reform. Schuladjunct dahier. Mutter: Catarina, geb. Durand. Taufzeugen: 1.) Friedrich August Schneider, Kaufmann und Bürger in Karlsruhe, aber hier wohnhaft, 2.) dessen Ehefrau Caroline Auguste, geb. Reutherin, 3.) Michaël Defenbacher, Hausbecker und Bürger in Eppingen, 4.) dessen Ehefrau Eva Margaretha, geb. Sutterin.	Sutter
den 15. Nov. morg. 6 Uhr geb. u. den 17. ej. get.	Catarina Barbara Vater: Georg Angelberger Br. u. Einw. dahier. Mutter: Magdalena, geb. Durand. Taufzeugern: 1.) Isack Herlan, reform. Kirchenvorsteher dahier, 2.) dessen Ehefrau Susanna, geb. Durand (Schwester des Kindes Mutter), 3.) Andreas Dunke, Br. u. Einw. dahier, 4.) dessen Ehefrau Catarina, geb. Vortischin von Grötzingen.	Angelberger †5 Jan. 1873.

p. 482

	Im Jahr Christi 1806 wurde in hiesiger Pfarrei W. Neureuth	
den 2. Jan. abends 5 Uhr geb. und den 5. ejusd. getauft	<u>Heinrich</u> Vater: Johann Durand, Bürger und Einwohner dahier. Mutter: Elisabetha, gebohrne Durandin. Taufzeugen: 1.) Friedrich Marche, gegenwärtig Anwald dahier, 2.) Rebecka, geb. Durandin, desselben Ehefrau. 3.) Heinrich Müller, Br. und Einw. dahier, 4.) Margaretha, geb. Clourin, desselben Ehefrau.	Durand †11 Juli 1870
den 15. Jenner vormitt. 9 Uhr geb. und den 19. ej. getauft.	<u>Heinrich</u> Vater: Heinrich Bürger und Leinenweber dahier. Mutter: Margaretha, geb. Crocol. Taufzeugen: 1.) Paul Groos, Br. und Einwohner dahier, Grossvater des Kindes. 2.) dessen Ehefrau Barbara, geb. Stammlerin. 3.) Johannes Schemp, Br. und Einwohner dahier, (luth. conf.) 4.) dessen Ehefrau Susanna, eine gebohrne Groos.	Groos

p. 483

	Im Jahre Christi 1806 wurde in hiesiger Pfarrei W. Neureuth	
den 20. Jenner vormitt. 8 Uhr geb. u. den 24. ej. getauft †10 Dez 1864	<u>Maria Magdalena</u> Vater: Heinrich Br. u. Einwohner dahier. Mutter: Rachelle, gebohrne Buchleiterin. Taufzeugen: 1.) Friedrich Groos, Br. u. Einwohner dahier 2.) dessen Ehefrau Christina, geb. Durandin. 3.) Anna Maria, des weild. Christoph Weinharts dahier hinterlassene Wittwe. 4.) Susanna, geb. Marschin, Wittwe des weiland Heinrich Crocols dahier, die Mutter von dem Vater des Kindes.	Crocol
den 27. Jenner nachts um 12 Uhr geb. und den 30. ejusd. get.	<u>Johann Heinrich</u> Vater: Andreas Bürger und Einwohner dahier. Mutter: Catarina, gebohrne Vortisch von Grötzingen. Taufzeugen: 1.) Georg Angelberger, Bürger und Einwohner dahier. 2.) dessen Ehefrau Magdalena, geb. Durand. 3.) Jean Pierre Durand, Br. und Schuhmacher. 4.) dessen Ehefrau Elisabetha, geb. Klenert.	Duncke

p. 484

	Im Jahr Christi 1806 wurde in hiesiger Pharrei	
den 19ten Febr. abends 6 Uhr geb. u. den 23ten ejusd. get. †16 Aug. euj. ai an Gichtern	Friedrich Vater: Jakob Bürger und Einwohner dahier. Mutter: Margaretha, geb. Schempin. Taufzeugen: 1.) Balth. Häfele, Bürger und gegenwärtig Bürgermeister dahier. 2.) Jeanne Marie, geb. Durand, desselben Ehefrau. 3.) Johannes Buchleiter, junior, Br. u. Einw. dahier, 4.) Susanna, geb. Marche, dessen Ehefrau.	Groos
den 28ten März morgens 1 Uhr u. getauft den 30ten ejusd. †29 April 1888.	Margaretha Vater: Daniel Marsche, Bürger und Einwohner dahier. Mutter: Cataraina, gebohrne Buchleiterin. Taufzeugen: 1.) Friedrich Marsche, Anwald dahier. 2.) Rebecka, geb. Durand, desselben Ehefrau. 3.) Christian Clour, Br. und Kirchenvorsteher, 4.) Margaretha, geb. Buchleiterin, dessen Ehefrau.	Marsche

p. 485

	Im Jahre Christi 1806 wurde in hiesiger Pfarrei	
den 22ten Aprill morgens um 5 Uhr geb. und den 25ten ejusd. getauft †19 Aug. euj. Ai	Johann Friedrich Vater: Heinrich Müller, Bürger und herrschaftl. Zachstrescher. Mutter: Margaretha, geb. Clour. Taufzeugen: 1.) Friedrich Marsche, gegenwärtig Anwald dahier. 2.) dessen Ehefrau Rebecka, geb. Durand. 3.) Johann Durand, d. J. Bürger u. Einw. dahier. 4.) dessen Ehefrau Elisabetha, geb. Durand.	Müller
den 3. Mai um 10 Uhr vormittags gebohren u. den 4ten ejusd. getauft. †21 Nov. 1862	Friedericka Vater: Christian Einwohner u. Hintersass dahier Mutter: Margaretha, geb. Beckin. Taufzeugen: 1.) Daniel Dunke, Bürger u. Einw. dahier. 2.) dessen Ehefrau Friedericka, geb. Lipphardt. 3.) Christian Feÿrer, lediger Sohn des weil. Christoph Feÿers dahier, ein Maurergesell. 4.) Augusta Reiterin ledig, von Karlsruhe.	Durand

p. 486

Im Jahr Christi 1806 wurde in hiesiger Pharrei W. Neureuth

den 14. Jul. mittags 11 Uhr geb. u. den 18. ejusd. get. †3 Merz 1811	<u>Christine</u> Vater: Christoph Bürger und Leinenweber dahier (luth. conf.) Mutter: Pernette, geb. Poustif, gegenwärtig Hebamme dahier (reform. conf.) Taufzeug: 1.) Michel Pfulb, Bürger u. Schneider dahier, 2.) dessen Ehefrau Christiane, geb. Siegle von Grossbottwar aus d. Wirtemberg (beide luth. conf.)	Ruf
den 9. Sept morgens 2 Uhr, und den 10. ejusd. getauft	<u>Maria Katarina</u> Vater: Friedrich Bürger und Einw. dahier. Mutter: Christina, geb. Durand. Taufzeugen: 1.) Jakob Feÿerer, Br. u. Zimmermann dahier, 2.) Maria Catarina, geb. Beroldin, ejus uxor. 3.) Heinrich Crocol, d. J. von hier, 4.) dessen Ehefrau Rahel, geb. Buchleiterin.	Groos †5 Dez. 1878

p. 487

Im Jahre Christi 1806 wurde in hiesiger Pfarrei

den 25. Sept. mittags 1 Uhr geb. und den 28. ejusd. get.	<u>Johann Jakob</u> Vater: Jean Pierre Bürger und Schuhmachermeister dahier. Mutter: Elisabetha, geb. Klenertin (luth. conf.). Taufzeugen: 1.) Phil. Heinrich Sutter, gegenwärtiger ref. Schuladjunctus dahier, 2.) dessen Ehefrau Catarina, geb. Durand, 3.) Jacob Duncke, Bürger u. Einw. dahier, 4.) dessen Ehefrau Barbara, geb. Groos.	Durand †15 Nov. 1872
den 4. Oct. geb. und den 5. ej. getauft	<u>Jakob</u> Vater: Georg Jacob Bürger u. Einwohner dahier. Mutter: Christine Barbara, geb. Groos. Taufzeugen: 1.) Jean Pierre Durand, Br. u. Schuhmachermeister dahier, 2.) dessen Ehefrau Elisabetha, geb. Klenertin, 3.) Martin Boeuf, Br. u. Schneider dahier, 4.) dessen Ehefrau Barbara, geb. Dunke, rechte Schwester von dem Vater des Kindes.	Dunke †7 Dezember 1844

p. 488

	Im Jahre Christi 1807 wurde in hiesiger Pfarrei	
den 1^{t} Febr. morgens 6 Uhr geboren u. den 4^{t} ejusd. getauft †16. July l. J.	<u>Christine</u> Vater: Michaël Schempp Bürger und Einwohner dahier (luth.) Mutter: Magdalena, geborne Barrier von Friedrichsthal. Taufzeugen: 1.) Heinrich Durand, Schullehrer dahier, 2.) dessen Ehefrau Catarina, geborne Höhnin von Wörth, 3.) Isack Herlan, reform. Kirchenvorsteher dahier, 4.) dessen Ehefrau Sussanna, geb. Durand.	Schempp
den 4. Febr. mittags 2 Uhr geboren, und den 8ten ejusd. getauft. †28 April 1884	<u>Christine Barbara</u> Vater: Johann Conrad Bürger und Leinenweber dahier (luth.) Mutter: Jeanne Marie, geb. Mounier. Taufzeugen: 1.) Joh. Matth. Fromm, Bürger u. Schneider dahier, 2.) dessen Ehefrau Eva, geb. Pletschin v. Hochstetten, 3.) Barbara Klenert, Wittib, geb. Duncke, Tante von dem Vater des Kindes, 4.) Christine, des Tobias Feiler dahier mit seiner Ehefrau Christine, geb. Boeuf, ehel. erzeugte Tochter.	(Kröder) Grether

p. 489

	Im Jahre Christi 1807 wurde in hiesiger Pfarreÿ	
am 8ten März abends 8 Uhr gebohren, und den 11ten ejusd. getauft †19. Okt 1824	<u>Johann Peter</u> †19 October 1824 Vater: Johann Peter neuangehender Bürger u. Einw. dahier Mutter: Anna Maria, geb. Clourin. Taufzeugen: 1.) Friedrich Groos, Bürger u. Einw. dahier, 2.) dessen Ehefrau Christina, geb. Durandin.	Groos
am 14. März morgens 3 Uhr geb. und den 15. ejusd. getauft. †31 Dezember 1832 zu Karlsruhe im Militärhospital	<u>Johann Friedrich</u> Vater: Jacob Bürger und Einwohner dahier. Mutter: Dorothea, geb. Stolzin (luth.). Taufzeug: 1.) Joh. Friedr. Mertz, des weiland Conrad Mertz von hier ehl. lediger Sohn, Schneider und Canonier in Kruhe. 2.) Catarina, geb. Mainzerin von Teutsch=Neureuth, des obig Braut. 3.) Barbara, des Michel Fulb dahier ehl. ledige Tochter. 4.) Georg Marsche, des Daniel Marsche ehl. lediger Sohn von hier.	Marche

p. 490

	Im Jahre Christi 1807 wurde in hiesiger Pfarrei	
am 14ten März mittags 12 Uhr geb. und den 15. ejusd. getauft †1836 25. Merz	<u>Heinrich</u> Vater: Christian Bürger, Zimmermann und Kirchenvorsteher dahier. Mutter: Margaretha, geb. Buchleiterin. Taufzeugen: 1.) Anna Maria Weinhartin, des Christoph Weinhart's dahier hinterlassene Wittwe (luth.), 2.) Johann Clour, Bürger u. Zimmermeister dahier, Bruder von dem Vater des Kindes, 3.) dessen Ehefrau Catarina, geb. Raupin, 4.) Daniel Marsche, Bürger u. Einwohner dahier Schwager von dem Vater des Kindes.	Clour †25 März 1836
am 5. Aprill morgens früh 1 Uhr gebohren und den 7ten ej. getauft †starb im nämlichen Monath T. Pfarr. Grohen nach Angabe des Vatters[40]	<u>Johann Jacob</u> Vater: Friedrich Marsche gegenwärtig Anwald dahier. Mutter: Rebecca, gebohrne Durand. Taufzeugen: 1.) Heinrich Müller, Zehntdrescher dahier, 2.) dessen Ehefrau Margaretha, geb. Clour, 3.) Daniel Marsche, Bruder des Anwalds, Einw. dahier, 4.) dessen Ehefrau Catarina, geb. Buchleiterin.	Marche

p. 491

	Im Jahre Christi 1807 wurde in hiesiger Pfarrei	
am 7. April nachts halb 12 Uhr geb. u. den 10. ej. getauft †am 26ten Sept. d. J. am blauen Husten	<u>Jacob</u> Vater: Andreas Bürger und Einwohner dahier. Mutter: Catarina, geb. Vortischin von Grötzingen (luth. conf.). Taufzeugen: 1.) Jean Pierre Durand, Bürger û. Schuhmacher dahier, 2.) dessen ehefrau Elisabetha, geb. Klenertin, 3.) Georg Angelberger, Bürger u. Einw. dahier, 4.) Magdalena, geb. Durandin, dessen Ehefrau.	Duncke
am 24. Mai morgens 5 Uhr geb. u. den 26. ejusd. get.	<u>Christina</u> Vater: Heinrich Bürger und herrschaftl. Zehntdrescher dahier. Mutter: Margaretha, geb. Clourin. Taufzeugen: 1.) Friedrich Marsche, gegenwärtig Anwald dahier, 2.) dessen Ehefrau Rebecca, geb. Durandin, 3.) Jung Jean Durand, Bürger u. Einw. dahier, 4.) Elisabetha, geb. Durandin, seine Ehefrau.	Müller

[40] This note was added later and is very difficult to read.

p. 492

Im Jahre Christi 1807 wurde dahier

am 2. Maÿ morg. 5 Uhr geb. und am 7. ejusd. getauft †	Johann Martin Vater: Joh. Martin Bürger u. Schneidermeister dahier. Mutter: Margar. Barbara geb. Duncke. Taufzeug: 1.) Jacob Friedr. Hauer, Br. und Einw. zu Teutsch=Neureuth 2.) Margar. Magdalena, geb. Probstin, desselber Ehefrau. 3.) Carl Hattig, lediger Bürgers Sohn von Grünwettersbach, 4,) Catarina, geb. Duncke, des Michel Merz, Schuhmachers dahier, Ehefrau.	Boeuf

p. 493

Im Jahre Christi 1807 wurde dahier

am 2. Julÿ vormittags 8 Uhr geb. und den 4[t] ejusd. get.	Catarina Vater: Jung Jean Durand, Bürger u. Einw. dahier. Mutter: Elisabetha, geb. Durandin. Taufzeugen: 1.) Friedrich Marsche, der Heit Anwald dahier. 2.) Rebecka, desselber Ehefrau, rechte Schwester von der Mutter des Kindes. 3.) Heinrich Müller, Bürger und herrschaftl. Hehatsrescher dahier. 4.) Margaretha, geb. Clourin desselber ehl. Hausfrau.	Durand †17 Okt. 1868
am 1ten Sept mittags um 1 Uhr geb. und am 6ten ejusd. getauft	Johann Friedrich Vater: Jacob Bürger u. Einwohner dahier. Mutter: Margaretha, geb. Schempp. Taufzeugen: 1.) Balthasar Häfele, gegenwärtiger Bürgermeister dahier. 2.) Jeanne Marie, geb. Durand, seine Ehefrau.	Groos †15 Okt. 1871

p. 494

Im Jahre Christi 1807 wurde dahier

	3.) Johann Buchleiter, Bürger und Einwohner dahier. 4.) dessen Ehefrau Susanna, gebohrne Marsche.	
am 27. Sept. morgens 2 Uhr geb. und den 29. ejusd. getauft	Elisabetha Vater: Johannes Bürger u. Einwohner dahier (luth. conf.). Mutter: Susanna, geborne Groos. Taufzeugen: 1.) Jacob Buchleiter, Bürger und Krummholz dahier. 2.) dessen Ehefrau Elisabetha, geb. Boppin 3.) Heinrich Groos, Bürger u. Webermeister dahier. 4.) dessen Ehefrau Margaretha geborne Crocolin.	Schempp †22 Mai 1881

p. 495

Im Jahre Christi 1807 wurde dahier

am 4. Nov.
morgens 8 Uhr
geboren u. am 8^{t}
ej. getauft
†9 Aprl 1870

Catarina — Herlan

Vater: Isack Herlan gegenwärtig reform. Kirchenvorsteher dahier.
Mutter: Susanna geborne Durandin.

Taufzeugen:

1.) Philipp Sutter, gegenwärtig reform Schuladjunctus dahier.
2.) dessen Ehefrau Catarina, geborne Dürandin.
3.) Michaël Schempp, Bürger u. Einw. dahier (luth.)
4.) dessen Ehefrau Magdalena, geb. Barrier von Friedrichsthal (reform. conf.).

---

am 5. Decemb.
morg. 10 Uhr u.
getauft den 6^{t}
ejusd.

Friedericke Katarine † — Sutter

Vater: Phil. Heinr. Sutter, reform Schuladjunctus dahier.
Mutter: Catarina, geb. Durandin.

Taufzeugen:

1.) Friedrich Schneider, Kaufman in Karlsruhe, aber Einwohner dahier.
2.) Auguste, dessen Ehefrau, geb. Reuther.
3.) Friedricke, des Hl. Stadtschreibers Martini zu Karlsruhe ehl. ledige Jungfr Tochter.
4.) Isack Herlan, reform. Kirchenvorsteher dahier.

p. 496

Im Jahre Christi 1808 wurde dahier

am 24. Jenner
geb. u. den 26.
ejusd. get.

Jacob Friedrich† — Klein

Vater dieses unehelich Kindes: Christopf Friedrich Weber, luth conf. u. gebürtig von Schmiehe bei Maulbronn im Wirtembirgl.*
Mutter: Margaretha Barbara, des dahiesig Bürgers Jacob Schempp ehl. Tochter.

Taufzeugen:

1.) Jacob Groos, Bürger u. Einw. dahier.
2.) dessen Ehegattin Margaretha, geb. Schempin.

---

am 7^{t} Febr. mitt.
11 Uhr und get.
am 9ten ejusd.

Jacob — Groos †5 Okt. 1869

Vater: Heinrich
Bürger u. Webermeister dahier.
Mutter: Margaretha, gebohrne Crocolin.

Taufzeugen:

1.) Johannes Schempp, Bürger u. luther. Censor dahier.
2.) dessen Ehefrau Susanna, geb. Groos, Schwester von dem Vater des Kindes.
3.) Georg Buchleiter, Bürger u. Schmidtmeister dahier.
4.) dessen Ehefrau Christine, geb. [blank space] von Singen.

---

* vermöge entlicher Arbheits d. d. Karlsruhe den 17^{t} May 1808 ist der Vater ?bekant

p. 497

	Im Jahre Christi 1808 wurde dahier	
den 24ten Merz morgens 2 Uhr geb. u. den 27ten get.	Christine † Vater: Johann Mutter: Katharina, eine geb. Feurerin. Taufzeugen: 1.) Max Janus Soldat unter dem Regiment Obristl. v. Stackhorn in Karlsruhe 2.) dessen Ehefrau Catherine, eine geb. Huberin. 3.) Jean Durand B. u. Schumachermeister dahier. 4.) dessen Ehefrau Elisabethe Katharine, eine geb. Klenertin.	Müller
den 31ten Merz morgens 10 Uhr geb. get. den 1ten April	Andreas Vater: Andreas Mutter: Lukretia, eine geb. Groos. Taufzeugen: 1.) Heinrich Crocol noch led. Standes 2.) Susanne Dunke ebenfells ledig 3.) Christoph Friedrich Polz von Grünwettersbach u. 4.) Kath. Margaretha Mazelhe v. hier, auch ledig.	Dunke †

p. 498

	Im Jahr Christi 1808 wurde dahier	
den 6ten April geb. u. den 24ten ej. get.	Wilhelmine Franzisca Vater: August Friederich Schneider, B. u. Kaufman in Karlsruhe. Mutter: Caroline Louise Auguste Schneider, eine geb. Reutherin u. luth. Confession. Taufzeugen: 1. Maria Jacobina Schneider, eine mittelster Hoffourier in Karlsruhe, die Grossmutter des Kindes 2. Joseph Li? Secetaire bey der franzos. Gefandtschaft in Karlsruhe 4. T?fer Franzisca Theresia , eine geb. Kar? 5. Frau Handelshua ein Theresia Busjager in Karlsruhe.	Schneider
* den 14ten Juny gebohren u. den 19ten get.	Johann Georg Vater: Georg Bürger dahier u. Mutter: Magdalena, geb. Durand. Zeugen: 1. Conrad Merz B. u. Schuhmachermeister 2. Johann Peter Durand 3. Katharina, des Andreas Dunkes Frau 4. Susanna, des Isacks Herlangs Ehefrau.	Angelberger †

p. 499

Im Jahr Christi 1808 wurde dahier

*	Johann Philipp	
den 14ten April geb. u. den 24ten get.	Vater: Peter B. u. Einwohner dahier. Mutter: Margarethe eine geb. Meinzer aus deutsch Neureuth u. luth. Zeugen: 1. Johann Michael Pfulb, B. dahier 2.) Balthasar Häfele – u. ihre Weiber.	Groos †29. Nov. 1860
	Unter der Bedienung des Pfr. Gaa sind folgende Kinder gebohren u. getauft	
den 24ten July morgens 6 Uhr gebohren u. get. den 31ten ej.	Johann August Vater: Christian Bürger dahier Mutter: Margaretha, eine geb. Beckin. Zeugen: 1. Daniel Dunke u. dessen Ehefrau Friederike, 2. Auguste Reutherin led. Standes u. luth. Confession 3. Katharina Feuerin, des Christopf Feurers hinterlassene Wittwe.	Durand †

p. 500

Im Jahr Christi 1808 wurde dahier in der Pfarrey Welsch Neureuth

den 21ten August um 4 Uhr nachmittags geb. u. getauft den 26ten ej.	Elisabetha Vater: Conrad B. u. Schumachermeister, luth. Mutter: Barbara, eine geb. Crocollin reformirt. Taufzeugen: 1. Georg Jacob Buchleiter, B. 2. Jacob Dunke, B. dahier 3. Elisabetha, des Jacob Friedrich Häfele Ehefrau 4. Magdalena, des Georg Angelbergers Ehefrau.	Merz †25 Mai 1880

p. 501

Im Jahr Christi 1808 wurde dahier in der Pfarrey Welsch Neureuth

den 5ten Oct. um 1 Uhr morgens geb. u. den 9ten getauft	Georg Christian Vater: Carl Boeuf, Bürger. Mutter: Anna Maria, eine geb. Marche beyde luth. Rel. Taufzeugen: 1. Christian Häfele, lediges Standes 2. Georg Muller, ebenfells ledig 3. Barbara Clourin led. Standes u. 4. Catharina Marche, des Friedrich Marche Anwalds dahier ehl. led. Tochter.	Boeuf †8 Aug 1870
den 10ten Oct. am 10 Uhr morgens geb. u. ?[41] ej. getauft	Johannes Vater: Heinrich Mutter: Rahel, eine geb. Buchleiter. beide ref. Taufzeugen: 1. Friederich Groos 2. Weinhardtin, des Christoph Weinharts ehl. Hausfrau.	Crocol †14 Juni 1890

[41] Too faint to read.

p. 502

	Im Jahr Christi 1808 wurde in der Pfarrey Welsch Neureuth	
den 5ten	Jacob Friederich	
December	Vater: Jacob Friederich	Häfele
morgens 5 Uhr	B. dahier.	†
geb. u. 11ten ej.	Mutter: Elisabethe eine gebohrne Pfrunderin, beyde ref.	
getauft	Taufzeugen:	
	1. Conrad Merz, Schuhmachermeister u. dessen Ehefrau Barbara.	
	2. Friederich Weiss u. dessen Ehefrau Magdalena.	
	In diesem Jahre wurde in hiesige Gemeinde gebohren ein Ganzen 12 Kinder, derunter sind 9 Knaben u. 3 Mädchen.	

p. 503

	Im Jahr Christi 1809 wurde in hiesiger Pfarrey Welsch Neureuth	
den 16ten Febr.	Magdalena	
morgens 8 Uhr	Vater: Friederich	Groos
geb. u. den 19ten	Bürger.	†5 Febr. 1873
ejd. get.	Mutter: Christina, eine geb. Durand, beyde ref. Conf.	
	Taufzeugen:	
	1.) Heinrich Crocol, B. dahier u. seine Ehefrau Rachelle, eine geb. Buchleiter.	
	2.) Jacob Feuerer, B. u. seine Frau Katharina, eine geb. Beroldin.	
den 24ten Merz	Johann	Müller
mittags 12 Uhr	Heinrich Müller, der Vater	†25 Sept 1876
geb. u. den 26ten	Mutter: Margaretha, eine geb. Clour, beyde ref.	(fiel in
ejusd. get.	Taufzeugen:	Karlsruhe von
	1. Friederich Marche, gegenwärtig Anwald u. seine Frau Rebecca.	einem Bau
	2. Johannes Durand, Bgr dahier u. seine Ehefr. Elisabethe, eine geb. Durandin.	herab
	3. Johannes Müller B. u. seine Ehefrau Catharina, geb. Feuerin.	

p. 504

	Im Jahr Christi 1809 wurde in der Pfarrey W. Neureuth	
den 16ten April	Elisabetha	
um 11 Uhr geb.	Vater: Friederich	Marche
u. den 18ten ejd.	B. u. gegenwärtig Anwald dahier.	†24 Mai 1853
get.	Mutter: Rebecca, eine geb. Durand.	
	Taufzeugen:	
	1. Daniel Marsch, B. u. seine Ehefr. Catharina, eine geb. Buchleiterin, des Kindes Vater Bruder.	
	2. Jean Durand, u. seine Ehefrau Elisabetha, Schwager.	
	3. Jean Pierre Groos, Bgr. dahier	
	4. Heinrich Müller Br. u. seine Ehefrau Margaretha, eine geb. Clourin.	

p. 505

	Im Jahr Christi 1809 wurde in der Pfarrey W. Neureuth	
den 8ten May abends 10 Uhr geb. u. get. den 10ten ejd. †8ten Oct a.c.	Margaretha Vater: Johannes Mutter: Susanna, eine geb. Gros, ref. Rel. Taufzeugen: Carl Hattich u. seine Ehefrau Lucretia 2. Jacob Buchleiter u. dessen Ehefrau Elisabetha 3. Heinrich Groos, u. dessen Ehefrau Margaretha.	Schemp
den 9ten May zw. 10 u. 12 Uhr des Nachts geb. u. getauft den 4ten Juny	Johann Vater: Jacob Mutter: Barbara, eine geb. Grossin. Taufzeugen: 1. Andreas Dunke, des Vaters Bruder u. seine Ehefrau Lucretia 2. Martin Boeuf, Schneidermeister u. seine Ehefrau Barbara 3. Conrad Merz u. seine Ehefrau Barbara 4. Jean Pierre Durand, Schumachermeister	Dunke †1853 d. 3 Dcber in Algier

p. 506

	Im Jahr Christi 1809 wurde in der reform Pfarrey W. Neureuth	
den 6ten Juny geb. u. den 11ten ejd. get.	Catharina Vater: Peter B. u. Bauersman dahier. Mutter: Anna Maria, eine geb. Clur. Zeugen: 1. Friederich Gros u. dessen Ehefr. Christina 2. Friederich Renaud led Standes mit ihm Catharina Schempin, ebenfells ledig.	Gros †11 Nov 1822
den 27ten Sept. geb. u. den 1ten Oct. get.	Johann Heinrich Vater: Johann Bürger dahier. Mutter: Catharina, eine geb. Feyerin, beyde ref. Rel. Zeugen: 1. Max Janus u. seine Ehefrau Katharina, eine geb. Huberin. 2. Heinrich Müller, Bürger u. seine Ehefrau Margaretha, eine geb. Clurin.	Müller †

p. 507

	Im Jahr Christi 1809 wurde in der reform Pfarrey W. Neureuth	
den 9ten Oct. gebohren u. den 15ten ejd. get.	Georg Wilhelm Vater: Georg Bürger u. Feldschütz dahier. Mutter: Katharina, eine geb. Seufertin u. luth. Rel. Zeugen: 1) Jacob Marche u. dessen Ehefrau Dorothea, eine geb. Stolzin, luth. 2) Georg Michael Merz u. dessen Ehefrau Katharina, geb. Dunkin 3) Johann Crocol, des weiland Felix Crocol Bürgers dahier ehel. lediger Sohn u. Friedrike Crocol, des Daniel Crocol Bürger in Mühlburg ehel. led. Tochter.	Marche

p. 508

	Im Jahr Christi 1809 wurde in der Pfarrey W. Neureuth	
den 24ten Novemb. abends 10 Uhr gebohren, den 3ten Dec. get.	Philipp Vater: Isaac Bürger u. Bauersmann dahier. Mutter: Susanna, eine gebohrne Durand, beyde ref. Zeugen: 1. Philipp Heinrich Sutter, Schuladjunt dahier u. dessen Ehefrau Catharina 2. Michael Schemp Bürger u. Ackersmann dahier u. seine Ehefrau Magdalena.	Herlan †24 Okt 1854 in Lÿon

p. 509

	Im Jahr Christi 1809 wurde in der hiesigen Pfarrey
den 2ten	Carl Otto
Decembr	Vater: Philipp Gaá
Abends 5 ½ Uhr	d. J. er. reform. Pharrer dahier.
geb. u. den 11ten	Mutter: Friederika Louisa Regine, eine geb. Sprinkhardt.
get.	Zeugen:
	1) Herr Jacob Sprinkhardt, D. Med. in Vahingen in der Erz u. dessen Frau Gemehlin Regine Catharine, Grosseltern des Kindes.
	2) Michael Gaá, Organisten in Heidelberg u. dessen Ehefrau Elisabethe, Onkel.
	3) Carl Giesser, R. bey den Marschallamts in Karlsruhe, u. dessen Gattin Charlotte Sophie, eine geb. Sommerladt.

p. 510

NB. Seit der Einführung des Code Napoleon's mussten neue Kirchenbuchen angeschaft werden. Alle kirchliche Acte mussen also in den mit dem Jahr 1810 anfangen, den neuen Kirchenbuche nachgesucht worden.
W. Neureuth d. 1 Jan. 1810

P Gaá

pp. 511-512 [blank pages]

p. 513

Alphabethisches Register

aller in diestem Kirchenbuch aufgegenhurten
- a/ Getauften,
- b/ Getrauten und
- c/ Gestorbenen

gefertigt von Pf. Hormuth im Nov. 1814

p. 514 [blank page]

C

1/ Gebohrne

Zorn	Maria Cath.	409	
	Sus. Marie	409	Kirchenbau von 1749-51
	Heinrich's Ehef.	410	vid. p. 261

p. 695

Rolle des Batêmes f° 30:

1. Sous le Ministaire de Mons. Daniel Lotier f° 30
2. Sous le Ministaire de Mons. Louis Malherbe f° 54
3. Sous le Ministaire de Mons. Jonas Iker f° 60
4. Sous le Ministaire de Mons. J. J. Wolf f° 72
5. Sous le Ministaire de Mons. Stantz f° 90
6. Sous le Ministaire de Mons. Benoit Rÿhiner f° 96

Bellet Jean Noé et Anne Clour p. 93
Boeuf Zacharie et Catherine Bonnet 88. 92. 97. 101. 106. 144.
385. 395.
Baraire Abraham Jeanne Marie Marcelle 105. 107. 110.
Abraham et Salome Marcklin 118. 121.
389. 383.
François Louis Anna Katharina Lavater 113. 115. 119.
388.
Samuel Marguerithe Desreux 79. 83. 86.
364. 332.

Rolle de Batêmes

7. Sous le Ministaire de M. J. J. Merian f° 124
8. Sous le Ministaire de M. Sam Wettstein f° 134
9. Sous le Ministaire de M. R. Lichtenhan f° 142
10. Sous le Ministaire de Jaq. Christ. de Gachnang f° 164

p. 741

Geschichte des Orts Welsch=Neureuth

Daruf Aufhebung des Edicts von Nantes sehr freÿ berefs der Protestanten in Frankreich im J. 1685 wurde Schaaren französischen Antrethanen aus ihrem Vaterland vertrieben. Unter diesen /Refugies Vaudois/ waren auch die Gründe dieses Orts. Nach dem sie schon 10 bis 15 Jahre herum geirrt waren und einige Zeit in der Schweiz sich aufgehalten hatten, setzten sie sich zu Schiffe u. führen den Rhein herab, bis sie eine Stätte fände der Ruhe und Sicherheit. Eben wurde damahls die benachbarte Colonie Friederichsthal von solcher sten (Zgl. den beiliegenden Empfehlungsbrief für die Warterebauern triebenen angelegt dass machten sie erfahren vom könig u. England an den Marggrafen von Baden.) haben, sie meldeten sich dass auch bey dem damahligen Markgrafer Friederich dem Grossen. Unter die 10ten Dezember 1699 wurde das ursprünglich um auf Friederichsthal ausgestellte Privilegium auch auf die hiesige Colonie ausgedehnt, und unter den 4ten Januar 1740 wurde dieser nach vorhanden Schutzbrief ernennet u. bestättigt.

Ehe sie hierher ziehen konnten, hielten sie sich grössten Theils in Mühlburg, einige auch in Knielingen auf. Den 17ten September 1699 fingen sie an, in Mühlburg, in der Wohnung des damahliger Markgrafl. Obersten u. Kriegsruths Freÿherre von Gap?

p. 742

? gemeinschaftl. Gebethsübungen zu halten. Allmahlig zugen in ein Frühjahr u. Sommer des Jahres 1700 hierhern legten ihre Wohnungen an, brachen die u. der Plätze um und ?otteten ? Heide, um sich ihr Brot zu bauen.

Unter dem ersten Pfarrer Dan. Lotier wurden am 3ten März 1700 12 Männer für das venerable consistoire, das Presbÿterium ud. Kirchenältesteramt, von der Gemeinde erzählt.

1./ Pierre Caubet, gebürtig von Cleiracen Gaienne, kommen daher beÿ Ihres Hoheit der Frau Markgrafin von Durlach, Schneidermeister Urgrossvater des Altanwalds Fried. Marche von mütterl. Seite, starb den 5ten Maÿ 1717. Er war unter den hies. Bürgern am stärksten in der Steube angelegt u. zwar für des Jahr 1716 mit 15 fl. bis zum J. 1716 war die Colonie von aller Schatzungen u. Abgaben freÿ. Zu diesem Jahr wurde das erste noch vorhanden Schatzungssfundsing errichtet.

2./ Jacques Caubet, ein Brüder des vorigen, bekleidete auch im J. 1706 das Bürgermeisteramt u. wurde im J. 1707 als abtreten der Bürgermeister ersten Gerichesmann, blieb aber eine aus ungefähr 1713 hier, zu welcher Zeit er nach Schwabach im Beÿreuthischen zog.

NAME INDEX TO TRANSCRIPTION

www.ingramcontent.com/pod-product-compliance
Lightning Source LLC
Chambersburg PA
CBHW080612270326
41928CB00016B/3019